U0921828

在青春的赛道上 奋力奔跑

——湖南中医药大学共青团工作改革创新案例

廖　菁　马改红　蒋　俊｜主编

图书在版编目（CIP）数据

在青春的赛道上奋力奔跑：湖南中医药大学共青团工作改革创新案例 / 廖菁，马改红，蒋俊主编. -- 北京: 九州出版社，2024.1

ISBN 978-7-5225-2310-1

Ⅰ. ①在… Ⅱ. ①廖… ②马… ③蒋… Ⅲ. ①中国共产主义青年团-中医学院-共青团工作-研究-湖南 Ⅳ. ①D297.6

中国国家版本馆 CIP 数据核字(2023)第 200302 号

在青春的赛道上奋力奔跑：湖南中医药大学共青团工作改革创新案例

主　　编	廖　菁　马改红　蒋　俊
责任编辑	陈春玲
出版发行	九州出版社
地　　址	北京市西城区阜外大街甲 35 号(100037)
发行电话	(010)68992190/3/5/6
网　　址	www.jiuzhoupress.com
印　　刷	长沙市精宏印务有限公司
开　　本	710 毫米 × 1000 毫米　16 开
印　　张	20
字　　数	220 千字
版　　次	2024 年 1 月第 1 版
印　　次	2024 年 1 月第 1 次印刷
书　　号	ISBN 978-7-5225-2310-1
定　　价	99.00 元

编委会

主　编：廖　菁　马改红　蒋　俊

副主编：李宗霖　严　璐　向　禧　蔡　雄

编　委（按照姓氏笔画排序）：

王　丹　王晓凤　朱洪慧　刘　洋

汤　仙　许　可　阳　飘　李　媛

李帆影　杨　莹　肖　倩　汪娅丽

宋　苑　张湘卓　郑　瑞　姚　绚

郭浩辰　陶嘉豪　黄　欢　傅维劼

谭　将　薛金凤

前　言

习近平总书记在庆祝中国共产主义青年团成立100周年大会上的重要讲话中，对共青团提出四点希望：坚持为党育人，始终成为引领中国青年思想进步的政治学校；自觉担当尽责，始终成为组织中国青年永久奋斗的先锋力量；心系广大青年，始终成为党联系青年最为牢固的桥梁纽带；勇于自我革命，始终成为紧跟党走在时代前列的先进组织，为在新起点新征程上推动共青团工作守正创新提供了思想指引和行动指南。

党的十八大以来，高校共青团始终深入贯彻党的十八大、十九大、二十大精神，深入学习贯彻习近平总书记系列重要讲话，特别是关于共青团工作的重要指示精神，立足保持和增强政治性、先进性、群众性，着力解决脱离青年学生的突出问题，依照共青团“凝聚青年、服务大局、当好桥梁、从严治团”的工作格局，积极适应共青团深化改革新形势、高等教育综合改革新发展和青年学生新特点，始终把握思想政治引领这一核心任务，坚持立德树人，坚持服务学生成长成才，坚持以体制机制改革激发活力，着力推进组织创新和工作创新，团结带领广大青年学生按照党的要求努力成长为中国特色社会主义事业的合格建设者和可靠接班人。

近年来，共青团湖南中医药大学委员会在上级团组织和大学党委的坚强领导下，贯彻落实《高校共青团改革实施方案》要求，制定实施了《湖南中医药大学共青团改革实施方案》，围绕学校的目标和发展战略，遵循中医药学子成长规律，围绕中心，服务大局，积极探索，扎实推进，采取了一系列创新性举措和典型做法，把制度优势转化为提升基层团组织建设质量和凝聚高校青年力量的强大推力，切实提高了我校大学生思想政治教育工作实效，为共青团事业铸“魂”强“根”。

我们从各级团组织中选取了一些具有推广价值和借鉴意义的改革创新案例，按照“新模式·四大工程奠青春之基”“新举措·聚力融合赋青春之能”“新成效·榜样力量铸青春之魂”三个篇章进行整合，以团学工作改革创新案例集的形式进行推广。案例囊括了校级层面开展的“湖湘·杏林青年马克思主义培养工程”“中医特色美育铸魂育人工程”“中医药助力乡村振兴实践育人工程”“科创素质提升工程”四大工程，经纬集合，涉及13个学院、3万余名师生。案例集凝练了二级团组织的创新办法和改革举措，从思想引领、基层团组织建设、社会实践、校园文化建设、服务育人等角度，阐述了改革理念、具体方法、成果成效。案例集将湖南中医药大学共青团改革创新所取得的典型成果进行展示，有全国青年文明号、全国活力团支部等集体或个人，形式多样、重点鲜明。编写组在校领导的指导下，集中统筹、集思广益、按步推进，彰显了湖南中医药大学的育人理念和担当精神。

习近平总书记在党的二十大报告中指出：“全党要把青年工作作为战略性工作来抓，用党的科学理论武装青年，用党的初心使命感召青年，做青年朋友的知心人、青年工作的热心人、青年群众的引路人。”强调要继续深化共青团改革和建设，有效发挥桥梁纽带作用，充分体现了以习近平同志为核心的党中央对共青团工作的高度重视和殷切期望。新时代，新征程，湖南中医药大学共青团将不忘初心、牢记使命，秉承“文明、求实、继承、创新”校训精神，坚守“人本、仁和、精诚”理念，进一步深化改革和建设，踔厉奋发、勇毅前行，为建成行业一流、国际知名的中医药特色鲜明的教学研究型大学贡献力量，真正承担起为党培养堪当民族复兴重任时代新人的使命责任！

目 录

CONTENTS

第三篇 新成效·榜样力量铸青春之魂

第一篇

1 新模式

四大工程奠青春之基

牢记殷切嘱托　矢志为党育人

——“湖湘·杏林青年马克思主义培养工程”

严　璐

习近平总书记在党的二十大报告中指出：“全党要把青年工作作为战略性工作来抓，用党的科学理论武装青年，用党的初心使命感召青年，做青年朋友的知心人、青年工作的热心人、青年群众的引路人。”[1]他从党的事业薪火相传、后继有人的战略高度出发，为青年工作指方向、把脉搏、交任务，从理论和实践相结合的维度，深刻阐明了党的青年工作的地位作用、目标任务、职责使命、实践要求，把我们党对青年工作的规律性认识提升到新的高度，形成了习近平总书记关于青年工作的重要思想，为全党做好新时代青年工作提供了根本遵循[2]。

习近平总书记关于青年工作的重要思想，作为习近平新时代中国特色社会主义思想的一部分，作为马克思主义中国化时代化的理论成果之一，继承并发展了马克思主义青年观的基本立场、观点、方法，把我们党对于青年工作规律的认识提升到了历史新高度、新境界。青年正处在价值观形成和确立的时期，帮助青年扣好“人生第一粒扣子”，坚持不懈地用马克思主义中国化的最新成果武装青年，使他们坚定共产主义信仰，才能使整个社会主义事业巩固和发展下去，党的事业才会后继有人。青年马克思主义者培养工程是近年来共青团对团员青年进行马克思主义理论教育和实践的品牌项目，尤其在高校新时代下，培养青年马克思主义者成为青年工作的重点，高校作为青年培养的前沿阵地，开展实施“青马工程”，对于巩固马克思主义在意识形态领域的指导地位、巩固和扩大党执政的青年群众基础具有重要意义，将有效落实党中央提出的培养“接班人”的任务，也是践行高校“为党育人、为国育才”初心使命的具体体现。

一、实施背景

（一）历代领导人都十分重视对青年一代政治理想的塑造与培养

早在20世纪60年代初，毛泽东同志就曾向全党明确提出过，为了保证我们党和国家不改变颜色，我们不仅需要正确的路线政策，而且需要培养造就千百万无产阶级的接班人。邓小平同志也十分重视接班人的培养问题，他在很多场合反复强调“要选好人，人选好了，帮助培养，让更多的年轻人成长起来，他们成长起来我们就放心了”。1989年10月，江泽民同志在李大钊100周年诞辰纪念大会的讲话中指出：“我们必须努力培养和造就一大批青年马克思主义者。”2006年10月，胡锦涛同志在党的十六届六中全会第二次全体会议上强调：“要从赢得青年、赢得未来的高度抓好大学生理论学习，深入推进马克思主义中国化的最新成果进教材、进课堂、进头脑工作，在广大青年中培养一大批坚定的马克思主义者。”[3]

在庆祝中国共产主义青年团成立100周年大会上，习近平总书记强调：“共青团作为广大青年在实践中学习中国特色社会主义和共产主义的学校，要从政治上着眼、从思想上入手、从青年特点出发，帮助他们早立志、立大志，从内心深处厚植对党的信赖、对中国特色社会主义的信心、对马克思主义的信仰。要立足党的事业后继有人这一根本大计，牢牢把握培养社会主义建设者和接班人这个根本任务，引导广大青年在思想洗礼、实践锻造中不断增强做中国人的志气、骨气、底气，让革命薪火代代相传！”[4]

这足以证明，青年马克思主义者培养工程是在新形势、新任务的要求下，总结我党几代领导人关于青年工作经验的基础上提出来的。

（二）青年马克思主义者培养工程的实施过程

2007年5月，团中央、全国学联正式启动青年马克思主义者培养工程，提出通过教育培训、实践锻炼等行之有效的方式方法，坚持不懈地用马克思主义中国化成果武装青年，培养一大批坚定的青年马克思主义者。同年10月，共青团中央正式印发《“青年马克思主义者培养工程”实施纲要》，这标志着“青马工程”在全国高校范围内的全面启动。2013年，“青马工程”被纳入中央马克思主义理论研究和建设工程。2017年，“青马工程”被列为《中长期青年发展规划（2016—2025年）》重点项目的第一项。2019年，共青团中央明确“青马工程”要以科学化培养具有“忠诚的政治品格、浓厚的家国情怀、扎实的理论功底、突出的能力素质”的青年政治人才为目标，突出“培养培训”并重，着力“提质扩面”，着重描绘青年政治人才的鲜明底色。2020年，共青团中央联合5部委印发了《关于深入实施青年马克思主义者培养工程的意见》，对新时代深入实施“青马工程”作出部署安排[5]。

在党中央的亲切关怀指导下，在各级团学组织的共同努力下，经过十多年的探索与实践，青年马克思主义者培养工程逐步形成了全国、地方、高校三级培养格局。团中央每年举办一次全国青年大学生骨干培养，对全国主要高校的学生骨干进行为期一年的培训和跟踪培养。各省级团委也参照这一模式，每年集中培训各高校骨干。多数高校开办了校、院分团委或团总支学生骨干培养班，形成培养的层级体系化和人才梯队化，培养的学生中大多数毕业后都投身经济建设、社会发展、基层攻坚的第一线，发挥着基石作用，已成为共青团组织彰显政治性特征、突出思想引领、聚焦主责主业的重要工作品牌。共青团湖南省委构建了“省—校—院（系）”三级线下培养体系，开发全国首个省级线上培训平台“湖南青马在线”，推出课程696门（集），年均培训规模覆盖全省近100所高校10万余人，引导团员青年真学真懂真信真用马克思主义。

（三）湖南中医药大学构筑“湖湘 · 杏林青年马克思主义培养工程”育人体系

2021年，在湖南中医药大学党委的领导下，共青团湖南中医药大学委员会聚焦为党育人主责主业，紧紧围绕立德树人的根本任务，将湖湘传统文化、中医药专业特色和马克思主义教育进行深度融合，有针对性地设计青年马克思主义者培养路径，把理想信念教育放在首位，将党的基本理论、基本路线、基本方略贯穿培养各领域和全过程。注重实践，引导青年大学生骨干在中国特色社会主义实践、群众工作实践、各种重大事件和急难险重任务中，深入了解世情、国情、党情，站稳立场、坚定信念、锻炼能力、敢于担当。遵循育人规律，聚焦培养青年大学生政治骨干这一目标，尊重思想政治教育规律、学生成长规律等，创新开设了“湖湘 · 杏林青年马克思主义培养工程”，旨在点亮传统中医药院校团员青年的信仰明灯，努力培养胸中有魂、脚下有根，又红又专、德才兼备的优秀接班人。

二、具体做法和实施过程

共青团湖南中医药大学委员会围绕习近平总书记“坚持把马克思主义基本原理同中国具体实际相结合、同中华优秀传统文化相结合”的重要思想，创新构建了“3+4+3”湖湘 · 杏林青年马克思主义培养工程育人体系，着力打造青年思想引领教育品牌，发展完善团学工作阵地。从校院两级学生干部中挑选出优秀苗子，进行重点培养，打造先锋骨干队伍，培养具有忠诚政治品格、浓厚家国情怀、扎实理论功底、突出能力素质的优秀青年大学生政治骨干。

（一）开设三个湖湘 · 杏林青年马克思主义者培养工程培训班

针对大学生骨干、团干部、各类专项学生等不同青年群体，按照相关文件精神，认真研读有关大学生骨干培养目标的内容，选拔招收湖湘 · 杏林青年马克思主义者培养工程先锋班、骨干班和乡村振兴专项班进行专项培养。

先锋班主要面向各级党团组织和学生组织的学生骨干以及在文体科技、创新创业、实践公益等方面有突出成绩的同学。骨干班主要面向各级各类学生组织中的优秀后备干部和各类积极分子。乡村振兴专项班主要面向免费医学生、国家专项、地方专项等学生，有意向考取选调生、毕业后有意扎根基层、服务西部的优秀学生。先锋班每期培养42名学员，培养理论学时和实践学时不少于32个，每期培养周期为12个月。骨干班每期培养150名学员、乡村振兴专项班每期培养30名学员，培养理论和实践学时不少于24个，每期培养6个月。

研究制定《“湖湘·杏林青年马克思主义者培养工程”学员管理办法》，明确要求所有学员政治立场坚定，具有较高政治觉悟，年度“青年大学习”学习率达到90%以上；思想道德素质好，具有服务意识和奉献精神，在学籍班表现突出；专业成绩优异，专业成绩位列前50%或综合成绩位列前30%。考核管理采用综合积分制（70%）和基础考核制（30%）。考评人员根据课程完成率给予基础打分，满分30分；根据学员日常表现对其给予积分，满分70分。对修满全部课时的学员，将授予其结业证书；对于未修满全部课时的学员，不予结业。每一期培训班都将选举出班长、团支书、组织委员、学习委员和小组长等班委，使班级管理制度化、规范化、科学化，班委组织学员们开展自主学习和讨论，组织策划创新、生动的实践教育课程，积极参与志愿服务等，努力营造广大青年学生积极关注湖湘·杏林青马工程的校园氛围。

“湖湘·杏林青年马克思主义培养工程”第二期先锋班、第三期骨干班合影

待学员结业考核合格后，发放“湖湘·杏林青年马克思主义者培养工程培训班”结业证书，同时纳入各级评优评先重点推荐对象，也在研究生推免、学生综合测评、第二课堂成绩单中给予学员有力保障。

（二）实施四个湖湘·杏林青年马克思主义者培养工程教育体系

1.实施“固本溯源”理论教育计划。“固本溯源”理论教育是湖湘·杏林青年马克思主义者培养工程体系中至关重要的一环，是青马学员全面发展的基石。组建专业师资团队，优化理论培训内容。根据培养目标，理论培养重点围绕马克思主义中国化历史进程和成果、习近平总书记关于青年工作的重要思想、牢固树立科学马克思主义观、青年学生骨干能力提升、党史团史等五个方向精心设计16个课时先锋班的理论教学和14个课时骨干班的理论教学，集中开展政治理论学习，夯实青马学员的政治理论基础。邀请全国教书育人楷模、教育部长江学者、湖南省芙蓉学者、大学各级党政领导、湖南省委党校、湖南师范大学等高校教授专家联合教学，就党的创新理论、重要战略思想、重大政策以及社会思潮、社会热点问题进行专题报告，举办了《自信自强、踔厉奋发，促进中医药传承创新发展》《铭记党的教诲，增强当代青年的使命担当》《以产业兴旺促湖南乡村振兴战略的实现》《弘扬伟大建党精神》《如何成为一名优秀的团学干部》等20余场专题讲座，帮助学员加深对中国特色社会主义理论体系的理解，初步掌握马克思主义的立场、观点和方法，形成主题讲授、专题研讨、小组课堂等特色理论授课体系，进一步坚定跟党走中国特色社会主义道路的理想信念。提升学员理论水平，让学员以先进的理论体系为基础，以科学的方式来分析和解决问题，进而形成马克思主义的良好自觉。

召开交流会、学习会。组织学员第一时间收听收，看党的二十大开幕会，迅速形成讨论热潮，在“湖南中医药大学团学小微”公众号平台上发布热议推送，展现学员的感悟和心声。举办多场“学习贯彻党的二十大精神”学员交流会，引导学员读原文、悟原理，专题研读党的二十大报告，热烈讨论、交流和分享党的二十大报告学习心得。举办“浩歌新思想　阔步新征程”学

校党委书记戴爱国授课

全国教书育人楷模获得者卢芳国教授授课

习贯彻党的二十大精神“大思政课”暨第七届习近平新时代中国特色社会主义思想“六微”展示活动，部分学员化身演员、讲解员、报告人等角色，通过情景表演《觉醒》，以一场“和平”会议穿越世纪风云，赓续红色血脉；《可爱的中国》，通过朗诵与合唱相结合的形式展现共产党人百年奋斗历程；《今年，我们20岁》，以一场跨越时空的对话，讲述着经历百年历史沧桑后的新时代新气象；朗诵《感悟二十大，奋进新征程》展现了青年一代响应党的号召，为祖国建设添砖加瓦的决心；舞蹈《扶贫日记》讲述了黄文秀奋斗在脱贫攻坚第一线的动人故事；微课堂《你好，罗先生》讲述了内涵丰富的中国式浪漫；《美丽中国》以歌叙史、以舞宣情，唱响时代之歌，奉献了一堂有滋有味、有声有色的“思政课”。

2.实施“凝心铸魂”文化育人计划。凝心铸魂育人计划的根本任务是要举旗帜、聚人心、育新人、兴文化、展形象，在正本清源上展现新担当，在守正创新上实现新作为。培养青马宣讲团，讲好中医药发展的“中国故事”。结合《中医药文化传播行动实施方案（2021—2025年）》导向，培养组建青马学员宣讲团，紧紧围绕学习贯彻习近平新时代中国特色社会主义思想，以深入、持久、生动的爱国主义教育为主线，结合湖南中医药大学学科专业优势，夯实青年马克思主义者成长成才的理论根基，从而提升共青团“引领力”。举办宣讲报告会，宣讲团成员从时事热点出发，结合中医药专业知识，辅以个人所思所想，生动讲述了《吾以吾辈化柴薪　燃魂明路壮中医》《满腔热血讲好中医故事》《一缕香入囊　千年中医药传四方》等故事。利用学校现有场地，举办中国青年运动史展，并由青马学员宣讲团承担讲解工作，展览共设有24块展板，展出百余张历史及现代照片，回顾了多个历史事件，以共青团百年发展历程为主线，介绍了共青团的诞生、成长、伴随着新中国的成立走向成熟和党的十九大以来共青团工作等内容，展示了湖南中医药大学共青团工作成果。

组织学校现有各级师生思政宣讲团、讲师团，围绕湖湘红色革命文化，以故事为形式、以知识为载体，通过“小切口”讲好党和革命的“大故事”，引导师生群众在学思践悟中厚植爱党、爱国、爱社会主义的情感，做到真学、真懂、真信、真行，让红色基因、革命薪火代代传承。举办“百年党史‘潮’青年”校园宣讲大会暨青年宣讲团成立仪式，宣讲团成员以革命先辈、开国将帅、英雄模范在百年党史历程中具有重大影响的史实为基本素材，结合个人所思所想，生动讲述了《礼炮二十八响》《81192，请返

“凝心铸魂”红色故事会文艺专场

航》《延乔路的尽头是繁华》等感人至深的党史英雄故事。举办红色故事会文艺专场，以情景演绎的形式将音乐快板《湖南为什么这样红》、数来宝《书山有路》、常德丝弦《只要主义真》、长沙弹词《一张借据》等节目进行了呈现，表演形式多样，生动展现了夏明翰、左权等革命英雄用生命铸就信念与忠诚的事迹，让学员在欣赏红色原创文化节目中领悟湖湘革命精神。充分挖掘湖湘红色文化资源，先后组织学员赴韶山、湖南第一师范等革命传统教育基地、爱国主义教育基地、革命遗址等实地学习，参加祭奠革命先烈、重温入党誓词等仪式教育，集中观看了红色情景剧《最忆韶山冲》，在历史的陈迹中找寻革命先辈的奋斗身影。定期举行学习教育主题升旗仪式，开展国旗下讲话，传承党的光荣传统和优良作风，重温党的奋斗历程和伟大成就，将红色教育融入青年马克思主义者培养中，巩固升华学员理想信念，进一步加深学员对共和国发展成就的思考和感悟，坚定其走中国特色社会主义道路的信念。

3.实施“笃志躬行”实践研学计划。在“湖湘·杏林青年马克思主义者”培养中，实践研学是重要培养环节之一，通过志愿服务、红色革命教育和基层调研等形式开展，有利于学员增进对国情和社会的了解，增强他们的社会责任感和历史使命感，有利于学员更好地把理论知识与实际相结合，有利于增强学员实践和创新能力。开展“红色初心赋能量，砥砺奋进新征程”实践研学，参观教育部首批“全国党建工作标杆院系”湖南中医药大学人文与管理学院，聆听学院思政宣讲团带来的《守初心，担使命》《以科学家精神逐科技强国梦》宣讲。以“识百草，尝百味”为主题，走入砂子塘吉联小学开展中医药文化主题进校园活动，90余名学员以“箬竹”为主题，结合端午节庆，通过趣味视频激起小朋友的学习兴趣，从“望、触、尝、用、趣”五个方面，设计“粽子蹲”“画竹子”“有奖问答”“趣味故事”等课堂活动，穿插端午美食互动，全方位讲解了箬竹的妙用，带领小朋友们了解中医药的世界。开展“以德树人 以文化人”实践研学，参观湖南省首批20个“三全育人”试点院系之一湖南中医药大学中医学院，走入药食同源实践基地，从药食同源、药

第二期先锋班全体学员与第三期骨干班学员代表开展“笃志躬性”实践研学

膳食疗的质量、功能性保健产品的开发、功能性食品的开发、医院定制产品开发以及药食同源文化宣传等五个方面了解药食同源工程的开展，学习了“养生当论食补，治病当用药攻”的思想，展现了药食同源的魅力。

开展“追寻伟人足迹”实践研学，以“追寻伟人足迹，坚定初心使命”为主线，走入韶山、湖南雷锋纪念馆等爱国主义教育基地开展实践研学，学习红色革命历史，接受红色精神洗礼。带领学员寻访伟人足迹，深入了解一代领袖的伟大功勋和巨大魅力，树立远大理想，牢记初心使命。开展“助力乡村振兴”实践研学，以乡村振兴为主线，深入乡村振兴帮扶开展文明乡风、送医送药送文化等实践服务。学员们走进长沙市第一批儿童友好先行先试镇白箬铺镇，参观当地乡村创客服务中心并与青年志愿者和创客等代表开展交流座谈会，通过沟通交流，学员们初步了解了青年如何参与乡村运营工作，有效激发了自身投入乡村振兴工作的积极性。由学员作为主要力量组建的“栀子花社会实践团”，连续三年深入郴州汝城县洪流村开展暑期“三下乡”社会实践活动，学员们分成支教、调研、义诊三个组别。支教组通过开设音乐、阅读、舞蹈、手工、中医药科普课等课程，丰富留守儿童的精神生活；调研组就留守儿童的生活水平和情感状况、乡土情怀的现状和期望等议题，对数百位受访者进行深入调研，获得大量一手数据；义诊组通过卫生所就诊和入户义诊同步进行模式，快速有效地缓解了受诊对象的病痛和症状，完成了170余份居民健康档案信息的收集工作，并精心编排文艺表演，演出现场高潮不断，掌声、喝彩声一阵盖过一阵。赴汝城县沙洲开展红色研学，引导学员感悟为民情怀，学习共产党人全心全意为人民服务的本色。通过开展这些活动，让学员在实践活动中增强对马克思主义的认识，引导广大青年运用马克思主义立场、观点、方法观察分析问题，提高他们的思想政治素质和综合能力。

4.实施“实干担当”素质提升计划。发挥示范引领作用，培养学员勇于探索的创新精神和善于解决问题的实践能力，丰富社会实践，强化能力培养，进一步强化湖湘·杏林青马工程的育人导向、完善育人体系。培养期内，每位学员将开展1次个人德育答辩，即将结业的学员要撰写一篇不少于2000字的德育论文，总结培训期间的思想收获，总结反思成长得失，学员的最终德育成绩由平时表现、论文评分、现场答辩成绩综合构成，最终成绩不及格者将不予以结业。通过德育答辩，直观展示学员在培训期间的学习成果，同时帮助校团委及时掌握学员个体成长中的困惑问题，帮助他们解疑释惑，在未来的工作中引导他们作出正确的价值判断，从而更有针对性地提升思想高度。开展“缅怀英烈，做时代新人”主题团日活动，学习我校优秀校友、往届青马工程学员方璇奋勇争先、甘于奉献的光辉事迹，她服务基层、无私奉献、苦干实干的优良作风在全体学员中埋下了力量的种子，擦亮了奋斗的明灯，作为她的学弟学妹们，全体学员表明了继续将奋斗的热血融入党领导下的伟大事业的决心。

组建青马学员青年突击队。根据共青团湖南省委《关于组建青年突击队、青年志愿者服务队应对疫情挑战的工作指引》要求，聚焦“疫情就是命令，防控就是责任”，鲜明展现“党旗所指就是团旗所向”，哪里有需要哪里就有青年突击队。在校院两级团委组织下，组建了1支校级“疫情防控青年突击

青马学员青年突击队

队”及10支院级“疫情防控青年志愿者服务队”，学生志愿者人数达850人，凝心聚力、通力合作，不怕苦不怕累，冲在最前线。2022年开展疫情防控核酸检测和新冠疫苗接种志愿服务活动70余次，共2500余人参与志愿服务，累计服务时长达8000小时，担当战“疫”急先锋，全方位地参与到学校的疫情防控工作中，全力保障学校核酸检测、疫苗接种等任务的完成，助力学校筑牢疫情防控的校园防线，用实际行动诠释了青年马克思主义者的责任与担当，为广大师生树立了优秀典范。委托专业团队组织学员进行户外素质拓展活动，把健身和健心巧妙联系起来，以游戏和团队项目为媒介，精心优化、设计拓展项目，通过培训的方式对学员进行思想政治教育和技能锻炼，有很强的目标性，同时兼顾身体的发展，有效促进学员在体能、心理、毅力、智慧、沟通表达、团队合作等方面的成长与发展。

（三）建设三个湖湘 · 杏林青年马克思主义者培养工程教育阵地

马克思主义理论是党的思想理论建设的理论基础，也是高校铸魂育人的灵魂思想。要坚持不懈传播马克思主义科学理论，抓好马克思主义理论教育。

1.建设“杏林青年研习荟”团员青年学习教育新阵地。阵地以含浦校区教育阳光服务中心三楼为基础场地，总面积300平方米，凝聚了“湖湘·杏林青年马克思主义者培养工程”开展情况、近年来乡村振兴战略和大学生创新创业成果等资源，设置了“青年文化走廊”，让团员青年以实景参观、定点讲解、参与活动等方式，“走一走、看一看、想一想”。走廊从习近平总书记关于青年工作的重要论述开始，途径“湖湘·杏林青年马克思主义者培养工程”前言、“固本溯源”理论教育、“凝心铸魂”文化育人、“笃志躬行”实践研学、“实干担当”素质提升、大学生创新创业、大学生实践助力乡村振兴等团属阵地导视与宣传展板，又回归至“青春建功行”处，向团员青年展示学校共青团工作和青年政治骨干培养等成就。阵地集“湖湘·杏林青年马克思主义者培养工程”小组课堂、“杏林青年成长营”、“主题团日”、团务宣传、图书阅览等功能于一体，可开展远程线上团课、现场青年师生理论授课、小组研讨、青年宣讲会、读书报告会等活动，让团员青年坐得住、听得进，成为学员理论研学必去“打卡地”。

2.探索青年组织体系新模式，打造“杏林青年之家”。校团委以团员青年

“杏林青年研习荟”团员青年学习教育新阵地

需求为导向，依托“湖湘 · 杏林青年马克思主义者培养工程”主平台，整合青年志愿者管理与服务中心、学生组织办公室等团属阵地，打造“杏林青年之家”，使之成为青年马克思主义者进行理想信念教育的主阵地。阵地总面积300 ㎡，设置有中心会议室及四个校级学生组织办公室，不断扩大服务范围，增强倾听青年之声、培养青年才干、发挥青年才智的导向性，在思政文化、志愿服务等方面推陈出新项目载体，使服务更贴心、更专业、更多元。定期组织专兼职团干部到“杏林青年之家”报到，零距离为团员青年提供服务，引导他们广泛参与校内外各项重大活动，进一步拉近共青团和团员青年之间的距离，使“杏林青年之家”真正成为融合中医药专业特色的“有温度的家”。

3.融合现有党团教育资源，形成青年马克思主义者培养工程校内示范阵地。充分利用学校现有党团教育资源，以党史学习教育主题公园为教育阵地组织青年学员开展“坚持真理、坚守理想”主题教育，该公园由党建雕塑、“四史”文化窗及党史宣传栏等部分构成，生动再现了百年来中国共产党波澜壮阔的历程和艰苦卓绝的岁月，浓缩了一代又一代中国共产党人继往开来、艰苦创业的光辉历程。以“信仰的力量——全国党建工作标杆院系培育创建成果展”和湘红书院为教育阵地组织青年学员开展“对党忠诚、不负人民”主题教育，湘红书院设有文化读书角、红色视听场、红色作品展以及湖湘历史墙四大功能区，展区由声声习语、三湘群英、初心不改三个板块组成，讲好红色故事，搞好红色教育，让红色基因代代相传。以党代表工作室为教育阵地组织青年学员开展“践行初心、担当使命”入党动机专题教育，邀请省党代表作专题报告，与学员近距离沟通，更好发挥党代表作用。

三、实施成效

自2021年“湖湘 · 杏林青年马克思主义者培养工程”实施以来，培养了一批心系社会的学生骨干人才，取得了阶段性的育人成效，在全省范围内起到了模范带头、示范引领作用。

（一）育人实效与获奖

“头雁”高飞有成效，培养心系社会的学生骨干人才。联合学生工作部（处），面向青马学员开展的《“一方心膳”团体工作坊——中医特色心理育人体系的构建与创新实践》项目，以中医特色文化和特色技术为指引，以心理学理论和技术为基础，构建了以芳香、生克制化、中医药膳、音乐、舞动疗法达到善心、信心、恒心、静心、动心状态的“五法五心”中医特色心理健康育人平台，荣获湖南共青团第三届改革创新大赛银奖。举办了“我心中的英雄”“共话百年奋斗，争做时代新人”等主题征文活动，撰写文章120余篇，制作成合集2本，形成近30万文字。已经结业的369名学员，在培养期间共撰写结业专题论文39篇，德育报告369篇，形成近70万文字。

自2021年至今，共举办了2期先锋班、3期骨干班、1期乡村振兴班，累计培养561名学员，表彰113名优秀学员，也为学校与学院选拔和培养了一大批德才兼备、素质全面、堪当重任的新时代好青年。1名学员成为湖南省第十六次团代会代表，6名学员获得推免资格，保送至理想高校继续攻读研究生，1名学员获“湖南省优秀共青团员”称号，1名学员获湖南省青少年党史学习达人大赛“实践达人”称号。10名学员获国家奖学金，55名学员获国家励志奖学金，2名学员获“中国电信奖学金”，4名学员获“芙蓉学子·榜样力量”优秀大学生称号，3名学员获“傅敏铨·唐木林励志奖学金”，2名学员获“天地恒一·杰出学子”标兵奖、3名学员获提名奖，2名学员获“老百姓大药房奖学金”，2名学员获“张学勇励志奖学金”，累计获奖金额超100万。

（二）社会影响

创新思想引领内涵，助力团员青年健康成长。扎实开展“学习二十大、永远跟党走、奋进新征程”和“喜迎二十大、永远跟党走、奋进新征程”主题活动。制定并落实了《“喜迎二十大、永远跟党走、奋进新征程”——校（院）庆祝中国共产主义青年团成立100周年系列活动实施方案》。集中学习了党的二十大讲话精神，举办了团干部学习贯彻党的二十大精神专题研讨会；集中学习了庆祝中国共产主义青年团成立100周年大会的讲话精神。组织了庆祝建团100周年升旗仪式、"共话百年奋斗，争做时代新人"主题教育征文、青年故事青年说短视频大赛、中国青年运动史展等数十场特色活动，获得团省委高度评价。湖南中医药大学团学小微微信公众号开设了特色专栏"百年青运微领学"，共发布文章20篇，持续加强对团员青年的思想教育，强化思想政治引导。

推动党史学习教育走深走实。立足学校特点，制定了《"学党史、强信念、跟党走"学习教育实施方案》。邀请湖南团省委李志超书记参加并指导"承湖湘五老精诚，扬新时代青年精神"主题团日活动；举行"青春向党 牢记使命"升旗仪式暨国旗下的讲话28次；举办"我正青春"庆祝建党100周年七一晚会、"党史影院"观影活动，播放《建党伟业》等10部红色经典电影。

（三）媒体报道与推广交流

发挥宣传平台优势，校园文化建设生机勃勃。一直以来，湖南中医药大学坚持以中医药优秀传统文化为引领，打造有特色、有品位的校园文化，取得了良好的育人效果和社会效果。作为湖南省三个立项高校中唯一一个没有艺术类专业的高校，举办"青春之歌百校百场庆百年"红色剧目展演之"百年风华·当燃青春"文艺会演，以共青团的百年发展历程为时间轴，结合党史、团史重大事件，分为"徊·泣血山河寻前路——徘徊""战·敢教日月换新天——鏖战""鼎·筑基固本探求所——鼎新""和·百年复兴铸新篇——人和"等四个篇章，精心设计了包括情景歌剧、情景朗诵、音诗画、歌伴舞等12个形式多样的节目，演出内容丰富、精彩纷呈，生动展示了湖南中医药大学青年团员朝气蓬勃的精神风貌，线上线下累计观看人数超10万人次，获评省级优秀组织单位。开展了2022"杏"好遇见你迎新晚会，超6万人次进行了线上观看，点赞量达20万次。拍摄发布了原创MV《青春心向党 追梦新时代》《我们》，线上阅览近万次。组织"唱支红歌给党听"传唱红色曲目主题活动，荣获省青媒奖优秀文化产品；举办"乐享青春 情满中秋"2022级新生草地音乐会，为热爱艺术的湖中大学子们提供了一个展示自我、追逐梦想的舞台，也展现了2022级新生积极向上的精神面貌，奏响了“三全育人”青春旋律。

依托“湖南中医药大学团学小微”等宣传平台对“湖湘·杏林青年马克思主义者培养工程”实施过程、育人成果等进行全方位宣传报道，该公众号关注人数近6万人，在全国高校团委微信影响力排行榜中稳定处于前100名，并以单周超12万的阅读量排名全国第二，多次排名榜单及热文榜前10名，多次荣获湖南省青媒奖“最佳文化产品”和“湖南共青团微博飞跃奖”等荣誉，并入选“青年湖南高校工作室”。在学习强国平台、中国中医药报、新湖南等各级新闻媒体上发布新闻稿15篇，制作《书记专题课！“湖湘·杏林青马”第二期先锋班、第三期骨干班开班》等原创推送20余篇，引发了强烈反响。

四、工作特色

湖湘中医文化是中华传统文化和湖湘文化深邃思想、人文理念、精神风范在中医药领域的集中体现。“湖湘·杏林青年马克思主义培养工程”把理想信念教育放在首位，紧紧围绕立德树人的根本任务，结合湖湘文化和中医药传统文化特色，充分发挥“点亮一盏灯、照亮一大片”的示范带动作用。

（一）强化政治把关，健全培养体系

培训班学员选拔均采用个人申请、二级党组织推荐考察的方式，在申报阶段将大学生骨干作为必备条件，在推荐阶段将“党委（党组）全面考察”作为重要环节。改变简单以学业成绩论英雄的评选标准，把政治性摆在更加突出的位置。成立湖南中医药大学“湖湘·杏林青年马克思主义者培养工程”建设领导小组，由学校党委书记担任组长，四位校领导担任副组长。注重多部门联动，改变以往共青团“单打独斗”局面，联合校内10个职能部门和二

级学院，共同谋划方案、共同制定标准、共用共享资源，确保好中选优、优中选强，形成联合培养格局，进一步加强“大思政”育人体系的构建。校团委委派团委副书记担任培训班总辅导员，负责总体协调培训班相关工作，同时委派学院党委书记担任培训班的班主任，具体负责培训班团队建设、组织管理等相关工作，学员结业时进行综合研判，从组织人事、宣传统战、学生工作部、马克思主义学院等部门抽调人员担任评委，提高学员培养的公信力和透明度。

（二）紧抓党建带团建，财政支持有保障

共青团湖南中医药大学委员会牢牢把握党建带团建工作要求，主动争取大学党委行政的支持，落实专项拨款和专项资金50万元，有力保障工程实施。协调校内公务用房，划拨近600㎡场地，全力支持建设“杏林青年研习荟”“杏林青年之家”建设，内设有专属文化墙、远程教学系统、会议室等，可为理论教育、学员活动等各类湖湘 · 杏林青马工程的活动提供坚强保障。

（三）创新培养方式，厚植中医药文化

深入挖掘湖湘 · 杏林青马工程理论教育课程中的思政元素，将中医传统文化、思政元素相结合。例如：在《中医理论与中国传统文化》课程中，从“上知天文，下知地理，中知人事”三个方面阐释了中医理论和传统文化的相辅相成，并从历史文化和中医学派入手，解释中医学派形成的历史背景；在《乡村振兴战略下中医药大学生大有作为》的课堂上，教师结合自己在基层时的医疗经验，介绍了当前乡村医疗卫生发展现状、农村常见病防治情况等；在《中医药是一个伟大的宝库——我们应当传承创新发展》课程中，结合中医药近年来在医学上做出的巨大贡献，指出中医药传统经验不可丢，现代科技不可少。课程设置注重与当前社会问题和现象紧密联系，减少了“填鸭式”理论教学，实现课上老师带着学、课后学员自己悟。

青年的理想信念关乎国家未来。正如陈独秀在《敬告青年》中所写的：“青年如初春，如朝日，如百卉之萌动，如利刃之新发于硎，人生最可宝贵之时期也。”新时代青年要树立对马克思主义的信仰、对中国特色社会主义的信念、

对中华民族伟大复兴中国梦的信心，自觉做习近平新时代中国特色社会主义思想的坚定信仰者、忠实实践者，要让马克思主义中国化时代化最新成果在中国大地上充分展现出实践伟力，闪耀出更绚丽的真理光芒！

参考文献：

[1] 习近习.高举中国特色社会主义伟大旗帜 为全面建设社会主义现代化国家而团结奋斗——在中国共产党第二十次全国代表大会上的招告[EB/OL].求是网，2022-10-16.（http://www.qstheory.cn/dukan/qs/2022-11/01/c_1129089160.htm）

[2] 贺军科.新时代党的青年工作的根本遵循[J].新青年（珍情），2022（08）：6-9.

[3] 中国中共党史学会编.中国共产党历史系列辞典.切实做好构建社会主义和谐社会的各项工作，把中国特色社会主义伟大事业推向前进——胡锦涛2006年10月11日在中共十六届六中全会第二次全体会议上的讲话[R].北京：中共党史出版社，党建读物出版社，2019.

[4] 习近平.在庆祝中国共产主义青年团成立100周年大会上的讲话[EB/OL].新华网，2022-05-10.（http://www.news.cn/2022-05/10/c_1128638131.htm）

[5] 陈志勇，李天丽.新时代“青马工程”培训读本[M].北京：光明日报出版社，2019.

以美育人 以文化人

——中医特色美育铸魂育人工程

李 媛

“美育”，又被称为“美感教育”。18世纪50年代后，随着西方美学学科体系的建立，“美育”概念由席勒在其重要的美学著作《美育书简》一书中首次被提出。20世纪初期，“美育”概念由王国维、蔡元培等文化先驱者引入国内教育界，并与中国“礼乐”传统兼容并济，而后从学理和政策层面，逐渐得以完善和发展。当前美育和德育、智育、体育以及劳动教育，并列成为高等教育的重要组成部分。

蔡元培在《美育与人生》中指出：“人人有感情，而并非都有伟大而高尚的行为，这由于感情推动力的薄弱，要转弱而为强，转薄而为厚，有待于陶养。陶养的工具，为美的对象，陶养的作用，叫作美育[1]。”美育就其特质，较为明显地表现在以下几方面：一是美育指向的是受教育者的情感，是通过特定的教育方式使感性能力得以丰富和发展；二是美育的内容在于“美”，具体表现为对美的感受、理解和创造；三是美育的根本目的在于促进人的全面发展[2]。

一、实施背景

2018年9月10日，习近平总书记在全国教育大会上强调：“要全面加强和改进学校美育，坚持以美育人、以文化人，提高学生审美和人文素养[3]。”2020

年中共中央办公厅、国务院办公厅印发《关于全面加强和改进新时代学校美育工作的意见》（以下简称《意见》），为新时代学校美育的改革发展提供了行动指南，标志着我国学校美育进入了新的发展阶段。《意见》开篇指出："美是纯洁道德、丰富精神的重要源泉。"[4]从理论上阐述了美与道德、美育与德育的内在关系，确立了美育作为立德树人重要载体的应有地位。

作为一所具有中医特色的综合类高等院校，我校一直以来非常重视美育所独有的且不可替代的育人价值，在多年的"以美育人、以文化人"的探索与实践中，逐步构建出了具有中医特色的"三融合"美育培根铸魂育人体系。

二、具体做法和实施过程

（一）美育与青年学生思想政治教育相融合

1.鼓励歌曲创作推动中医文化传承创新转化。传承创新发展中医药是习近平新时代中国特色社会主义思想的重要内容。在中华优秀传统文化创造性转化与创新性发展的背景下，歌曲创作融合中医文化在高校中的推广，不仅能契合学生的审美喜好，提升中医文化的接受广度与深度，同时也是对中医

原创红色主题歌曲《追梦》MV 拍摄

文化的创新性转化[5]。

自2018年以来，我校开始大力推动主题歌曲创作活动，鼓励学生以中医文化为本体，将中医医理、医道与医术根植于歌词创作，并侧重以大众化和通俗化的旋律彰显歌曲的时代性与主流性，通过“创、唱、传”三级联动的模式，将歌曲的推广全方位融入课程教学、实践活动、校园文化、艺术展演“四位一体”的美育推进机制中，不仅扩大了中医文化在校内外的影响力，更是培养了青年学子主动了解、认知、相信并享受中医文化的格局。经过4年的持续推进，目前已完成中医主题改编及原创歌曲《医学源流》《暑症》《我们中医值得骄傲》《我们》《你来得针是时候》《风之温》等作品五十余首，其中由2020级本科学生石晔作词的《青年中医担家国》一曲立足于湖南中医药大学六十周年校庆主题，以湖南常德丝弦为旋律蓝本，将青年学子对中医的热爱与担当尽显在歌词的表达中，使其成为一首兼具戏曲特色、中医特色与时代特色的“丝弦新曲”，成为我校中医主题原创歌曲的典范之作，歌词如下：

新青年中医担家国/少年时劝君莫蹉跎/新青年中医担家国/梦起潇湘跃海阔

我们中医魂永不老啊/代代相承创新多/黄帝阴阳先河开/神农尝药传千载

华夏杏林/大医情怀/青年中医创未来/湖中大六十年华/风雨洗礼

继承创新 永不老去/有吾辈后浪奔涌/青春无敌

中医定永远年轻/无限潜力/舌诊脉象信息采/银针三寸人机排

数据时代已到来/日新月异时不待/湖中大六十年华/风雨洗礼

继承创新/永不老去/有吾辈后浪奔涌/青春无敌

中医定/永远年轻/无限潜力/千年岐黄承一脉

衷中参西融内外/中西医抗疫来/保得民安护国泰/青年梦起潇湘跃海阔

代代相承创新多/青年中医担家国/少年时劝君莫蹉跎

以歌曲创作为推力，以推动中医文化创造性转化为目标，该生结合自身所学专业继续探索“以创促研”，于2022年主持大学生创新创业训练计划校级项目《文化传承视域下中医经典歌赋的谱曲吟唱及推广研究——以〈医学三字经〉为例》一项，成为我校中医文化传承推广的新生力量。

在主题歌曲创作活动的推广中，不仅充分调动了我校学生的创作热情，更是挖掘出了一大批优秀青年创作人才。由我校2019级学生陈一豪、2017级学生许晏硕（台湾）创作的献礼校庆60周年的原创歌曲《我们》，以回忆大学中的物与事为视角，深切表达了对母校的热爱与祝福，仅在网易云音乐平台上的播放量就累计超28万，并在师生中引起极大反响。不仅如此，由我校青年教师李媛指导以上三位学生共同完成的原创歌曲《追梦》，更是在2021年“闪光的记忆”湖南青少年红色主题文创产品征集活动中荣获“优秀作品奖”，充分彰显了我校学子的美育素养与蓬勃向上的青春力量，并形成示范效应。歌曲于2022年5月由校团委导演、监制拍摄成为MV在官媒“团学小微”推送，成为我校献礼中国共青团成立100周年的音乐力作。

2.原创《山河在》红色舞台剧锤炼爱国情操。习近平总书记在党的十九大报告中曾指出要加强和改进思想政治工作，高校要“培养担当民族复兴大任的时代新人”，“做好高校思想政治工作，要因事而化、因时而进、因势而新”。教育部、共青团中央在《关于加强和改进高等学校校园文化建设的意见》中指出：“高等学校校园文化是社会主义先进文化的重要组成部分。加强校园文化建设对于推进高等教育改革发展、加强和改进大学生思想政治教育、全面提高大学生综合素质，具有十分重要的意义[6]。”

2018年11月，由我校团委李宗霖老师担任指导、师生共同创编、大学生艺术团熠昇剧团担纲演出的原创红色舞台剧《山河在》应运而生。作品创作灵感源于2017年12月13日南京大屠杀死难者国家公祭日的一组图片——2017年的现代青年与身处1937年守土抗战、保家卫国的热血青年隔着时空相互问候的场景。经过半年时间历经三轮的打磨，作品由最初的12分钟短剧版扩充至105分钟的长剧版，通过剧情、台词、配乐、表演的生动结合，完整展现了抗战时期一群有理想、有抱负的青年人在面对民族危亡时舍身救国的

原创红色舞台剧《山河在》公演现场

感人故事，旨在以时空对话的形式告慰先烈："如果有一天我们能够相遇，我一定会告诉你，山河犹在，国泰民安。"全剧通过对爱国青年群像的塑造，激发了青年学生不忘历史、珍惜今天，开创祖国美好未来的昂扬斗志，是一部弘扬爱国主义、集体主义和革命英雄主义精神的优秀红色剧目，也是我校打破传统思政教育方式，将爱国主义教育与文艺创作相结合的典型案例。

该剧于2018年10月荣获"湖南省青年文化艺术节"铜奖，并获评"优秀原创短剧"；2018年12月17日在我省芙蓉国剧场"首届湖南青年戏剧嘉年华"展演中荣获"优秀原创剧目奖"；2019年4月在我校进行首场公演，获得团省委领导及其他高校嘉宾一致好评，并随即与长沙学院、南方职业技术学院、湖南食品药品学院达成巡演意向。《山河在》探索了以红色舞台剧为载体，以"固定+流动""线下+线上""宣传+巡演"等相结合的方式，把"有看点""受教育"的艺术作品送到青年学生、党员群众身边，既加强了爱国主义教育，培育和践行了社会主义核心价值观，又在校园文化的传播中弘扬了主旋律，传播了正能量，可谓是一堂生动的"美育+思政"教育课。

"六爱"主题歌曲《领航》拍摄现场

3.推出"六爱"主题系列视频助力思想引领。"爱"一直以来都是一个定义广泛的字，一个能量充沛的字，像一颗种子，蕴含着生生不息的力量。为庆祝中国共产党成立101周年，以饱满的热情、昂扬的状态喜迎二十大的召开，2022年6月，校团委与学校党委宣传部、体育艺术学院联合，将六个具有特殊意义的节日与"爱"相呼应，创意推出了"六爱"主题系列视频活动，唱响了"爱党""爱国""爱校""爱人民""爱家""爱我"的动人旋律，成为我校美育文化与思想引领相结合的一道靓丽风景线，目前已在我校官方公众号成功推出三期主题视频。

2022年7月1"建党节"——"一片赤诚的爱党"。推出由师生共同演唱的合唱作品《领航》MV，唱响了"伟大的中国共产党，乘风破浪扬帆远航，领航中国在新时代的征程上"的壮丽篇章。同步展播的红色歌曲《星辰大海》、原创歌曲《追梦》，抒发了青年学生"看百年风起云涌，无非一念救苍生，人生何处不青峰"的豪情壮志。

2022年10月1日"国庆节"——"匹夫有责的爱国"。推出"特别的爱，唱给特别的你"系列歌曲展播，是"有国才有家，有家才有我"的《祝你生日快乐》，是“乘风骨亦有锋芒，有梦则刚”的《有我》，是“灯火灿烂的中国梦，灯火荡漾着心中的歌”的《灯火里的中国》，是“奋进伟大新时代，谁都有机会出彩”的《强国一代有我在》，以上兼具艺术性与通俗性、可听性与可唱性的歌曲，不仅拓宽了青年学生的美育视野，更是激发了其极大的情感共鸣。

2022年11月1日“校庆日”——“知行合一的爱校”。推出《湖中大奋斗八十八载》文化纪录片，唱响“我们心系人类的健康，中华医学走向世界”的校歌旋律，表白学士路300号的流连回眸、朋友圈为湖中大的点赞，发起“我心中的湖中大校训”“那些宝贵的湖中大记忆”“为湖中大写三行诗”“特色物件”征集活动，激励青年中医人秉承校训，既往圣绝学，努力实现学校的跨越式发展。

以此三期主题推送为延续，2023年3月5日“学雷锋纪念日”——“我将无我的爱人民”、2023年5月25日“我爱我心理健康日”——“真实接纳的爱我”、2023年6月19日“父亲节”——“其乐融融的爱家”，还将继续以歌曲、诗歌、故事片等形式推出关于“爱”的多元呈现表达，带给师生更多温暖与感动。

（二）美育与第二课堂建设相融合

1.打通美育课程与第二课堂联通机制。我校自2008年开始面向全校本科生开设公共艺术选修类美育课程，涵盖音乐、美术、舞蹈、摄影等多个学科，经过多年的教学与科研探索，已形成了较为完善的美育理论教学体系，随着时代的发展，以理论知识教授为主的鉴赏类课程已然不能满足学生审美能力的培养和全面发展的需求，因此“第二课堂”作为课堂教学的有效补充和时空延伸，则成为高校落实以美育人工作任务的重要阵地和平台。

为了全面优化美育“第二课堂”的实效性，着力提升学生的“审美感知、文化理解、艺术表现、创意实践”等核心美育素养，我校自2018年开始实行美育教学改革，由校团委、教务处、体育艺术学院三方联动，打通了“第二课堂”与“课程教学”的联通机制并实行学分制规范化管理。以提升学生演唱实践能力为指向，首先开设了《轻松学乐理》《合唱演唱与实践》《阿卡贝拉歌曲演唱》《合唱与指挥艺术》等多门阶梯制课程，每门课程设1个学分16课时，经过4年的建设发展与模式探索，形成了较为成熟的教学机制。以此为基点，2022年又相继开设了《器乐演奏与实践》《室内乐合奏》《中国舞基础》《形体训练》《新闻摄影》等系列艺术实践类课程，分别指向学生的民族器乐演奏能力、舞蹈表达能力、摄影实操能力的提升，基本形成“与课堂教学相互补”“与艺术团训练相对接”“与人才培养需求相匹配”“与学校美育特色相融合”的美育课程综合体系，实现了我校美育教学改革的跨越式发展。

2.整合美育师资提升艺术社团品质。美育是美学、艺术学与教育学的应用型交叉学科，美育师资应兼备美学基础理论、专业艺术素养和教育学、心理学的理论及实践创新能力，可以说实现美育工作目标和成效的关键性因素在于美育教师。本文开篇所提到的《关于全面加强和改进新时代学校美育工作的意见》文件中，明确提出要“配齐配好美育教师”，“各地要加大美育教师的补充力度”。

我校一直以来非常重视美育师资的引进与培养，现有艺术类专任教师五人，隶属体育艺术学院艺术教研室，同时行政岗位中具有艺术专业背景的教师也达数十人。为了全面提升我校艺术社团的品质，自2015年以来，校团委全面整合学校美育师资，实行指导老师聘任制，打造了自上而下的协同管理机制，构建了艺术社团“普及教育”与“专业提升”相结合的培养模式。

目前我校艺术社团共分为艺术类协会与大学生艺术团两大版本，均由校团委统一指导管理。艺术类协会包含六弦吉他协会、舞蹈协会、民族器乐协会、犀照戏剧社、摄影协会、后现代画室、我为歌狂协会、逆蝶动漫社、魔术协会、笙笛口琴协会和园艺社等十一个社团，在团学生人数达800人左右，指导老师涵盖马克思主义学院、体育艺术学院、校团委、校工会、信息科学与工程学院、针灸推拿与康复学院及后勤处，2021—2022两年以来，已开展“草地音乐会”“新年照拍摄活动”“校园涂鸦活动”“郁金香种植活动”等各类美育实践活动数十场，全面指向美育“面向人人”的目标。

第二大板块大学艺术团是校级五大学生组织之一，同时也是校园文艺活动的中坚力量与主力军。艺术团下设统筹管理部、主持人队、熠昇剧团、栀韵合唱团、青橙乐队、器乐队、舞蹈团、NK街舞队、化妆队、模特队10支队伍，指导老师涵盖校团委、体育艺术学院及校外特聘教师，至今已成功举办了主持人大赛、礼模大赛、彩妆大赛、十佳歌手大赛、舞动校园大赛、原创话剧《山河在》展演和街舞专场等各类艺术实践活动，充分展现了我校美育育人的专业化水平。

美育师资的整合，促进了教师之间的交流与合作，为艺术社团长期有序的发展提供了强有力的保证，美育师资的持续性与针对性指导，不仅使我校艺术社团的品质迈上更高的台阶，更是提升了我校学生的整体美育水平，进一步丰富了校园文化的呈现形式与价值意蕴，可谓意义重大。

3.打造校园品牌合唱团凸显美育名片。合唱艺术是一门参与面最广、普及度最高的艺术形式，是实现“以美育人、以文化人”和“面向人人”的有效载体，我国著名指挥家、教育家杨鸿年先生曾说：“合唱艺术不仅是一个国

首届海峡两岸医学人文合唱节荣获金奖

家音乐水平的标志，也是提高国民音乐素质的最佳途径。”因此，对于非音乐专业的中医院校学生来说，合唱艺术无疑是帮助其参与校园文化活动、提升美育素养的最具普适性及体验性的育人项目，具有极大的“美育”及“美誉”价值。

湖南中医药大学“栀韵”合唱团成立于2009年，合唱团团员及钢琴艺术指导均由我校在读本科生组成。自成立以来，合唱团始终秉承“文明求实、继承创新”的校训，追求“温润淡雅、逸韵高致”的艺术风格，至今共完成13届新老团员的换届更替，辐射我校中医学院、医学院、药学院、针灸推拿学院、人文与管理学院、护理学院、信息科学与工程学院等多个学院不同专业、不同年级的学生。合唱团由我校校团委主管、体育艺术学院专业教师指导，实行“单列单管”规范统筹，目前已有3000余名学生直接参与了合唱艺术社团的育人过程，并参加了国家级、省级、校级合唱竞赛与展演活动数以百场。

作为我校美育文化的代表力量，一直以来“栀韵”合唱团都致力于高雅艺术的传播和传统文化的推广，演唱作品涵盖中外经典合唱作品、古诗词改编作品、少数民族风格作品、流行作品等多种体裁与风格，学生在多声部艺术的演唱实践中，不仅能体验音乐本体中所蕴含的“真、善、美”，还能在群体合作中培养自己的创造力，帮助其增进人际交往，促进友谊，更有助于其今后在成为一名医者时，学会与人合作，树立团队意识、和谐处理医患关系。

自2015年以来，我校“栀韵”合唱团先后荣获首届“海峡两岸医学人文合唱节”金奖、第三届和第六届湖南省大学生艺术展演一等奖、二等奖，2018年至2021年连续四年荣获第五届至第八届湖南省青年文化艺术节金奖，参与“我和我的祖国香港大学生研学活动”“湖南－粤港澳大湾区中医药文化青年传承研学中心”启动仪式等对外宣传交流活动数十场。2021年合唱团正式入选“湖南省合唱协会团体会员单位”，美育成果多次受到省级媒体报道。数以万计的学生在校园合唱美育文化的浸染下，提升了感受美、欣赏美、发现美、表现美、创造美的能力，切实拓宽了我校的美育育人广度。目前“栀韵”合唱团已然成为湖南中医药大学的一张美育文化名片，并得到省内外合唱专家及作曲家的一致认可和鼓励，切实延展了我校的美育育人深度，形成了“一校一品”的美育教育新局面。

（三）美育与中华优秀传统文化实践相融合

1.开展中医文化特色活动践行校风校训。中华优秀传统文化教育是高校美育的重要组成部分，也是弘扬社会主义核心价值观、坚定文化自信的重要教育内容。国家中医药管理局在《中医药文化建设“十三五”规划》（国中医药办发〔2016〕37号）中提出要“推动中医药文化进校园[7]，中宣部在2021年正式印发的《中华优秀传统文化传承发展工程“十四五”重点项目规划》中将中医药文化弘扬工程列为23个重点项目之一。我校作为中医药文化传承与传播的重要载体、引领和创新中医药文化的主要机构之一，肩负着中医药文化传承与发展的重要使命。自2020年以来，校团委联合中医学院团委、药学院团委相继开展了一系列中医特色实践活动，切实实现了中医药文化在青年学生中的“形式融入”“知识融入”与“价值融入”。

2020年9月—11月，联合中医学院开展“学理法方药，承岐黄之术”系

温病朗诵“天籁之声”比赛现场

列中医特色竞赛活动，涵盖“学中医理——‘我是中医达人’中医基础理论知识竞赛”；“悟中医法——中医诊断学知识竞赛、中医诊断学微视频制作大赛”；“习中医方——方剂学知识大赛”；“寻中华根——汉字知识大赛”；“读古经典——伤寒金匮微课制作大赛”；“鉴大名家——温病诵读‘天籁之声’大赛”六个系列。

2022年6月，联合药学院开展“矢志不渝求进取，栋梁荟萃谱新篇”文化交流节系列活动，涵盖“‘品中医药之韵，醉中医药之淳’中医药文化一条街”；“‘知行杯’文化交流知识大赛”；“药学院第十七届‘启航杯’新生辩论赛”三大系列。

以上九大中医特色系列活动的开展，不仅激发了我校青年学生对中医基础知识理论的探究精神，培养了其将传统中医与现代科学相融合的创新精神，更是在以赛促学、以赛促教中坚定了学生的文化自信与使命担当，弘扬了“文明、求实、继承、创新”的校训精神，是推动中华优秀传统文化与校园文化建设相融相通，服务我校一流学科发展的创新之举。

2.举办三大系列主题晚会升华校园美育内涵。校园文艺晚会不仅是一种具有仪式感的美育成果展示，更是一所高校办学特色、审美观念及政治抒情性的艺术化表达方式，具有重要的价值意蕴及时代内涵。以党的思想政治引领为根，以弘扬中华优秀传统文化为基，以彰显青年学生时代风貌为本，以升华校园文化美育内涵为核，在不断的理念创新、形式创新与表达创新中，我校打造了具有中华优秀传统文化特色的三大系列主题晚会——“青春起航”系列迎新晚会、“当燃青春”系列五四表彰晚会、“印象”系列新年音乐会，并已成为师生每年最为期待的校园美育盛会。

“青春起航”系列迎新晚会在2016年的“启梦”“缘结”“帆动”三个篇章中拉开帷幕，至此走过2017年“风华正茂”“自强不息”“雄姿英发”三个篇章；2018年“中华萃”“民族情”“青春梦”三个篇章；2019年“可爱中国——大道之行，始于足下”“青春中国——凝心聚力，梦想启航”“奋进中国——勇立潮头，美美与共”三个篇章；2021年“悦动青春”“炫彩青春”和“逐

"百年风华 当燃青春"文艺会演

梦青春"三个篇章;2022年"扬帆 · 志之所趋 · 无所弗届;筑梦 · 进而有为 · 行稳致远"、"青云· 海尽天是岸· 山高人为峰;朝晖· 华夏布德泽· 紫气耀东方"上下两个篇章。打造了如情景剧《二陈汤用半夏陈》、传统功法与西方街舞结合的《五禽戏》、融合八段锦表演的《神奇中医》、民族乐曲与流行音乐相结合的《医道文脉》等系列具有中医文化特色的经典文艺作品。

"当燃青春"系列五四表彰晚会于2015年起航,旨在将五四精神的学习、发扬与传承以美育之载体落实到青年学生的思想政治引领过程之中,勉励我校学子用奋斗点燃青春之火,争做走在时代前列的奋进者、开拓者和奉献者。2022年5月,为庆祝共青团成立100周年,由团省委、省学联主办,我校作为省级示范性院校承办的"青春之歌 · 百校百场庆百年"红色剧目展演之"百年风华 · 当燃青春"文艺会演,更是集中体现了我校五四系列晚会的高质量、高水准。晚会以共青团的百年发展历程为时间轴,结合党史、团史重大事件,分为"徊 · 泣血山河寻前路——徘徊""战 · 敢教日月换新天——鏖战""鼎 · 筑基固本探求所——鼎新""和 · 百年复兴铸新篇——人和"等四个篇章,通过情景歌舞剧、情景朗诵、音诗画、歌伴舞等表演形式生动展现了党领导下的百年中国青运史和湖南青运史,彰显了湖南中医药大学团员青年朝气蓬勃、青心向党的良好精神风貌。

“印象”系列新年音乐会，是校团委继迎新晚会、五四表彰晚会之后的第三大主题晚会，音乐会以求高、求新、求美、求雅的艺术风格为追求，是我校作为一所医学类高校，在校内打造的最具审美艺术高度和听赏品鉴意蕴的高雅音乐会，同时也是促进“高雅艺术进校园”，加强与各高校之间艺术交流的有力举措。“印象”系列音乐会于2016年12月正式启动，已成功举办五届。“印象2017”分为“风”“雅”“颂”三个篇章，长沙评弹《潇湘神韵》、无伴奏合唱《Loch Lomond》、古筝、钢琴协奏曲《梦回临安》等优质节目充分展现了音乐会的艺术性、民族性与高雅性；“聆响·乐韵·印象2018”分“踏雪寻香”“清风流韵”“锦绣华章”三个篇章，并特邀长沙大学音乐学院潇湘笛埙乐团、湖南科技大学励弘合唱团、中南林业科技大学艺术团、湖南师范大学天籁合唱团与我校学子同台展演，带来《土耳其进行曲》《扬鞭催马运粮忙》《春江花月夜》等经典中西作品；“印象·沁园雅韵2019”，以庆祝改革开放40周年为主题，分为“雅韵三湘”和“春满沁园”两个篇章，配乐诗朗诵《新时代颂》、歌伴舞《不忘初心》等节目充分彰显了音乐会的时代性与政治抒情性；“印象·国乐2020”特邀中南大学民乐团带来的《春节序曲》《百鸟朝凤》《瑶族舞曲》《丰年祭》《云宫迅音》等经典民族器乐作品，为我校师生展现了传统艺术瑰宝的独特魅力。“印象·国韵·东方2022”以中国风为主基调，从“逢·潋滟清波”“融·春和景明”“晟·毓秀神州”三个篇章迭进纷呈，并特邀国家一级演员、中国戏曲“梅花奖”得主张璇演唱《梨花颂》《咏梅》，师生同台呈现京剧、苏州评弹、古典舞、器乐作品，尽显中华优秀传统文化的魅力。

3.参与艺术竞赛展演强化美育实践能力。参与艺术竞赛展演不仅是“四位一体”美育推进机制中的重要环节，更是对高校美育教育成果的集中展示与检阅，在推动高校美育改革发展、落实立德树人根本任务、促进学生全面发展等方面发挥着重要作用。2015年以来，我校高度重视学生美育实践能力的培养，鼓励师生参加以湖南省青年文化艺术节和大学生艺术展演为代表的各类艺术竞赛与展演，在“以赛带教，以赛促学，以赛精艺”的实践教学方针

湖南省青年文化艺术节金奖

指导下，大大提高了学生的艺术修养，拓宽了师生的艺术视野，同时也扩大了我校在省内乃至全国高校中的影响力。

湖南省青年文化艺术节由共青团湖南省委、湖南省教育厅、湖南省文化和旅游厅、湖南省青年联合会、湖南省学生联合会主办，以“青春 · 力量 · 梦想”为主题，设湖南传统手工技艺、绘画、书法、声乐、器乐、舞蹈、朗诵等多个比赛项目，自2014年以来已连续举办九届，我校在该项赛事中已累计斩获金奖、银奖、铜奖超30余枚，合唱作品《破阵子》《回家》《敕勒川》《棒棒捶在岩头上》，摄影类作品《舞台上的光与影》《护士节》，器乐类作品《森林狂想曲》、舞蹈类作品《无名花》等优秀参赛作品充分展现了我校近年来的美育成果与艺术实践水准。

全国大学生艺术展演由教育部主办，是我国规格最高、规模最大、影响最广的大学生艺术盛会，展演项目包括艺术表演、艺术作品、学生艺术实践工作坊、高校美育改革创新优秀案例等五大类，自2004年以来已连续举办六届。学校的高度重视、广泛动员、精心组织，指导老师和参赛师生的积极参与、认真备战，为我校在大赛中取得优异成绩提供了保障。2020年由我校团委选送的朗诵作品《战》经过层层选拔，最终斩获第六届全国大学生艺术展演艺术表演类甲组一等奖，取得我校在该项赛事中的最佳成绩。作品《战》以新冠疫情期间，湖湘中医人救死扶伤的感人事迹为创作背景，展现了他们义无反顾冲上一线的战斗历程以及对党和人民高度负责的精神面貌，旨在弘扬伟大的抗疫精神，为抗疫英雄留名，为湖湘中医发声，献礼中国共产党成立100周年，我校也是此次展演活动中唯一入选的中医药高等院校，充分展示了学校坚持五育并举，深化“三全育人”，在美育工作方面取得的良好成效。

三、实施成效

（一）育人实效与获奖

1.美育育人覆盖面广，受益学生多。以全员育人、全程育人、全方位育人的“三全育人”理念为框架，以课程教学、实践活动、校园文化、艺术展演“四位一体”的美育推进机制为依托，7年以来，我校10余万名师生在校园美育文化的浸染下，学会将美融入学习、工作与生活，极大提高了感受美、鉴赏美、表现美、发现美、创造美的能力。大批艺术团骨干学生选择继续深造，并陆续考取上海中医药大学、广州中医药大学、天津中医药大学、北京外国语大学、中南财经政法大学等国内各大知名高校，毕业学生综合素养表现突出，在各个领域继续发挥着文艺骨干的积极作用。站在全面建设社会主义现代化国家新征程的宏观视野下，全校师生持续朝着实现“美好社会”“美好生活”“美丽中国”的大美育目标不断迈进。

2.艺术竞赛展演获奖，美育成果多。作为一所没有艺术专业学生的医学类高校，在持续的美育改革与深耕中，在校级主管领导的大力支持下，在师生的共同努力下，我校在国家级、省级各类竞赛与展演中取得了丰硕成果，声乐、舞蹈、器乐、朗诵、戏剧、绘画、摄影等艺术呈现形式百花齐放，在合唱节、青年文化艺术节、大学生艺术展演、大学生广告艺术大赛等各类赛事中屡获佳绩，充分展现了我校美育成效，并实现了三个历史性突破。

突破一，2020年选送的朗诵作品《战》斩获第六届全国大学生艺术展演艺术表演类甲组一等奖，取得我校在该项赛事中继多年省赛以来的最佳成绩，也是此次展演活动中唯一入选国赛的中医药高等院校。

突破二，2018年选送的合唱作品《棒棒捶在岩头上》《春天的使者》斩获首届海峡两岸医学人文合唱节金奖，这是我校合唱团首次走出湖南省，与来自台湾与大陆的上千余名医学类高校学子同台竞技，实现了高雅艺术“走出去”的首次突破，医学与音乐、人文之间的融合使得合唱艺术的意涵及美育价值变得更加豁达与宽广。

突破三，2018年—2021年，连续四年斩获湖南省青年文化艺术节声乐集体类金奖，在与全省音乐类院校学子的同台竞技中，我校学生以训练有素的艺术演唱、张弛有度的艺术表达、形式多样的艺术演绎、真挚动人的艺术情感，成为该项赛事中的美育典型团队，充分展示了我省非艺术专业大学生的美育修养及艺术水平。

（二）社会影响

我校“团学小微”公众号作为学校“以美育人、以文化人”工作成果的集中展示平台，在多年的建设与推广中助推我校美育工作产生了广泛的社会影响力。公众号开通于2015年3月，粉丝累计量超5万人，旨在做与青年学生共成长同进步的贴心人，做有温度最青春的公众号，2018年以爱国爱校主题教育、团学要闻、优秀典型、学生权益为主线制作推送共225条，推出了微视频、微诗会、微漫画等“微”专题，并新增“团干部，讲团课”微团课系列，完成手绘二十四节气图；全年单篇最高阅读量59 062次，总阅读量4 375 992次，文章平均阅读量19 448.9次，总点赞量162 468；入围全国普通高校团委微信公众号综合影响力百强榜及单周文章阅读量百强共计26次，包括综合影响力排名第3、第6、第14、第17，单篇阅读量排名第2、第3、第18等成绩；入围湖南省高校团组织微信公众号综合影响力月榜

4次、周榜4次，包括综合影响力排名第1、第3、第5、第6等成绩。

（三）媒体报道与推广交流

1.主流媒体报道。

2022年红网报道：点赞10w+！“百年风华·当燃青春”文艺会演在湖南中医药大学举行。

2022年新湖南报道：湖南中医药大学举行“喜迎二十大，永远跟党走，奋进新征程”五四表彰大会。

2021年新湖南报道：1金2铜！湖南中医药大学在省青年文化艺术节获佳绩。

2021年新湖南报道：遇见你，正青春！湖南中医药大学举行迎新晚会。

2020年新湖南报道：“以美育人，培育有大爱情怀的医者”——湖南中医药大学艺术教育成果颇丰。

2019年三湘都市报报道：湖南中医药大学原创话剧激情上演，缅怀革命先烈。

2019年红网报道：听共和国同龄人讲故事，湖南中医药大学举行2019级迎新晚会。

2019年中新网报道：中医药传统功法巡演菲律宾受欢迎。

2018年红网报道：以青年力量推动文化繁荣——湖南中医药大学青年文化艺术节上斩金夺银。

2018年红网报道：生命如花娴雅绽放——湖南高校女教师用笔拾起生活中散落的诗意。

2018年湖南教育网报道：湖中大传统功法巡演团亮相非洲。

2018年新湖南客户端报道：湖南中医药大学传统功法巡演团亮相非洲。

2017年中国新闻网报道：湖南一高校赴北欧巡演传统功法推广中国文化。

2017年人民网报道：湖南中医药大学传统功法巡演团北欧行获好评。

2017年新华网报道：中国养生功法和文化演出在爱沙尼亚受欢迎。

2017年红网报道：湖南中医药大学传统功法巡演团亮相北欧推广中国传统文化。

2.主题巡演及推广。

2022年作为全省四大示范性院校之一，承办“青春之歌百校百场庆百年”红色剧目展演之“百年风华·当燃青春”大型晚会，学校领导、团省委领导、全省30余名优秀团干部代表和我校师生代表共同观看演出，逾万人通过网络同步观看，点赞量超10万次，生动展示了我校青年团员朝气蓬勃的精神风貌。

2022年联合马克思主义学院、宣传统战部、教务处、湖南食品药品职业学院马克思主义学院，共同主办“浩歌新思想 阔步新征程”学习贯彻党的二十大精神“大思政课”暨第七届习近平新时代中国特色社会主义思想“六微”展示活动，以微宣讲、微电影、微表演、微图示、微政论、微授课等丰富多彩的形式，上演了一场有滋有味、有声有色的“大思政课”。自2016年至今，“六微”展示活动已成功举办七届，成为湖南中医药大学思想政治理论课实践育人的一张闪光名片，为构建一体化“大思政”育人格局提供了有效途径。

2022赴我校驻村点郴州市汝城县暖水镇洪流村进行文艺会演，以美育助

孔子学院巡演

力乡村振兴，形成“校、村、民”三级乡村振兴实践平台。支教组成员始终秉承“真心真情”的服务理念，传递积极向上的服务热情，坚守尽职尽责的服务态度，以学科专业为依托，以中医药文化为特色，携手当地留守儿童为村民展现了一台集合唱、舞蹈、朗诵、传统保健功法等为一体的文艺会演，并获得一致好评。

2017、2018、2019年度受全球孔子学院委派，师生艺术代表团赴韩国、芬兰、爱沙尼亚、挪威、纳米比亚、尼日利亚、利比里亚、菲律宾、马来西亚等多国开展巡演活动，将传统保健功法、马王堆导引术、中国民歌、中国古典舞、民族乐器、传统武术等中华优秀传统文化在海外推广，获得极大反响，唱响了人类命运共同体的主旋律。

四、工作特色

（一）以提升大学生美育素养为目标，具有时代性

培养德智体美劳全面发展的时代新人是我国新时代教育改革与人才培养的目标方向，美育作为五育并举的重要一环，事关“培养什么人”的重大问题。我校美育工作始终以审美和人文素养培育为中心，在培育过程中始终以创新能力培育为侧重，同时对学生美育素养提升的目标予以准确定位，从而使学生能够在接受美育教育的过程中逐步提升其“医学+X”的综合能力，并最终指向学生的审美教育、情操教育、心灵教育，具有鲜明的时代性。

（二）以中医文化贯穿美育全过程，具有创新性

作为一所医学类高校，传承创新发展中医药文化是美育育人的自觉担当、重要使命与必然要求。在以美育人过程中，我们以中医文化精神引领青年学生思想政治教育，以主题歌曲创编推动中医文化创造性转化与创新性发展，以中医特色文艺节目创作推动中医文化的推广与交流，以九大中医特色系列活动的开展激发青年学生对中医基础知识理论的探究，以润物细无声的中医文化氛围打造具有中医文化底蕴的文明校园，创新性地将中医药文化贯穿美

育全过程，彰显了我校美育育人特色。

（三）以“三融合”构建美育新模式，具有推广性

在“以美育人、以文化人”的美育工作实践中，我们构建了具有中医特色的“美育与青年学生思想政治教育相融合”“美育与第二课堂建设相融合”“美育与中华优秀传统文化相融合”的“三融合”美育新模式，不仅值得其他医药类院校借鉴和推广，同时也为新时代背景下高校美育体系的建设与改革提供了一定的参考。

参考文献：

[1] 高平叔编.蔡元培全集 第六卷[M].北京：中华书局，1988.

[2] 蒋瑛.艺术院校的美育价值追求及实现路径[J].中国大学教学，2022（03）：11-16.

[3] 习近平：坚持中国特色社会主义教育发展道路培养德智体美劳全面发展的社会主义建设者和接班人[EB/OL].[2023-7-25].http：//www.cppcc.gov.cn/zxww/2018/09/10/ARTI1536563427496646.shtml?from=timeline.

[4] 中共中央办公厅、国务院办公厅关于全面加强和改进新时代学校美育工作的意见[EB/OL].[2023-07-25].https：//www.gov.cn/zhengce/2020-10/15/content_5551609.htm.

[5] 李媛.歌曲创作融合中医文化在高校中的推广研究[J].湖南中医杂志，2021，37（03）：121-122+136.

[6] 教育部、共青团中央关于加强和改进高等学校校园文化建设的意见[J].中华人民共和国教育部公报，2005（03）：27-30.

[7] 国家中医药管理局.中医药文化建设“十三五”规划[EB/OL].[2023-07-25].http：//www.natcm.gov.cn/bangongshi/zhengcewenjian/2018-03-24/849.html.

汇聚时代青年力量
播种乡村振兴希望

向 禧

习近平总书记在同各界优秀青年代表座谈时指出："广大青年要坚持学以致用，深入基层、深入群众，在改革开放和社会主义现代化建设的大熔炉中，在社会的大学校里，掌握真才实学，增益其所不能。"为帮助当代青年树立与这个时代主题同心同向的理想信念，积极响应党中央关于"深化实践育人是全面深入高等教育综合改革的重要任务"这一政策，助力乡村振兴，构建实践育人的模式。湖南中医药大学紧紧围绕"乡村振兴""实践育人"等社会热点问题，坚持以人才培养为核心，大力发展实践育人活动，引导和帮助广大学生将实践活动与专业知识有机结合，助力青年学生成长。在"三下乡"社会实践活动中，学校派出多支团队，努力将"实践育人"的理念融入日常教学之中，充分发挥学校的特色及优势，始终重视对学生实践能力的培养。使当代青年大学生在亲自参与振兴乡村的过程中，有更加坚定的理想信念，有担当这个时代责任的勇气，在快速发展的时代中勤学好问，知行合一，在激情奋斗中绽放人生之春、人生之华。

一、实施背景

乡村振兴战略是习近平同志2017年10月18日在党的十九大报告中首次提出的战略，并作为七大战略之一写入党章。2020年，我国脱贫攻坚战圆满收官，乡村振兴战略规划取得阶段性进展。2021年3月，中共中央、国务院发布了《关于实现巩固拓展脱贫攻坚成果同乡村振兴有效衔接的意见》，提出"打赢脱贫攻坚战、全面建成小康社会后，要进一步巩固拓展脱贫攻坚成果，接续推动脱贫地区发展和乡村全面振兴"。乡村振兴战略作为全面建设社会主义现代化强国的重要战略支撑，赋予高校社会实践新的使命和任务。高校作为培养党和社会主义可靠接班人的主阵地，通过理想信念教育、实践教育、创新教育，推动与鼓励优秀大学生积极投身乡村振兴事业、扎根基层，对培养乡村振兴产业技术人才、基层服务人才具有重要作用。我校共青团积极响应党的号召，结合青年团员工作实际，聚焦团的主责主业，以培养青年人才为切入点，以服务乡村振兴为根本，以实践育人为重要环节，为广大青年团员锤炼思想、练就本领提供实践平台，更好地培养全面发展的时代新人。

二、具体做法

（一）增强理想信念，提升理论素养

党的十八大以来，以习近平同志为核心的党中央高度重视学校思想政治教育，持续推动新时代高校思政工作在实践中加强、在创新中发展。不仅能丰富和拓展思政教育实践育人的路径，也能增强乡村振兴实践教学的实效性。

1.讲好党的故事，传递好党的声音。长期以来，我校高度重视思想政治工作，将正确认识思政课堂摆在重要地位。积极创新思政教育工作方式，增强思政实践育人效果。我校持续推动理论教学和实践教学深度融合，引导学生深刻体悟党的创新理论和实践伟力，注重将党史教育"带入课堂，带给孩子"，打造红心向党特色教育。将课堂搬到室外，开展思政专题教育活动，有针对性地

青春向党，我宣誓

开展以党史学习教育为基础的教学实践活动。中西医结合学院的志愿学生多次入户交流，采访当地老党员、挖掘红色故事，聆听奋斗团结故事，这有助于传承党的红色血脉，厚植爱国爱党的社会主义情怀，坚定不移听党话、跟党走。由党委副书记方圆领誓，带领党员师生志愿者重温入党誓词，积极将“思政小课堂”同“社会大课堂”衔接起来，在专业教育与社会实践的紧密结合中引导青年师生立鸿鹄志、做奋斗者，践行“请党放心、强国有我”的青春誓言。思政实践育人工作的切实开展，创新了工作方式，拓展了工作内容，增强了思政育人效果，广大青年学生政治认同感以及社会责任意识都得到了提高。

2.依托红色资源，赓续红色血脉。红色基因是实现中华民族伟大复兴的力量源泉，红色精神是激励人们拼搏奋进的强大精神支柱。深入挖掘红色资源背后的思想内涵，弥补一般性知识传授和教学辅导的短板，突出学史明理、以事释理，让参观学习成为学懂弄通理论、掌握思想真谛的思想武装过程。我校依托红色资源，把党性教育融入社会实践活动中，加强校外红色教育基地实践育人，共同学习红色故事，夯实高校课外思想政治教育软实力基础。大学瞳光眼科博士实践团前往茨岩塘镇红色文化基地，医学院实践团前往张

瞳光眼科博士实践团队参观红色基地

家界桑植中国工农红军第二方面军长征出发地纪念馆、贺龙故居和纪念馆，并向贺龙元帅敬献花篮；“一湘情缘”暑期社会实践团队走进湘鄂川黔革命根据地参观学习。在红色实践育人基地开展党史学习教育，传播正确的党史知识，有利于青年志愿者们深刻理解中国共产党的领导地位和核心作用形成的历史必然性，从红色精神中锤炼党性，坚定理想信念，让红色基因和革命薪火代代相传，永葆艰苦奋斗、勇毅前行的不竭动力。

（二）发挥专业优势，传递中医魅力

我校坚持“质量办学、特色办学、开放办学”的理念，遵循现代高等教育发展规律和人才培养规律，在乡村振兴战略背景下，依托大学学科优势和专业特色，形成中医学、针灸推拿学、药学、中西医结合医学、护理学等多个中医药专业人才积极投身到基层实践的发展态势，以先进思想扶贫困思维，以实际做法解攻坚难题，以科学知识振兴乡村产业，不断助力人民群众对美好生活的向往。

校院两级实践团选派专家教授、领导干部、中医药学类专业学生志愿者在全省贫困地区树溪村、廉桥镇、马家村、桥头镇等，开展西医内科、儿科、眼

栀子悠悠，爱在洪流——科普义诊

科、口腔、中医全科、中医保健、体检等一系列义诊，项目涉及身高、体重、视力检查、测血压、血糖、心电图、刮痧、艾灸以及儿童口腔涂氟等；中医药学专业志愿者帮助农村留守儿童辨认中草药、了解中草药疗效、拓展中医药视野、学习中医药传统保健知识，让孩子们从中感受中医传统文化的魅力。志愿者们向村民发放中医科普宣传资料，开展中医健康宣教，让中医疾病预防及医疗保健知识家喻户晓。在这个过程中，当地群众深刻感受到中医文化带给我们的便利，体会到中医文化无穷的魅力，意识到中医对人民健康的重要性，这些活动使当地群众真正“信中医，用中医，爱中医”。其他非医非药专业发挥自身专业优势，例如：心理学专业学生开展极具特色的“蓝色信封”课程，引导小朋友敞开心扉，对特殊心理问题进行一定的专业干预，保障乡村儿童心理健康；计算机专业学生以数字乡村为导向，以信息化、数字化为手段，推进电子商务进乡村，切实推动乡村数字经济的发展，激活数字化乡村振兴潜能。

（三）把握时代脉搏，聚焦教育帮扶

教育帮扶一直是助力乡村振兴的重点内容，也是阻断贫困代际传递、变“输血”式扶贫为“造血”式扶贫的核心举措，对巩固脱贫攻坚成果、拔除“穷

根”走向振兴具有重要价值。我校充分认识到教育帮扶的重要现实意义，通过广泛调研，不断推动乡村素质教育发展，始终把教育帮扶作为乡村振兴的基础性、战略性支撑。

我校派出的多支校院支教队伍开展教学活动，除教授学生一定课内的文化知识外，还借助大学生丰富的知识面，教给他们一些新鲜实用的课外知识技能，开展体艺教学活动。一方面，利用中医传统保健运动教学和体育运动教学，让孩子们拥有健康、强壮的身体机能；另一方面，培养同学们对体育运动的爱好，丰富学生的课余生活；开展安全教育活动，对学生开展防拐卖、防校园暴力、防性侵、防自然灾害、防意外教育活动，提高学生的安全意识及自我保护的能力，帮助青少年塑造正确价值观念。护理学院与孩子们签订一对一线上结对，为孩子们画板报，教授他们相关急救知识，与他们一同歌唱、舞蹈；药学院为小学募集了人文社科类、健康常识类等图书杂志和中国地图以及世界地图数百份，扩充小学图书室。普及常见中草药及简单的中药知识，给小朋友们分发了植物种子并介绍了种植方法，开展基础可行的化学实验和“儿童食品安全与营养小课堂”，关爱儿童健康，采取行之有效的方式让孩子们懂得外面的世界，使他们能够更好地适应社会发展，利用所学知识为国为己谋福祉；针

杏林烛光支教队——中医药文化进课堂

灸推拿与康复学院连续13年支援建设乡村小学，发放中医药教材等书籍，开展中医药文化进课堂，受到乡村小学师生的一致好评，带动青少年积极参与乡村振兴过程，真正将"少年振兴"与"乡村振兴"有机结合起来。

"中医药继承者"关爱留守儿童项目将"三下乡"活动与暑期托管服务有机结合，将农村儿童托管服务纳入"三下乡"大学生支教活动内容里，让"三下乡"大学生志愿服务不仅成为托管服务的一支力量，而且丰富活动主题内容，让农村儿童有途径参与暑期托管服务，因地制宜地制订课程、活动，提高农村儿童假期生活质量。我校在遵循教育教学规律的同时，挖掘科学技术和乡村振兴发展的契合点，不断进行让地方人民满意的社会实践。

（四）着眼乡村需求，助力地方发展

随着脱贫攻坚取得圆满成功，乡村振兴战略不断推进，各地乡镇都为高校开展暑期"三下乡"实践活动提供了便利的平台，根据地方经济发展实际，与各地实践基地紧密联系，并合理分配资源，形成长效联动，建立起长期化、长效化的服务实践基地。

在乡村振兴项目中，我校"栀子花"社会实践团调研组对老人小孩等数百位受访者进行了大量的深入调研，以实绩切实缓解了地方存在的一些难题。博士团调查了基层医疗卫生水平、老百姓医疗卫生知识水平、当地群众年均医疗支出状况、当地相关疾病影响因素等情况。通过实践经验和进行社会调研，形成了调查报告。我校各实践团队根据农村各地的发展需求，宣传结合学校产学研科技创新成果，青年人才积极推动实验成果转化应用，促进产学研结合，助力地方经济社会发展。我校瞳光眼科博士团将眼科中医药特色疗法——中药熏蒸雾化、护眼花茶等医药结合的中医特色疗法等及湖南中医药大学针灸推拿特色诊疗室相关诊疗技术、特色仪器手法、专利技术及产品带下基层，促进基层医疗水平的提高。针灸推拿与康复学院社会实践团捐赠了中医灸疗器具、穴位敷贴药物等总价值10万余元的医疗物资，义诊共接诊患者800余人。此外，面对怀化市沅陵县马家村发展需求，信息科学与工程学院结合学院信息技术、医工融合的专业特色，对当地道地药材的种植与溯源、

"栀子花"社会实践团乡村调研

现代农业（药材）种植跟信息技术结合、网上直播带货等予以技术支持，同时向村民们介绍智能防疫系统和中医在抗疫中取得的成果。立足当地的道地药材种植及销售、大数据管理需求，有效地促进了当地的经济发展。

因地制宜发展产业是脱贫致富的根本之策。牛头江村的产品在支援团队的帮助下变得琳琅满目，有罗汉竹、谷雨茶、节骨茶、山银花、野竹笋、土家蜜、瑶家腊肉等。在洪流村，工作队致力于提升农村产业发展水平，青年志愿者及专家们在洪流村中开展中药材种养论证，制定了指导方案；利用洪流村林地资源优势，发展中药林地鸡养殖产业，为巩固脱贫攻坚成果、推进全面乡村振兴、建设中国特色社会主义新农村作出了应有的贡献。

三、实践成效

（一）育人实效与获奖成果

实践育人是思想政治教育体系的一个重要环节，是落实立德树人根本任务的重要抓手，在学校党委的高度重视下，我校实践育人取得了丰硕成果，

“青年研习荟”大学生实践助力乡村振兴宣传展板

在推动学生成长成才、担负民族复兴大任方面发挥了重要作用。2022年湖南中医药大学针灸推拿与康复学院、药学院、信息科学与工程学院、人文与管理学院、研究生院等院系共计190余人前往乡村进行社会实践活动。学校打造了5支在实践活动中能够完善实践精神内涵，注重发扬与传承实践精神的社会实践团队。通过各种志愿活动，让青年大学生们坚定了积极投身“乡村振兴战略”的理想、信念和初心使命，增强了中医药文化自信和技术自信。

2022年我校荣获全国“三下乡”社会实践2个奖项。“栀子花”社会实践团被评为2022年“三下乡”社会实践优秀团队，“中医药继承者”关爱留守儿童成长项目被评为2022年“三下乡”社会实践优秀品牌项目。湖南中医药大学“中医药继承者”关爱留守儿童成长项目自2012年创建以来就广受关注。志愿者们先后获得“全国大学生自强之星”提名奖、湖南省优秀团员等省级及以上荣誉20余人次，获得“优秀团干部”“优秀志愿者”“优秀共产党员”等校级荣誉200余人次，30人获得国家奖学金和国家励志奖学金，育人效果明显，成效突出。

（二）贯彻教学理念，深化专业认知

针对社会对人才要求不断提高和医疗体制改革不断深入的现实需求，我校将实践教学环节中的实验教学由验证性实验为主转向实践性实验，从以掌

握知识技能为目标转向以实际运用专业知识为目标，有助于学生牢固掌握专业知识，提升学生实际应用能力，提高理论运用层次。

我校实践志愿者运用知识力量服务于社会实践，服务于乡村建设，在实践过程中不断检验自己的专业知识能力，促进自己专业知识能力的提升，强化团结协作、解决问题以及人际交往等多方面的能力。参与社会实践，一方面有助于深化对专业知识的理解，通过社会实践应用自身所学的专业知识与技能，用实践检验理论知识优先选拔在校期间助力乡村振兴的青年学生，使其有目的地学习和发展专业特长，同时对于实践乡村振兴积累丰富的经历和宝贵的经验；另一方面有助于增长社会知识，锻炼与人沟通交流的能力，帮助学生掌握一定的社交知识。“返家乡”活动暑期组织学生前往乡镇挂职锻炼，在实践中培养了学生解决问题的能力和高级思维，通过置身基层，切实体验时代责任感与历史使命感。

（三）公益效应与社会影响

社会实践团队与相关企业、医院、学校合作，形成多方联动发力、多渠道经济保障的良性循环模式，保证了合作长期可持续发展的后发力和生命力。与湖南省慈辉医疗科技有限公司等多家企业联合，与校外企业进行广泛合作的同时，借助校内大学生创新创业孵化基地——针灸之家和自然康养，开发艾灸、穴位贴敷等相关产品20余项，其中10项已经推广上市。与卫生院及其他学校搭建了长期联系，构建了校企合作资源，不断拓展实践育人的渠道，建立规范化实践育人基地，聘请校内外专业教授共同指导学生开展社会实践工作，实现社会实践全过程管理，提高管理效率，建立新媒体宣传矩阵。在2018年7月正式固定对口建设“湘潭市鹤岭镇中心卫生院”。在活动期间，志愿者一直为留守儿童免费提供爱心午餐，以助学金与奖学金的形式资助家庭条件困难的学生。我校在基层医院的“中医特色凝练”和“中医特色发展”方面提供了强有力的文化支持和技术支持，受到医院和当地群众的一致好评，在社会中产生了不小的影响。社会实践是青年与社会有效沟通的桥梁，通过这些活动不仅引导大学生主动服务他人，乐于奉献，而且营造了全社会协同推进实践育人的良好氛围。

（四）媒体报道与推广交流

我校在实践育人方面注重打造网络阵地，不断提高学校及团队的实践水平及影响力，坚定同学们的专业自信，激发同学们积极投身乡村振兴战略的热情，努力成为有理想的新时代青年。社会实践团极其重视宣传报道，发动同学及运用网络媒体进行宣传，打造网络育人平台，我们的实践育人项目先后被中国青年网、中国教育在线、新湖南、红网、《三湘都市报》等省级以上媒体报道百余次。项目开设有微信公众号，并通过发送QQ空间、朋友圈、微信公众号、视频号、校院官网进行报道和宣传，定期向社会和学校报道“中医药继承者”关爱留守儿童成长项目的开展情况，努力吸纳更多同学加入他们的团队。

（五）提高创新认知，拓宽就业思维

当今社会就业竞争日趋激烈，导致现在很多大学生毕业后就业越趋困难，甚至出现毕业即失业的现象。高校创新创业教育随即进入发展的快车道，培养学生创新能力和创新思维是新时代高等院校主动适应国家自主创新能力体系建设的需要。国家发出“培育和引导广大青年学生，积极践行社会主义核心价值观，深入基层一线为人民服务”的号召。

我校积极引导学生面向基层就业，并鼓励青年大学生开拓就业思维。社会实践活动成为连接青年大学生与社会基层的重要纽带，引导青年大学生转变就业思维，扩宽就业渠道，认识到基层就业的紧缺性及可发展性，为高校做好毕业生就业创业工作奠定了基础。制定相关政策制度，明确相关部门职责、奖励内容和鼓励政策，2021、2022年我校本科生到县及以下基层医院就业人数达3 006人，占毕业生总数的32.89%。参加国家地方项目就业共103人，其中西部计划24人，南疆招录、兵团专项招录、西藏专项招录13人、特岗教师37人、三支一扶16人、公务员和选调生13人。帮助村民解决劳动力就业问题，以先进思想扶贫困思维，以科学知识振兴产业发展。

四、工作特色

（一）唤醒潜在中医文化基因，传递千年中医文化薪火

作为中医药院校，我校开阔实践育人“大视野”，形成实践育人“大团队”，将实践活动与专业知识相结合，聚焦乡村振兴核心主题，彰显专业学科特色，走上一条中医药特色帮扶乡村振兴道路，不断加强中医药文化传播的有效性和可持续性。我校通过开展暑期“三下乡”社会实践活动与基层医院建设相结合，将爱心支教和中医药文化教育相结合，将爱心助学与健康扶贫相融合，在中医专业教师带领下，校院两级组建的实践团走进乡村基层医院和乡村小学，利用专业知识和技能为当地老百姓送医、送药、送技术，不断在实践中传承中医药文化、普及中医药知识。连续多年帮扶乡村小学，发放中医药教材书籍，开展中医药文化进课堂等。结合乡村振兴的时代大背景，开展中医药特色社会实践活动，既可以起到探索和感受中医药传统文化的魅力，传承、弘扬中医药文化的作用，同时具有培养学生成才的现实意义，增强中医药文化自信，达到实践育人成效。这深刻凸显了中医药文化特色在乡村振兴中的运用，也提高了运用中医药基本技能服务社会各项工作的能力。

（二）以青春信念践行志愿精神，用仁爱之心助推服务发展

志愿精神是人们志愿奉献自己的时间和精力，在不求任何物质报酬的情况下，把为社会和他人服务看作自己应尽的义务和光荣职责。我校数以万计的青年志愿者践行志愿服务精神，开展了内容丰富和形式多样的志愿服务活动。这些实践活动为高校的德育工作提供一个行之有效的途径，这有助于在实践中加强学生的德育建设，使学生树立良好的医德医风，养成救死扶伤、医者仁心的情怀。在我校团委的统一组织管理下，青年志愿服务团队快速发展，志愿服务组织规模不断壮大，志愿服务活动广泛开展。学校团委与永州道县洪塘营瑶族乡和平希望小学、常德鼎城区夹堤口村夹堤口完小等6所小学建立志愿活动长期合作关系，将六所小学作为大学生实践活动基地。此举将乡村振兴与个人成长熔铸起来，使同学们在实践砥砺中感悟国家发展的方

向，对推进精神文明建设、推动社会治理创新、维护社会和谐稳定发挥了重要作用。随着青年志愿服务的不断发展，相关体系也逐步完善，团委负责统筹协调志愿服务工作以及弘扬志愿精神，充分发挥志愿者作用，壮大志愿服务队伍，为农村基层提供了强有力的保障，同学们积极投入基层真正做到了便民利民。

（三）形成三位一体的工作格局，培养全面发展的时代新人

新征程上，培养全面发展的社会主义建设者和接班人，对于服务国家战略需要、加快建设人才强国、实现中华民族伟大复兴至关重要。我校将社会实践作为人才培养的重要环节，秉承“文明求实、继承创新”的校训精神，依据实践育人理念，以实践为载体，依托学科特色和专业团队，形成了以日常志愿服务、暑期社会实践、寒暑假返乡调研三位一体的大学生社会实践工作格局，打造了独具特色又与时俱进的社会实践活动，将工作举措落到实处，如我校大学生暑期支教注重基地建设，深入贯彻中央关于精准扶贫工作重大决策部署，配齐专业指导老师，并鼓励学生深入基层一线和教育现场，深入当地经济社会文化脉络，建立长效工作机制；鼓励学生发挥专业所长，引领教育实践和社会调研，引导学生自觉履行青年服务国家的历史使命。“纸上得来终觉浅，绝知此事要躬行。”参与暑期支教既是湖中大学子发挥专业所学，也是这群未来影响中国教育发展与变革的年轻人在真实的教育情境中认识社会、体察民情，触摸基础教育一线现实问题的宝贵机会。湖中大多年来形成的“支教服务＋社会调研”实践模式和“助人＋自助”成长导向，让学生们在社会实践中更多地获益。深耕才能生根，厚植才能丰盈，在某一地区，围绕同一主题持续、长期开展实践活动以提升社会实践实效，引导学生自觉履行青年服务国家的历史使命、发挥自己的专业特长，树立远大志向，敢想敢干、勇于实践、不懈奋斗。

“海尽天是岸，山高人为峰”

——大学生科研文化素养提升工程

李宗霖 王 丹

在当前的国际经济形势和国内就业压力的双重影响下，如何培养人才，提升国家竞争力，为大学生自身发展与进步创造条件和搭建平台，不仅是大学生自身成长、成才的需要，更是国家谋求发展，民族百年伟大复兴的迫切需要。大学生的成长与成才要求其不仅仅要学习课本上的文化知识，更要参与社会实践，培养自身高尚的思想品德，树立崇高的理想信念，同时还要提升科研文化素养。

一、实施背景

第十三届全国人民代表大会第五次会议指出，要加快理、工、农、医类专业紧缺人才和推动高等教育内涵式发展。内涵式发展就是依靠不断地提升已有专业的深度、高度，选取特定的角度，来提升高校质量，让高校把已有的核心专业做深做透，这也是建设双一流高校的内在需求。《国家教育事业发展“十三五”规划》中也提出：“优先发展教育，构建现代教育体系，建设学习型社会，培养大批创新人才，已成为人类共同面临的重大课题和应对诸多复杂挑战、实现可持续发展的关键”。实施大学生科研能力培养是高校培养人才的重要内容之一，也是大学生个性发展和社会进步的需要，更是高校的社会责任与历史使命。高等学校学生科研素养是高素质专门人才和拔尖创新人才的重要特征之一[1]。当代大学生是未来科研人才队伍的重要来源，提升大学生科研文化素养，对于稳定人才梯队，增强我国科技竞争力有着十分重要的意义。培养大学生科研能力是高等学校自身发展的需要，科学研究是高等学校的主要功能之一，推进科学技术文化发展是高校的重要任务之一，也是高校自身发展的重要渠道。大学的外延式发展单纯依靠不断的建设新校区、新增专业来扩大高校规模，以达到规模效应，这个在初期对于大学的发展是有帮助的，以数量取胜，这也是我们许多高校发展的常态。过度使用这一发展方式就会让大学形成臃肿肥胖的体型，迷失方向，也会使得诸多高校在未来逐步失去自己的核心竞争力，所以大学在后期的建设理念上应当更多地倡导和执行内涵式发展理念，即加强大学内部的学科建设、学术建设、人文理念建设、艺术文化建设。

二、具体做法和实施过程

（一）具体做法

1.成立大学生科学技术协会，搭建平台，完善机构。成立大学生科学技术协会（学生平台，以下简称大科协），成为大学科学技术协会（教师平台）

在学生群体中的延伸，需要明确其管理机构和技术业务指导机构。因为大科协是学生组织，所以由大学团委（校级团委）组织管理，并安排一位专职团干服务、协助指导。同时依托大学科技处，使其作为技术和业务指导，明确大科协职能，将其定位为全校学生群体中最高的科研科创和竞赛平台。大科协下设10个部门，1个人才培养中心。10个部门为：办公室、组织部，负责日常事务；科技创新部、创业实践部，负责省、市级各项赛事的统筹和管理；科普部、信息调研部，负责校内赛事；讲解队和远志传媒，负责大科协的对外交流和中医药标本馆、药植园的讲解推广；学术新宣部，负责大学生论文的写作和发表（对接大学期刊社）；橘井创客（部），负责教务方面的科研科创（对接教务处）。在各个学院设置科协分会，班级设科协干事，以此保证政策和各个消息上传下达的畅通。

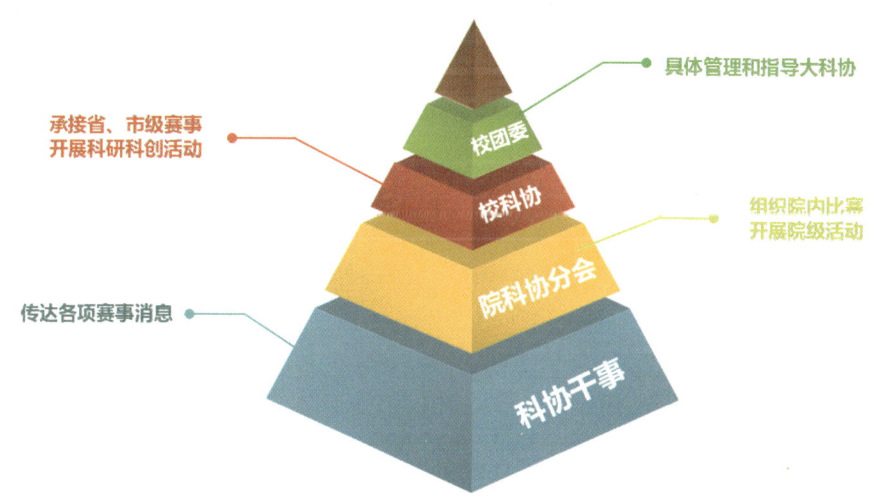

2.大学多部门合作共建，打通关键节点互利共赢。大科协由我校团委、科技处、教务处、期刊社等多部门合作共建，对接多方资源，最大限度地保证资源和信息的交流共享与支持互补。其中校团委负责大科协的日常管理，相关省、市、校级赛事、科研科创活动、学术沙龙、杏林讲坛的组织，同时负责科普知识的交流与推广，尽可能对接更多的资源和项目，充分整合学生

资源；科技处负责科普作品的大赛、专利大赛、助研计划（教师资源）等，充分整合教师资源；教务处负责互联网+赛事，教务与科研科创的结合工作，相关优秀项目的省级立项、整合教师资源；期刊社负责相关论文大赛的指导工作，举办论文大赛，夯实理论基础，建立学术前沿阵地（平台杂志支持包含：数字中医药{DCM}、湖南中医药大学学报、医学人文与管理、东方药膳）。

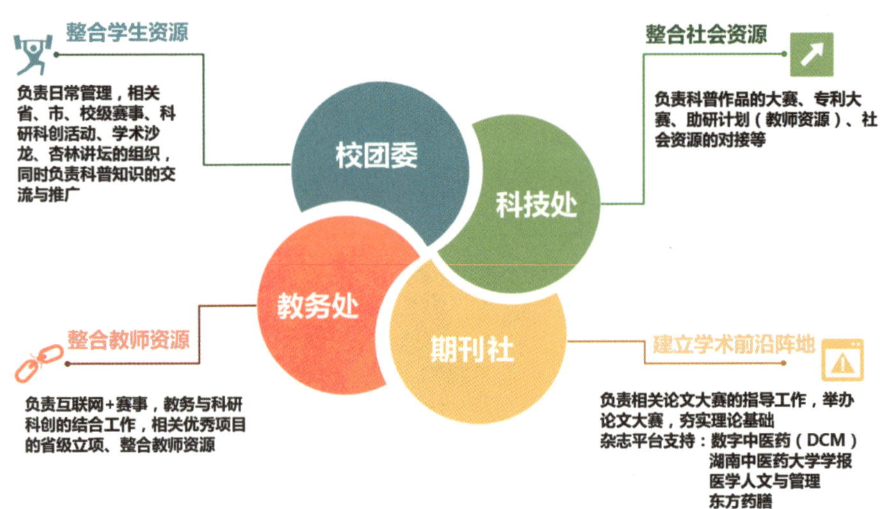

3.开展“百汇堂”人才培养计划。“百汇堂”人才培养计划开始于2020年，是在充分地考察了我校科研科创平台现阶段出现的问题之后，运用管理创新的一次尝试性举措，目的在于更加充分地整合我校学生资源和教师资源的对接问题，学生在科研科创方面的需求问题和社会实践问题。“百汇堂”人才培养中心采取5+1的模式，针对学生的基础性培养、创新性发展需求、公益实践服务方面问题的探索管理。“5+1”即论文写作中心、项目竞技中心、专利申报中心、义诊服务中心、文创开发中心和一个创意创新部。

（1）论文写作中心。论文写作中心依托大学期刊社，定期举办论文写作的相关讲座，教授论文写作技巧和写作方法，夯实理论基础，同时每年举办两期的论文大赛，赛事为开放式主题；论文类型为综述类或研究类：调查报告、实验研究报告、病例报告等各类型；分成本科组和研究生组（博士研究生和硕士研究生），可个人或团队参赛；活动目的在于营造我校科研科创文化氛围，激发大学生科学研究热情，提高大学生学术科研水平，培养大学生的自主创新意识、实践能力和团队精神，活跃学术思想，引发学术争鸣，促进学术交流，提高学术创新参与率，储备一批科研科创人才和项目，团结凝聚一批科研科创导师，为日后医学领域的科学研究奠定基础。现代大学生有着创新精神，有着对传统观念和传统行业挑战的信心和诉求，这种创新精神往往也是大学生向着高精尖领域冲刺发展的动力源泉，成为成功创业的精神基础。

（2）项目竞赛中心。项目竞赛中心依托校内、校外的各项赛事，以项目为基础，整合学生资源和教师资源，其间开展学术沙龙增进学术交流、增强学术研究氛围，调动学生积极性，不仅为广大在校大学生提供了交换思想的平台，扩大了同学们的知识面，更是了锻炼同学的思维、逻辑以及语言组织能力，进一步培养和提升了学生的学术思维和学术习惯，使同学们学会并善于发现身边的问题，通过这种轻松有意义的活动使他们尽可能地自己去分析和解决问题，从而活跃了人文学术气氛。同时提供了一个与老师交流问题的平台，在与老师的对话中，解决自己的疑问，提升自己的专业水平，并为推动和加快学校“双一流”建设步伐提供了助力。开展杏林讲坛，定期邀请名师、名家开展讲座，扩大格局、增长见闻、拓宽视野、答疑解惑。

（3）专利申报中心。专利申报中心结合“大创”“大、小挑”等相关赛事和助研计划等相关平台，充分挖掘潜在的专利项目，积极对接专利公司和大学科技处，申报专利。同时开展专利申报的讲座，向大学生普及专利申报流程等相关知识，统计、统筹大学生专利申报的各项工作。

（4）义诊服务中心。义诊基础技能的日常培训，对接社区、学校、村镇，联系相关专家、志愿者，开展义诊服务工作。

（5）文创研发中心。中医药相关文化产品的形象VI设计，人物角色的故事开发，文创产品的设计与包装，文化的传播和文创产品的推广。

其实多数的技术或是能力需要在工作实践中才能逐步提升，那么在高校课程之外的时间（第二课堂或是大学生科协的相关活动），我们应当帮助学生打开眼界、格局，更重要的是帮助他们解放思想。

（二）相关案例，及各项赛事、活动开展情况及介绍

1.第九届"泰盟杯"实验技能大赛。

第九届"泰盟杯"实验技能大赛由共青团湖南中医药大学委员会、教师教学发展中心指导，中医学院医学基础教学实验中心、共青团湖南中医药大学中医学院委员会举办，校大学生科学技术协会承办，校大学生科学技术中医学院分会（中医学院学生会科创部）、潇湘医学社协办。该活动旨在提升本科生的实践技能，培养其审慎的学习态度、科学的研究方法和实验的创新能力，促进理论知识和实践能力的充分结合，为广大对实验有激情、有热情、有想法的同学提供一个良好的平台，丰富我校同学的校园生活，同时为学校培养优秀的科研型、实验型人才。

赛事包括初赛、培训和决赛三个部分。初赛形式为笔试，考察关于动物的操作与安全、显微形态等的理论知识；培训即教授相关实验技能和注意事项；决赛形式为实验操作，由考生抽签后按照序号进行比试，比试范围为动

第九届“泰盟杯”实验技能大赛

物的操作和安全、显微形态、病原微生物、分子生物和生化。

第九届“泰盟杯”实验技能大赛的成功举办，加强了同学们对于实验操作的认识，提高了他们实验操作的能力，对于我校培养科研型、实验型等基础人才有着巨大的示范引领作用和推动作用。大赛给同学们提供了一个实践的平台，不仅加强了同学们科技实验的动手能力，也提高了同学们对于实验科研的关注，对于实验操作的热情，营造了浓厚的科学实验氛围。

2.湖南中医药大学大学生“助研计划”。

大学生“助研计划”顾名思义，即帮助大学生完成科研科创的相关平台，“助研计划”旨在提高我校学生参与科研活动的积极性，营造了校园良好的学术氛围，发现与培养了新一代科研创新人才，建立了师、生交流平台，以科研兴趣为动力，成立小组，订立目标，明确导师与责任，既满足了学生的进取心，也帮助教师寻找完成科研课题的中坚力量，传帮带的同时，也全方位提高了学生的思维能力与实践技巧，促进了学科研究的进步与发展。

科技创新部整理各院报名人数和各院在校人数分配名额，将相关资料交给相关专业老师，在老师指导下组成初选评委小组，对学生申报表进行初步筛选；之后由大科协组织对经过初选的申报者进行复选；邀请课题的负责老师作评委，一个课题对应一个面试教室进行面试，由该课题的老师面试对应课题的学生（1 ~ 2分钟自我介绍+老师自定提问时间），大科协科技创新部、创业实践部进行统分，结合评委老师意见，按评分表和老师需要择优选择。

在“助研计划”项目开展阶段，大科协定期联系老师与学生，制作双向考评表，并回收总结，反馈给老师和同学，以此来了解课题小组的项目进展、研究成果、学生参与及教师指导等相关情况。对于课题完成相对较好的小组予以表彰。

3.湖南中医药大学第八期杏林讲坛系列讲座。

中医、中药蕴含着丰富的人文科学和哲学思想，是中华民族的瑰宝，更是优秀传统文化的精粹。“杏林讲坛”为广大学子学习新知识、新思想搭建平台，让其体会到医学的魅力，点燃同学们学习医学的热情，增加看问题的角度，延展知识广度，挖掘深度，升华高度，通过提问环节加强学生与老师之间的互动与联系，答疑解惑，创造更加浓厚的学习氛围，让学子们在讲坛中收获知识，获得成长。

讲座分成科研讲座和养生讲座。医学科研有继承性、探索性、连续性和创新性，而创新是科研选题的灵魂，创新性是医学科研的基本要求，贯穿着医学科研的全过程。创新思维要求打破常规，想到圈外的东西，不局限于现有的知识水平和技术，同时也要遵循基本的科学规律，循证实验。

养生方面的讲座，更加贴近日常的生活。注重食疗，顺应四季、阴阳变化规律，从精神、器具、饮食等方面进行综合调养的养生。中医四季养生，就是中医理论指导下，根据“天人合一”的理念，说明一年四季的气候变化规律及人的一些生理、病理现象，并揭示出人类应当如何在阴阳不停变换的四季中，调养自己的身体，顺应四季的变化。达到阴阳平衡、气血通畅、健康长寿的目的。

此次活动丰富了学校的课程体系，让学生们近距离接触到了中医药文化的丰富内涵，初步领略到了中医的魅力，拓宽了视野，同时增强了学生们对中医养护、情绪调节等方面的认识，不仅对学生的身心健康具有重要作用，让同学们能走出课本的知识局限，领悟科学与知识魅力，也对培养学生的文化自信具有重要的意义。

4.湖南中医药大学师生共创绿色校园金点子大赛。

发展绿色教育，共建绿色校园的同时，深入推进湖南中医药大学绿色学校建设理念，将绿色教育纳入专业人才培养方案和教师培训计划，共同建立绿色校园。提高我校大学生对发展绿色教育、创建绿色校园的认知度和参与度，更好地进行绿色科技研发与推广。

5.湖南中医药大学第九届科普作品大赛。

“科普”一词的全称是“科学技术普及”，是国家和社会普及科学技术知识、弘扬科学精神、传播科学思想、倡导科学方法的方式，是实现创新发展的重要基础性工作。党的十八大以来，我国科普事业蓬勃发展，公民科学素质快速提高，但同时也还存在着对科普工作重要性认识不到位、落实科学普及与科技创新同等重要的制度安排尚不完善、高质量科普产品和服务供给不足、网络伪科普流传等问题。科普作品大赛每期的主题都不相同，此届大赛以疫情中的中医药、中医药与亚健康和中医药儿童科普为主题，旨在普及防疫科学知识，增强同学们的科学防疫意识；在全校提倡关爱儿童的重要理念，鼓励学生用个人能力回报社会、贡献社会；积极响应国务院最新政策纲要，与时俱进，倡导同学们为现代化建设贡献智慧；宣扬传统中医文化，展现学校特色优势，增强同学们的学校认同感；丰富同学们的大学生活，增强同学们的团队凝聚力与创新能力。

6.首届“星城杯”青年科技人才创新创业大赛（湖南中医药大学校赛）。

通过大赛切实提高我校大学生的创新精神、创业意识和创新创业能力，以创新引领创业，以创业带动就业。引导促进创新、驱动发展战略，推动赛事成果转化。鼓励青年科技人才开展创新创业活动，营造“鼓励创新、支持创业”的良好校园氛围，同时为首届“星城杯”青年科技人才创新创业大赛暨第十八届大学生科技创新创业大赛青年科技人才（大学生）创新创业分赛遴选优秀作品。

7.第十届“挑战杯”湖南省大学生创业计划竞赛（校内选拔赛）。

通过大赛让同学们学会独立思考、自我创新、与他人合作，同时也拓展了同学们的知识面，开阔了其视野，使同学们得到了更多锻炼。除此之外，还提升了同学们实事求是、勇于创新、重视课外学术科技活动的观念。在“挑战杯”大赛遇到问题时，同学们也会去想解决办法，这对于其自身实践能力的提高起到了重要作用。

“挑战杯”大赛的准备过程，大大助力大学生创新思维的发展，创新精神和意识的提高。“挑战杯”大赛渐渐成为大学生展示创业成果的一个方式，让大学生在实践过程中锻炼了思维和能力。并为我校良好的创新创业氛围的形成起到了积极的推动作用，更好地激发了同学们的创新创业热情，为同学们提供了一个创新创业的平台。

第十届“挑战杯”湖南省大学生创业计划竞赛

8.第一届药膳科普文章大赛、药膳摄影作品大赛。

第一届药膳科普文章大赛、药膳摄影作品大赛由湖南中医药大学期刊社、湖南中医药大学研究生院、湖南省药食同源工程技术研究中心、共青团湖南中医药大学委员会联合主办。该活动的举办旨在培养学生科学精神，提高学生实践能力，弘扬中医药文化，传播健康饮食知识。该活动是我校举办的第一届此类大赛，极具创新精神。该活动的主要内容为药膳，其发源于我国传统的饮食和中医食疗文化，是中国传统的医学知识与烹调经验相结合的产物。本竞赛共分为编辑部评审、编委会专家评审和线上投票三轮比赛，其中药膳科普文章大赛以养生理论、经方药膳、食疗养生等为搜索材料，创作逻辑严密、结构完整、行文流畅，字数在2 000~4 000字之间的未经发表的原创性成果；药膳摄影作品大赛则由参赛者上交一张内容为一道药膳或药膳的制作过程或制作药膳所需的药材和食材，并附上该药膳的功效及药材、食材的名字及功效的照片，15字以内的自拟题目和200字以内的照片描述。

9.首届“星城杯”青年科技人才创新创业大赛暨第十八届大学生科技创新创业大赛青年科技人才（大学生）创新创业分赛湖南中医药大学校赛。

翻开20世纪的壮丽篇章，我们发现人类在这百年中不仅经历了血与火的洗礼，更创造了无数科技奇迹。19世纪法国著名科幻小说家凡尔纳的虚构，当时让人不可思议，他所幻想的登月旅行、飞机、远射程炮等，在20世纪都一一成为现实。在21世纪的今天，高科技更是无处不在。科学技术的日新月异，使得科学不只为尖端技术服务，也越来越多地渗透到我们的日常生活之中，这就需要正处于青少年时代的我们热爱科学，学习科学，参加科技比赛、阅读科技书籍、学习科学创新技能。创新是一个民族进步的灵魂，是一个国家兴旺发达的不竭动力。在此基础上，我们举办了首届“星城杯”青年科技人才创新创业大赛暨第十八届大学生科技创新创业大赛青年科技人才（大学生）创新创业分赛湖南中医药大学校赛。

通过大赛切实提高我校大学生的创新精神、创业意识和创新创业能力，以创新引领创业，以创业带动就业。鼓励青年科技人才开展创新创业活动，营造“鼓励创新、支持创业”的良好校园氛围，同时为首届“星城杯”青年科技人才创新创业大赛暨第十八届大学生科技创新创业大赛青年科技人才（大学生）创新创业分赛遴选优秀作品。

10.第八届中药讲解大赛。

中药讲解大赛由湖南中医药大学药学院、湖南中医药大学科技处及共青团湖南中医药大学委员会举办，由大学生科学技术协会承办。该活动旨在宣传我校中药标本馆并发挥其在中医药文化传播上的积极作用，同时选拔出优秀的讲解人才，提高我校科普场馆的科普水平与传播能力。该活动在此之前已成功举办过七届，内容包括药材讲解以及科普知识问答等。

中药讲解大赛的顺利举办，不仅提高了同学们对于讲解技巧的运用与表达，还加深了同学们对不同中药材的理解和认识，使同学们在日后能更好地传承中药文化，同时也为同学们提供了一个交流中医药知识的平台，使同学们更深入地了解博大精深的中医药文化，为学校营造浓厚的中医药文化氛围起到了积极的推动作用。

11.湖南中医药大学创新创业大赛。

首届湖南中医药大学创新创业大赛由共青团湖南中医药大学委员会主办，由大学生科学技术协会承办。旨在提高我校学生创新意识，培养其创新能力，进一步激发同学们对创新创业的热情，营造校园创新创业的氛围；同时为我校广大对创新创业感兴趣、有想法的同学提供交流互动的平台，让学生的创新创业想法以创业计划书的形式得以呈现，以创新引领创业，以创业带动就业，为实现自己的创业梦想奠定良好的基础。湖南中医药大学创新创业大赛分为3个参赛项目：大学生创业计划竞赛、创业实践挑战赛和公益创业赛。赛程分为申报、初赛、复赛、半决赛和决赛5个阶段。

本次活动是考察专业知识、就业知识、创业知识、投资意识、风险意识等多项综合能力的比赛，很好地传播了创业的知识，培养了学生的创业意识和创业素质，使学生在充分地认识自己、客观地分析环境的前提下，能够科

湖南中医药大学创新创业大赛（校内"挑战杯"比赛）

学地树立目标，做出正确的职业选择，为今后自己选择人生道路奠定了基础，对促进我校大学生就业有积极的作用和深远影响。

综合参选项目遴选优秀大学生创业项目进行资助、培育，我们力求通过创新创业大赛这一平台使同学们学习到更多的相关知识和技能，培养创业意识，提高创业技能，激发创业热情，拓展大学生就业渠道，鼓励大学生树立新型就业理念。同时也丰富了我校的校园文化建设，展现了和谐校园、魅力校园。

创新创业大赛给了大学生一次难得的锻炼、演练的机会，它让学生及时认识到创新创业的艰辛，提前感受社会，深刻理解社会对大学生素质的要求。

12. 第一届药膳科普文章大赛、药膳摄影作品大赛。

第一届药膳科普文章大赛、药膳摄影作品大赛，既为同学们守正创新、团结协作提供了一个平台，也为弘扬药膳文化、增强人们对药膳文化的认识、激发人们对于药膳文化知识的兴趣提供了一个契机。

选手们在竞赛中根据《中医药膳学》的课本知识，加上查阅各类药膳学资料，结合节气时令等生活信息，选定药膳的食谱，提高了选手们的理论知

第一届药膳科普文章大赛、药膳摄影作品大赛

识与实践知识的结合，提高了选手们的创新意识，为培养杰出的中医药继承人做出了一定贡献。

本次活动吸引了人们的广泛关注，传播了中药膳文化，进行了一次面向社会的小型知识科普，丰富了人们对中医药文化的认识，提高了人们对于健康生活的认识，收获了广泛好评。

13.“芙蓉学子·乡村振兴”公益计划。

第一届“芙蓉学子·乡村振兴”公益计划的顺利进行，不仅积极响应了国家重要的乡村振兴战略的实施号召，同时增强了学生们对乡村振兴、乡村公益项目的认识与了解，使学生们对乡村基层有了更深一步的理解。在计划的申报阶段，我校参赛学子投出的作品不论是从创新性、自主性还是可行性、可持续性上都展现出了较高的水平。在之后的项目实施环节，更是能够默契配合、精诚团结、万众一心，将荣誉感、责任感、使命感扛在肩上，不忘初心，砥砺前行，充分发挥自身积极性、主动性、创造性，并深入基层以惊人的向心力与合力圆满地完成了中医药文化宣传，面对面开展中医药健康文化知识和中医药养生防病知识培训，向村民们传播科学、正确的中医药健康理念，提升群众的中医文化素养，增强自我保健意识等任务，并最终荣获优秀执行团队称号。开展本次活动，也为我校学子提供了一个通过公益实践增才干、练本领、强素质的平台，为我校再创一流贡献了力量。

14.湖南中医药大学第一届专利模拟申请比赛（系列讲座）。

为激发大学生创新思维、提高创新能力。推动创新实践，加强学生的专利基础知识教育，挖掘高价值专利，为我校广大对专利申请感兴趣、有想法的同学提供交流互动的平台，特举办湖南中医药大学第一届专利模拟申请比赛和系列讲座，专利申请使学生更深刻地意识到对于一个刚进入本科学习阶段的学生来说，具备良好的学术道德与知识产权知识是非常重要的。学术道德和学术规范是科学研究工作者应遵循的基本原则和规范，是保证学术正常交流、提高学术水平、实现学术积累和创新的根本保障。探究真理，追求卓越，是历史赋予湖中大人的使命，是传统赋予湖中大人的责任。恪守学术道德、遵守学术规范是对每个湖中大人的基本要求。

专利的出现及产生少不了科学精神，这一精神是科学工作者在科学研究和科学技术发展过程中所形成的价值准则和行为规范。从此次专利的系列讲座，同学们学到了创新精神。创新精神，是当今时代不可或缺的核心竞争因素，而大学自诞生起就是探索、发现、传播知识的场所。正是为了探索和发展，才有了教师和学生共同探索创新与真理的大学，大学在人才培养过程中，应把培养具有开拓性精神的人才作为自己最根本的任务。

这场讲座不仅让同学们明白了“什么是专利?”“怎样申请专利?”“科研中如何利用专利?”等相关知识，也为同学们未来的职业选择指明了方向。

15.湖南中医药大学“识中药，忆岐黄”科普周系列活动。

活动开展分为两个部分，第一部分为科普周讲解活动。第二部分为玩游戏识中药活动。通过此活动，同学们了解到我国中医药文化丰厚的知识与内涵，享受到了参与中医药文化产品制作的快乐（如香囊、艾条、药膳等），收获了满满的体验感，将中医药文化带出了展览馆，贯彻到了同学们的生活当中，真真正正起到了弘扬的作用。

16.2022年“岳麓山杯”长沙市第十九届大学生科技创新创业大赛分赛湖南中医药大学校赛。

三、实施成效

2020年9月以来，已有多场科研活动在湖南中医药大学举办，比如“互联网+”、第十四届“挑战杯”湖南省大学生课外学术科技作品竞赛（省赛）、助研计划、科普作品大赛等。这些比赛和活动对于正处于学习和发展阶段的大学生来说，不仅是锻炼能力、展示实力的途径，更是一个多方交流学习，拓展眼界的渠道。

参加“互联网+”比赛，能够使同学们提升协同能力、创新能力、演讲能力、资料收集能力等。比赛要求学生自行组队参赛，团队中的成员来自不同专业、擅长不同领域。同学们在与团队成员合作交流的经历中提升了协同能力；参加比赛的项目计划书是经过团队成员不断头脑风暴创作出来的成果，有效开发了同学们的创新意识、创新思维；初选过后的路演环节，提升了同学们演讲的技巧和能力；对项目计划书的资料收集、整合、分析，提升了同学们的资料收集整合能力。

参加“挑战杯”比赛，使同学们能够多角度、多维度地参与创新创业，在比赛中释放对科研的热情与热爱。“挑战杯”校赛为同学们提供了展现风采的平台，同学们在比赛中收获了荣誉和经验，收获了能力，扩展了思维角度，思维方式得到了转变。

学生们参加助研计划期间，观摩了激光共聚焦显微镜；学习了PCR技术、免疫荧光冰冻切片；参观了医院的生物治疗病区；亲手操作了小鼠剪尾、PCR扩增、凝胶电泳等一系列实验，学生的科学思维和科学兴趣得到了培养和提升。

助研计划是科研或者数据类职业的基本功，无论是使大学生建立对数据的直接感觉，还是后续把数据处理流程自动化，都可以让更多大学生在忍受枯燥事务的同时，从中发现乐趣，进而培养兴趣，坚持在更烦琐、更复杂的事情上有耐心，有恒心，从而为祖国的科研事业添砖加瓦。

科普作品大赛，能够激起广大在校学生对科学创作的兴趣，着重丰富在校大学生科普方面的知识，进一步提高大学生的综合素质，创建良好的交流平台，积极引导在校大学生形成良好的科学精神。科普作品大赛给予在校大学生一个发挥自主创造能力的舞台，丰富了在校大学生的课外学习生活。同学们在比赛中充分展示能力、广交朋友、相互学习、共同进步，不断弘扬创新精神、锻炼创新思维、提升创新能力，不断追求科学梦想、探寻科学奥秘。

动物实验技能大赛，则提升了我校实验动物从业人员的专业知识和实验技能，规范动物实验标准操作，培养学生对动物实验的兴趣及伦理意识。学生参加此次比赛，在练习中熟悉操作，锻炼实验技能，在比赛中总结成功的经验和失败的教训。和其他参赛人员的交流沟通，使学生在多方面学习的同时，还能增加对动物实验的了解。比赛是某种意义上的考核，导师能够发现同学们在实验中的错误，并加以纠正，更好地帮助学生们在未来的学习实验生涯中，解决问题，提升自己。

以上这些比赛只是科研活动中的一小部分，但每场比赛都为学生们带来了技能的提升，眼界的开阔，沟通交流能力的提高。积极参加科研活动，了解更多科研相关知识，有助于培养大学生对科研的兴趣。科研活动的育人成效，是不可估量的。

在2021年第十四届“挑战杯”湖南省大学生课外学术科技作品竞赛（省赛）中，我校获得特等奖1项、一等奖3项、二等奖1项、三等奖9项，在2022年“小挑”中，我校获得金奖2项、银奖3项、铜奖4项，连续两年获得优胜杯。学生们在比赛中开阔了眼界，为将来走向社会、走上科研科创道路打下了良好基础。

四、工作特色

（一）促进个人能力的发展，推动社会进步

“科研是一个民族进步的灵魂，是国家兴旺发达的不竭动力”，提升科学素养不仅能促进个人能力的提高，而且有助于推动社会进步。培养具有科学素养能力的高素质人才是时代的呼唤和国家发展的要求。大学生参与科研是培养符合社会需求的高素质人才的客观要求，创新项目的实施是大学生参与科研的重要途径，必将在人才的培养中发挥日益重要的作用，这一方式的不断完善将为社会培养出更多的高素质人才，为现代化建设注入活力。

第一，大学生科研素养提升工程的实施，加深了学生对所学专业知识的理解和认识，为社会中对专业技术需求高的企业与单位提供了重要的人才与技术支援。大学进行科研活动的目的在于建立以问题和课题为核心的教学模式，开展创新性实验改革，提高学生分析问题、解决问题以及创新实践能力。项目的实施，能增强学生对具体科研命题的整体把握能力，提高其实验技能，培养学生严谨求实的学术作风。专业领域的创新不是凭空想象，而是需要有一定基础的，其来源于学生对所学专业知识的了解和掌握程度。在参与大学生创新项目的过程中，学生通过查阅文献、收集资料、教师讲解、具体实验，能够深入了解该项目的专业知识，激发自身的学习兴趣，增强对所学专业知识的理解和认识。为专业技术需求高的企业提供对口的专业型人才和技术，助力社会上专业人才与企业的资源配对，避免人才的流失和资源的浪费。

第二，大学生科研素养提升工程的实施，能够提升学生的实验操作能力和综合素养，为社会提供复合型人才。人才是科技创新最关键、最核心的要素，只有人才不断增加，社会的发展才能更进一步。但是我们在日常本科教学过程中，大学生进行的大多是验证型的实验，学生根据课本或教师给的实验指导进行操作，在实验中容易出现被动接受，难以形成自己的思维模式，

因此学生在被动掌握知识的同时，操作技能和主动思考能力并未得以有效提高。但是一个科研工程的实施，有利于增加学生创新意识、实践能力、科学素养和综合素质的培养，通过项目的实施，引导学生进入科学前沿，了解社会发展动态，培养科研素质，启发创新意识，提高动手能力。同时，大学生参与科研有助于全面提高大学生参加创新项目的综合素质和能力，一个项目的实施，需要学生通过查阅相关文献和调查研究，明确项目的科研价值和实际意义，制定研究方案，全程跟进研究过程，更需要科研工作者的团队协作。通过参加科研项目，大学生的团队精神得到了增强，为人处世的能力得到了提高。通过实验，显著提高了学生独立分析问题、解决问题的能力，同时也增强了学生们的实验技能。当代大学生通过科研项目不断成长为具有综合能力的复合型人才，这样的人才是社会所更需要的，也为社会的人才创新、技术创新发展提供源源不断的动力。

（二）提高创新项目实施效率，培养社会需要的高素质人才

在教学与科研的实际操作过程中，学校、教师和学生三方面通过不断的沟通、磨合，必将进一步提高创新项目实施效率，使之逐步成为实践教学的重要组成部分，成为培养能动性、创新能力强的大学生的重要手段。同时，大学生参与科研是培养符合社会需求的高素质人才的客观要求，创新项目的实施是大学生参与科研的重要途径，其必将在人才的培养中发挥日益重要的作用。

一个社会的发展，需要的是氛围。大学生未来会成为社会的主干力量。提升大学生的科研素质，更是希望他们能将这种素质带进社会，带进各行各业中，从而发挥出更大的作用。

从近几年的项目开展情况来看，学生参与度高，社会各界关注度也高。青年强则国家强，青年兴则国家兴，国家的命运掌握在新一代青年的手里。如今，社会对我们有着更高的期望。一个社会，失去了创新创业的能力就宛如一潭死水，很难培育出精彩的成果。提升大学生科研素质，为社会注入活力，这是社会的需要。科研素质的培养不只是局限于某项技术，更是要注重

科研背后的精神与毅力，提升大学生这方面的素质更在于未来他们进入社会，能够真正明白就业的意义，能在自己所从事的行业中刻苦钻研，为社会作贡献，推动社会进步。

在党的二十大报告中，第一次把三大战略摆在一起，这一新布局既坚持了教育、科技、人才是全面建设社会主义现代化国家的基础性、战略性支撑，又强调了三者之间的有机联系。在学校教育中，最重要的是教授专业内容和培养专业技能，而科研素养是理解科学概念和开展科研活动的必备素养，它对于提升学业水平、培养科研精神十分必要。由此可见，培养大学生科研素质已成为当今高等教育的重要任务。

参考文献：

[1] 吕莹，陈璧州.教学研究型大学学生科研能力培养探析[J].教育教学论坛，2014（03）：69-71.

第二篇

2 新举措

聚力融合赋青春之能

三向协同　深耕特色

——人文与管理学院基层团组织建设示范工作

王晓凤

一、实施背景

湖南中医药大学人文与管理学院团总支坚持以习近平新时代中国特色社会主义思想为指导，在认真贯彻落实上级团组织各项工作部署的基础上，依托学科和专业优势，勠力打造文化育人阵地，不断加强内涵建设，推出了一系列特色鲜明的品牌活动，有效发挥了共青团引领凝聚青年、组织动员青年、联系服务青年的重要作用，切实做到了学在深处、谋在新处、干在实处。

二、典型做法和实施过程

（一）抓牢思想建设，构建党团班协同育人生态系统

“政治性是群团组织的灵魂，是第一位的。”高校共青团工作从根本上说是做青年学生的工作，必须坚持正确的政治方向，这是做好高校共青团工作的核心。

党团班协同育人生态系统即以党支部为核心，团支部、班委会为支撑，充分发挥党的组织政治核心作用、团组织的桥梁纽带作用以及班委会的基础

性保障作用，协同合作，共同育人，构建全员、全过程、全方位育人新格局，并通过五大机制建设（即联席会议机制、联络机制、联动机制、共建机制、联系机制）使党团班各级组织协同运行，构建三位一体党团组织管理模式。

1.五大工作机制即联席会议机制、联络机制、联动机制、共建机制、联系机制建设。

2023年党团班协同育人生态系统颁奖典礼

（1）联席会议机制，即在“一体两翼”的系统建设思想指导下，定期召开党团班联席会议，党组织、团组织、班级负责人以及师生形成经常性沟通、互动、互联会议机制；

（2）联络机制，即学院党委班子成员、党支部成员、党员教师、学科带头人经常性深入党团支部及学生寝室，定期参加师生座谈会、主题班会、党（团）支部会议、党（团）日活动等，并及时与指导老师、辅导员、班主任进行交流沟通等。

（3）联动机制，主要包含思想文化建设联动、组织队伍建设联动、制度活动建设联动、责任载体建设联动等，不断强化党组织在党团班联动中指导地位，也确保联动系统能良好地覆盖党团班建设工作具体框架并顺利运行，完善党建带团建，以团建促班建，推动建成党团班和谐共生 的育人生态系统，联动和巩固党团班思想政治建设和组织文化活动建设的落实，增添和提升我院的人文关怀气息，从而最终实现党团班生态系统协同育人的美好愿景。

（4）共建机制，即教师职工党支部与学生党员支部，学生党支部与团支部之间结对形成指导、帮扶关系，通过联合开展思想政治教育和专业学习指导活动，不断加强师生之间、党团支部间工作互动、学习资源共享，从而有效提升基层党团支部建设水平。

（5）联系机制，即学院党委书记联系党员发展服务中心、党组织班子成员联系四个学生党支部、教职工党员联系班级、学生党员和入党积极分子联系寝室以及本科生导师联系学生、学生党支部联系学生团支部、学生党员联系新生团支部等工作制度，深化党团各级组织间互联互通互享。

书记、院长友约

2.“三位一体”的党团组织管理模式。这是学院共青团基层组织建设和改革的重要体现，具体是指以学院党总支为旗帜 ，以辅导员指导为基础 ，以党团联动为主线 ，以党班、团班联动为统筹覆盖 ，以校园文化活动为载体 ，实现“党团班联动互通管理”的工作模式 ，并以此为契机努力打造“学生—班级— 团支部—党支部—学院”互动管理平台。以此推动学院党支部、团支部、班级联动互通 ，共同参与、共同协商、相互配合、切实提升各项工作的有效开展。

（1）发挥党支部的战斗堡垒作用。党组织在政治建设、思想建设、组织建设、作风建设、纪律建设和制度建设等各个方面为团组织和班级提供了示范与指导，党组织成员要保持先进性，以先锋模范的形象，积极传递正能量，感染和激励同学们积极向上，营造良好氛围。

（2）发挥团总支的桥梁和纽带作用。共青团是党的助手和后备军，担负着培养后备人才的重任，团支部具有桥梁纽带作用，它一方面要紧紧围绕党政中心开展工作，同时又具有加强党团班上下联通重要的组织、服务功能。

（3）突出以班级（团支部）的基础保障作用。在党团班“三位一体”建设中，班级（团支部）需在团总支统筹下，向上接受党的指导，与党支部共同完成各项工作，向下指导班委会（班团学生干部），共同进行班级（团支部）管理。是增强党支部、团支部活力的关键所在。

（二）实施四大工程，全力推进文化内涵建设

依托全国党建标杆院系这一重要品牌，团总支构建并不断推进“四大工程”特色品牌建设，取得了良好的育人效果。

1.党团先锋引领工程，创立“红帆”学生党员发展服务中心及大学生思政育人宣讲团，开辟了“湘红学院”教育基地，形成了组织生活“六进”、党团“六带头”，将党团工作延伸到学生公寓区、社团、社区，结合学院专业特色，积极打造志愿服务阵地，发挥党员团员先锋模范带头作用。

（1）“党团六带头”指教职工“六带头”和学生“六带头”。“教职工六带头”是指带头爱国守法，坚定理想信念；带头修身立德，坚持言行雅正；带

头爱岗敬业，争创一流佳绩；带头博学多识，传播优秀文化；带头关爱学生，塑造时代新人；带头服务社会，践行社会责任。学生“六带头”是指带头牢记使命，坚定理想信念；带头奉献担当，厚植爱国主义情怀；带头遵纪守法，加强品德修养；带头求真务实，增长知识见识；带头励志力行，培养奋斗精神；带头全面发展，增强综合素质。

（2）党员发展服务中心。湖南中医药大学人文与管理学院学生党员发展服务中心成立于2019年10月11日，中心本着“服务组织，服务师生，服务校园、服务社会”的宗旨，积极推进党的基层组织建设和活动方式创新，全面深入指导与联系各级团组织，对于扩大党组织的覆盖面和影响力，进一步引导学院学生发挥“六带头”积极作用，切实推进党建带团建，以团建促班建具有重要作用。

2.红色基因工程，即深入开展“诵读红色家书”“学唱红色歌曲”“观看红色电影”“走访红色教育基地”“云游红色文化”等环环相扣、深入人心的主题党团日活动，用红色文化和习近平新时代中国特色社会主义思想武装师生头脑，强化青年学生思想政治教育，深化党建对团建的指导、引领作用，增进学院青年学生“爱党、爱国”的深厚感情，不断从党的历史中汲取伟大精神力量。

（1）井冈山红色研学实践活动。在党的十九大、十九届三中全会精神的指引下，2019年，人文与管理学院团总支青仁志愿者队赴江西井冈山开展以“井冈情·中国梦”为主题的“三下乡”社会实践活动。在全国青少年井冈山革命传统教育基地，以课堂讲授、素质扩展、互动教学、情景模拟、仪式教育相结合的方式开展活动，让每一个志愿者在研学中深入了解井冈山斗争及革命老区基本情况，帮助学员陶冶情操、坚定信仰、传承红色精神。志愿者们还深入井冈山博物馆和革命烈士陵园体会“军民团结、艰苦奋斗”的井冈山精神。本次“三下乡”社会实践活动被评选为全国大学生暑期实践季专项行动优秀团队。

（2）“三进宣讲忆党史，传承初心新启航”宣讲活动。2021年青仁志愿

2023年思政育人宣讲团进行诗歌朗诵

者队在建党100周年精神的指引下，赴长沙市岳麓区学士街道开展以“三进宣讲忆党史，传承初心新启航”为主题的暑期“三下乡”社会实践活动，师生志愿者共计36人。本次活动采取线下宣讲与线上传播同志愿服务相结合的形式，团队进行线下社区宣讲，个人返家乡宣讲，所有志愿者的宣讲活动都采取线上同步的方式。本次活动以红色党史故事宣讲为重点，自七月初开始，于九月下旬圆满结束，历时两月余，获得师生以及市民的一致好评，受到红网等媒体报道。

3.三大德育答辩体系。以提升青年学生思想道德素质为主题，以促进青年学生全面发展为目标，以“新生德育答辩、入党（团）德育答辩、毕业德育答辩”为具体内容，通过开展以爱校荣校、创先争优、感恩奉献为主线的教育活动，围绕青年学生从入校到毕业，分阶段有针对性、实效性、创新性地开展工作，注重全方位、全过程、多层次地对学生进行因材施教的跟踪培养，增强校园文化育人对大学生的感染力、渗透力，创建了校园文化建设全

2022 年班团风采秀

过程育人的新载体。

4.班（团）建设 123 工程。以人文素养、综合素质提升为目标，紧紧围绕“和谐（团支部）班级，和谐校园”建设，切实抓住“人文精神与文化教育、专业知识与能力教育”两条主线；不断实践和创新，将班（团支部）集体建设成为思想健康、学风浓厚、团结友爱、乐于进取、朝气蓬勃的组织和集体。更好地发挥班集体在党风、学风、班风、校风建设中的主阵地作用。

（三）打造“一专业一特色”青年服务品牌项目

在强而有力的组织保障下，为充分发挥外语、英语心理、公共管理、市场营销四个专业的特点和学科优势，有效引领凝聚青年、组织动员青年、联系服务青年，学院团总支推出了“一专业一特色”的青年实践与服务品牌，不仅起到了良好的实践育人实效，同时在中医药文化进中小学、心理健康咨询与科普宣传、乡村支教与医疗服务、管理与卫生健康调查以及校内外疫情防控等社会服务方面起到了重要作用，真正做到学在深处、谋在新处、干在实处。

1.蓝色信封心理健康服务活动。“蓝色信封”是指学院青仁志愿者服务队

2023年“蓝色信封”心理健康志愿服务活动

在心理健康发展服务中心老师和团委老师的指导下，开展了以“心理护航，阳光成长”为主题的心理健康教育志愿服务活动，长期以来，先后赴长沙市内外各中小学开展“蓝色信封”等志愿服务活动，有师生志愿者100余人，平均每年服务约300人次，他们坚持为学校青少年进行心理健康教育宣讲和书信往来，和小朋友们敞开心扉交谈，并且以哥哥姐姐的身份为小朋友们答疑解难，积极引导中小学生以良好、阳光、理智、健康的心态去面对生活中的困难，指导他们正确面对学习和生活中遇到的挫折，初步掌握战胜挫折的方法，培养学生战胜挫折的能力，为中小学生青少年的茁壮成长保驾护航。

2. 中医药文化进校园。2022年青仁志愿者团队在党的领导下，由人文与管理学院团委学生会老师指导，学院志愿者赴郴州市汝城县暖水镇洪流村开展以“喜迎二十大，永远跟党走，奋进新征程”为主题的暑期“三下乡”社会实践活动，师生志愿者共计20人，开展支教、调研等项目，支教50余课时，课程内容涵盖中医药文化科普、中医传统保健以及音乐、舞蹈等，成功获评2022年“全国大中专学校大学生暑期‘三下乡’社会实践优秀团队”称号，其事迹被《中国中医药报》、湘微教育、红网、新湖南、汝城新闻等媒体广泛报道。

“喜迎二十大，永远跟党走，奋进新征程”为主题的暑期“三下乡”社会实践活动

3.市场营销专业和公共事业管理专业积极开展管理与营销社会实践活动。依托管理与营销专业实践社，团总支近年来在专业竞赛、创新创业以及志愿服务活动中的服务能力得到进一步彰显。在近年来的暑期“三下乡”实践活动中，专业实践社带领青仁志愿服务队的同学组成调研组，走乡串户，对中华传统医药的融合与创新、乡村医疗卫生健康调查、中医药文化产业建设、农村留守儿童生活困境等多方面问题进行了深入研究。调研走访后，大家一丝不苟地完成了数据整理任务，做出了相应的调研报告，针对调研过程中发现的问题提出了相应的解决方案。

三、工作成效

近年来，团总支结合学院专业特色，激发先锋模范带头作用，不断提升志愿服务品牌，积极打造“中医药文化进校园”“大手拉小手”中小学生心理疏导、外语志愿服务等阵地，取得了显著的示范效应，多次被湖南教育电视

2023 年“三下乡”调研社会实践活动

2019 年“井冈情 · 中国梦”暑期“三下乡”红色研学实践活动

台、湖南教育新闻网、学习强国等宣传报道。

“诵红色家书，育家国情怀”主题党团日活动制作了《走读·井冈山》口袋书，成为2019年“井冈情·中国梦”全国大学生暑期社会实践优秀课题，受到湖南经视、湖南教育电视台、红网等媒体宣传报道。疫情期间组建了“青仁”抗疫志愿服务队，积极为湖南省疫情防控的人员流调以及校内核酸检测等疫情防控工作贡献青春力量。同时志愿队创新性采用线上与线下相结合的形式，开展线上“四史三文化”及抗疫精神微宣讲、疫情热线、心理测评等工作，线下社会调研、抗疫服务、抗疫表演等工作，取得良好的社会效应与服务效果。学院志愿服务团先后获评“2019年湖南省‘三下乡’活动优秀服务团队”“2022年全国大中专学校大学生暑期‘三下乡’社会实践优秀团队”，2022年团总支成功获评“湖南省五四红旗团支部”，2023年获评“全国五四红旗团总支”。

育人成效：党团班生态系统党员同志思想感悟

“党团班协同育人生态系统”是我院在实践中探索出的育人模式，形成了学院独特的建设、管理工作机制和方法。习近平总书记强调：“高校立身之本在于立德树人。”人无德不立，育人的根本在于立德。做好高校思想政治工作，要坚持把德育放在更加重要的位置，真正做到以德育人、以文化人。我院积极开拓创新，建设党团班协同育人生态系统，将立德树人贯穿始终，努力将党组织、团组织和班集体紧密结合，切实加强了党的思想引领作用，以达到习近平总书记提出的“高校要牢牢抓住培养社会主义建设者和接班人这个根本任务”的要求。

随着时代的发展和学院建设的要求，支部建设也在不断创新工作机制和工作方式，因事而化、因时而进、因势而新。“党团班协同育人生态系统”对于党支部的建设也起到了重要作用。坚持党的全面领导，将党员的先锋模范带头作用拓展到团组织和班集体中，将党的思想内化到每一位团员、每一位学生的思想和行动中。并且共青团作为中国共产党的助手和后备军，“党团班协同育人生态系统”创新了党团共建的模式，使二者关系更为密切，联系更加紧密，为培养德智体美劳全面发展的社会主义事业建设者和接班人，培养可堪大用、能担重任的时代新人奠定了坚实的基础。

中共湖南中医药大学人文与管理学院

应用心理学专业学生党支部徐颢萌

党建带团建工作经验

今年以来，我支部积极探索新形势下党建带团建工作，切实加强了对共青团工作的领导，把团的建设作为党建强化整体意识的第一步，使得团组织积极靠拢党组织，二者密切配合，共同努力，使团建工作在党工作的带动下得到了同步发展，具体如下。

（一）思想引领工作

为加强思想建设，我支部号召各团支部开展多项学习重要精神活动，例如：“青春心向党、奋进新征程”深入学习共青团十八届六中全会精神主题团日活动、“党的二十大和我的人生路”青春使命教育演讲比赛活动等，把党的意志、主张，及时传达到青年团员中去，使党的路线方针政策在广大青年中得到贯彻落实。

（二）队伍建设工作

开展各项推优活动，把团组织带出活力。2022年至今从团组织中共发展了入党积极分子76名，发展对象14名，争取把广大优秀青年紧密地团结在组织中，为党的队伍源源不断输送新鲜血液，保证党的事业薪火相传，后继有人。

（三）先锋模范工作

为引导广大青年团员立足本专业，在服务大局、服务基层、服务群众中创造成绩，提升对青年群众的吸引力、影响力和凝聚力。我支部号召青年党员、团员积极参与多项学科竞赛、创新创业比赛等，并取得优秀成绩，例如：

骆博韬、孙璐、钟颖慧等同志获得湖南省企业模拟经营网络竞赛一等奖；田哲铭、付杰、项黎明、万荣等同志获得全国数智化企业经营沙盘大赛全国总决赛三等奖；罗琪惠、蒋承欢、杨轩意、石无圻等同志获得全国大学生市场研究与商业策划大赛一等奖；还有许多同志积极参加湖南省消费帮扶营销大赛，充分发挥在巩固拓展脱贫攻坚成果上的突出作用，同时提升大家的社会实践能力，深入了解新兴行业的发展趋势。

我支部始终坚持“党建带团建”，使共青团组织的先进性在新的历史条件下得到更充分的体现，使青年的作用在新的历史时期得到更充分的发挥，更好地为党的各项工作服务，不断巩固党的组织基础和群众基础。

中共湖南中医药大学人文与管理学院

市场营销专业学生党支部罗朋

去发光，而不是被照亮——2022 年暑期“三下乡”心得

在摇摇晃晃的回程大巴上，回想着过去七天的点点滴滴，支教组从一开始的手足无措，到后来的和小朋友打成一片，此情此景，历历在目。他们站在我面前，昂着头叫我凤桢姐姐的样子，真是甜进了我心里。黄咼智小朋友上课很认真，也很积极，却不敢上台表演，要么紧张到黑着脸，要么直接笑场，我很喜欢逗他。还有一个小朋友，美术课上，老师让大家画一幅有房子、树、人物的画，可是他画了两只恐龙和一堆彩色的恐龙蛋。黄杰雯小朋友每天都穿漂亮的小裙子，见着人就问祥宇哥哥在哪里，古灵精怪的。还有黄泽涛小朋友，很喜欢爬上矮墙坐着，老是冲人笑，笑起来还有两个小酒窝，眼睛像是会说话，亮晶晶的，他一生气就会一言不发低着头，和“黑化”了一样，奶乎乎的，很可爱。

希望和小朋友们的信可以一直传递，我猜他们也会想念我们吧，虽然只相处了短短五天的时间，但是我们仿佛已经成了很好的朋友，时刻牵挂。

这次“三下乡”，不仅和小朋友们度过了很愉快的五天，同时也在很多事

上学到了不少道理，“绝知此事要躬行”，经历越多，经验越多。“三下乡”也成为我人生中浓墨重彩的一笔，忘不掉大家一起吃饭，一起洗碗，一起上课；忘不掉这里孩子们的纯净可爱；忘不掉一起奋斗的队友；忘不掉为扶贫工作付出巨大心血的领导干部，更忘不掉晚会的最后，我们一边齐声歌唱“我们在灿烂阳光下，跟着共产党，建设新中国”，一边举起右臂时，心中燃烧着的火。

去发光吧！而不是被照亮。

人文与管理学院

2020应用心理学1班崔凤桢

蓝色信封心理服务活动心得

在2022年暑假的支教社会实践活动中，我们人文与管理学院青仁志愿者队在乡村发挥了我们学院英语和应用心理学的专业特色，在支教的过程中让“蓝色信封”心理辅导进入课堂。我们所面对的孩子，他们缺少父母的陪伴，生活中遇到困难不够积极主动地向外界包括父母寻求帮助。随着时间的流逝，孩子渐渐长大，内心世界的想法也越来越多，但身边却没有让他们倾诉，引导、帮助和关心爱护他们的角色。我们志愿者在课程中结合中医药的传统文化，为各年龄段儿童开设了特色课程，为留守儿童开展心理辅导。

在支教课程开始之前，我满怀期待挑选符合小朋友们喜好的信封和信纸，在对小朋友们的家庭环境有了初步了解之后，给他们每个人都写了一封信。并且准备了许多邮票、信封等材料，计划教给小朋友们写信格式和邮寄方法。到了上课的这天，看到小朋友们热忱的眼睛，我感受到了他们来自内心深处的善良和纯真，在他们读到我们这些“小老师”为他们量身定做的信件的时候，他们都非常激动。接着，我们团队中应用心理学专业的伙伴们就运用他们专业的知识，给教室里的留守儿童进行了心理疏导，引导小朋友们敞开自己的心扉，教小朋友们写信的格式以及信封的书写方式。在小朋友们的回信中，有的小朋友分享了自己对父母的想念；有的小朋友表露出了对我们老师的信任；还有的小朋友叙述了在支教的过程中我们老师不记得却触动他们的小细节。最令我感动的就是这些小朋友仿佛有着不属于他们这个年纪的成熟，以及他们阳光外表下需要抚慰的创伤，这更加让我确信了我们进行这次“蓝色信封”心理辅导活动的必要性。当然，看到小朋友们的来信时我也非常高兴。一是因为通过我们的努力，缓解了乡村地区的孩子们对父母的想念，小朋友们通过和“小老师”的书信往来，启发了自己与父母的沟通方式，强化了他们积极与父母沟通的意识，孩子们和父母之间因此架起了一座沟通的桥梁。二是我们之间的书信往来充实了孩子们的内心世界，激励了留守儿童不畏困难、做生活强者的决心，让农村孩子们可以充满阳光地成长。在离开支教的乡村之后，我们和孩子们也仍然保留着一个月一次的书信往来。虽然在每个月的来信中我们也只是对小朋友们的倾诉进行排解和倾听，但是这点点滴滴正是身处两地的我们最好的联系。在一次次的交流中，我发现小朋友们的抱怨变少了，开心变多了，我看着这些字迹仿佛就看到了小朋友们洋溢着幸福的微笑。能够通过“蓝色信封”活动引导留守儿童有一段温暖的童年、一个光明的未来，不仅是我个人的荣幸，更是本次活动的价值所在。

人文与管理学院

2021英语3班黄用钰

四、工作思考和下一步计划

党团班协同育人生态系统是学院共青团深化改革的关键举措，根本目标是促进团员青年成长，提升团支部活力，本质是以党支部为核心，团支部、班委会为支撑，协同合作，共同育人，形成全员、全过程、全方位育人格局。保证五大机制协同运行，构建三位一体学生管理模式。通过基层团支部改革，促进基层团支部发挥先锋作用，增强团支部的组织力和凝聚力。

（一）健全党团班工作机制，提供制度保障

党团班工作运行机制是团支部和班级有序开展各自工作的基本准则，也

是高校开展大学生思想政治教育、班级文化建设的一种呈现形式。要完善党团班工作机制，提高工作效率，就要明确党团班协同育人生态系统建设的总目标，使团支部和班级在建设过程中有明确的方向，团支部和班委会的有效运转都有利于实现班集体的总目标。同时，制定的制度必须具有可行性和可操作性，以保证制定的班团制度能够落到实处。一方面，要利用好五大工作机制，及时发现并解决党团班协同育人生态系统发展和工作推进过程中存在的各种问题，主动关心支部中每个团员的成长与进步，持续加强团员的思想政治教育和自我教育，提升团支部的凝聚力和战斗力；另一方面，班委会要通过不断完善班规的方式，督促各宿舍制定宿舍公约来规范大学生的日常行为，主动引领班级、宿舍新风尚，加强班级建设和管理。

（二）重视学生干部培养，提升学生干部素质

学生干部是党团班协同育人系统建设和管理的中坚力量。首先，要规范选拔流程，重视日常教育与培养，定期开展业务与技能培训，以有效保障学生干部在团支部、班集体中的核心地位，激发学生干部积极进取、甘于奉献的意识，使其在做好日常管理与服务工作的过程中提升个人综合素质，实现自我价值。其次，要定期举办团支书理论与业务培训，增强团支书的业务能力，增强团支部在班级中的核心力量，使团支书更好地助力青年团员的发展。再次，要面向其余班团干部提供个性化、多元化的培训机会，增强其岗位身份自信，强化其岗位责任意识，切实提高班团干部的综合素质，使其具备出色地完成班级管理的能力。

（三）构建一体化评价体系，推进同向发力

学院要努力构建新时期党团班一体化的大学生团支部综合性评价体系。首先，要梳理团支部管理考核与班级管理考核的侧重点，协同团委、学工处、教务处等部门，从团支部、班级考核的实际出发，把解决了什么问题、班级团支部的活力是否有提升、学生是否得到了德智体美劳全面发展等作为评估党团班协同育人建设效果的主要标准。其次，要充分发挥榜样示范作用，建立和完善“样板团支部”“优良学风班”评选制度，营造良好的班集体氛围，

充分发挥党团班协同育人生态系统大学生团支部管理模式的积极导向作用，强化对大学生的思想引导和价值引领，增强团支部的凝聚力和向心力，提升学生在团支部中的归属感、获得感和荣誉感。同时，要持续加强辅导员队伍建设，提高辅导员开展班团工作的能力和水平，在党委书记的正确引导和团委书记的协同配合下，打破团支部与班级管理之间的壁垒，让思想价值引领工作渗透到服务大学生的具体事务中，真正做到班团管理与建设同向发力。

（四）加强志愿服务队伍建设，为志愿服务品牌化构建提供有力支撑，提升志愿服务质量

在志愿者招募方面，应根据志愿服务活动的内容有针对性地选取有关志愿者，使其除了具备基本的志愿服务精神、服务能力，还应该具有相应的专业能力。根据志愿者的不同专业能力进行不同的分组，建立志愿者的数据网络，方便以后在开展志愿服务活动时能够随时招募到合适的志愿者。在志愿者培训方面，坚持理论知识与实践操作相结合，提高培训标准，扩展培训内容，增强培训的专业性。通过培训不断提高大学生志愿者的专业化水平，可以建立专业教师指导制度，邀请专业教师在活动策划、专业技能等方面对志愿者进行培训，不断提升志愿者的服务效果和服务质量。在激励考核方面，不断建立起和大学生实际服务情况相关的评价指标体系，不断提升大学生志愿服务活动的连续性。一方面，学院管理机构要对志愿者进行考核表彰，表彰激励不能仅仅停留在精神层面，还应该探索符合大学生实际的相关机制，如“综测银行”，累积一定的志愿服务时间可以换算成一定的综合测评分，在以后的应聘、就业中可以得到优先推荐、录用；另一方面，增加社会层面的反馈，宣传志愿服务活动成效，形成品牌效应，来自社会的赞许能够改变个体的评价和认知，对个体起到激励作用，促进他们积极工作。文化育人的同时服务社会，回馈社会。

“识百草，尝百味” 中医药文化进校园

——中医学院品牌活动

姚 绚

一、实施背景

中医药作为中华民族的瑰宝，是中华民族几千年的历史沉淀，是数以万计中国人知识与智慧的产物。近年来，国家大力支持中医药事业，尤其是中医药的传承和发展，故倡导中医药文化进校园，这将有利于普及中医药知识，培养新一代中医药文化传承者，促进中医药文化的传播，有利于弘扬中华民族传统文化，具有深刻意义。

2016年，国务院下发了《关于印发中医药发展战略规划纲要2016至2030年的通知》，主要讲述了到2020年，实现人人基本享有中医药服务，中医医疗保健、科研、教育、产业、文化各领域得到全面协调发展，中医药标准化、信息化、产业化、近代化水平不断提高的发展目标。指出要推动中医药进校园、进社区、进乡村、进家庭，将中医药基础知识纳入中小学传统文化、生理卫生课程。

2019 年10月，《中共中央、国务院关于促进中医药传承创新发展的意见》指出：“ 把中医药文化贯穿国民教育始终，中小学进一步丰富中医药文化

教育，使中医药成为群众促进健康的文化自觉’。”

2021年3月全国人大提出了《中华人民共和国国民经济和社会发展第十四个五年规划和二〇三五年远景目标纲要》。其中，提出了强化中医药特色人才培养，加强中医药文化的传承和创新发展，推动中医药走向世界。

在当今新冠疫情的大背景下，中医药也向人民交出了满意的答卷。通过全国临床的研究显示，中医药总有效率达到了90%以上，而中医药在防治新冠后症状上的应用比例更高。它能够有效地缓解症状，能够减轻轻型、普通型向重型发展的趋势，能够提高治愈率，降低病死率，能够促进恢复期人群的机体康复。

中医中药在疫情时期的突出疗效也获得了民众极大的认可，加深了民众对中医药文化的兴趣与信任，我国也借此迎来了弘扬中医传统文化的黄金时期。在国际上，中医药也获得了广泛的认可。据不完全统计，中方已向150多个国家和地区介绍中医药诊疗方案，向10多个有需求的国家和地区提供中医药产品，选派中医专家赴29个国家和地区帮助指导抗疫。

习近平指出：“中医药学凝聚着深邃的哲学智慧和中华民族几千年的健康养生理念及其实践经验，是中国古代科学的瑰宝，也是打开中华文明宝库的钥匙。”敬教劝学，建国之大本；兴贤育才，为政之先务。作为民族凝聚力和生命力的根本所在，中华优秀传统文化是中华民族生生不息、代代传承的精神血脉，而教育则是此精神血脉得以延续的载体和先机，民族文化传承的根基和希望在于青年一代。

在时代和国家的发展需求下，为引领青年学生深入学习贯彻习近平新时代中国特色社会主义思想，贯彻“三全育人”与“健康中国”的政策，湖南中医药大学中医学院积极响应国家的号召，多次开展“三下乡”活动，组织师生志愿者深入社区、乡村，到广大人民群众中去。开展“送医送药”“义诊调研”“科普支教”“走村入户”等志愿活动，将优质医药资源带进乡村、送向基层，让学生利用所学专业知识为基层群众提供力所能及的帮助，普及中医药和常见疾病防控知识。在专业教育与社会实践的紧密结合中、在中医药事业传承与创新的生动实践中，引导青年师生立鸿鹄志、做奋斗者。

我院师生高度重视社会实践活动，注重实践与理论相结合，定期开展科普义诊活动，专家团队“零距离”看诊，师生志愿者为群众提供健康咨询、血压测量、针灸推拿等服务，让中医药“飞入寻常百姓家”，为民众的生命健康保驾护航，更为形成特色突出、作用显著的中医药文化宣传打下了坚实的基础。

二、典型做法和实施过程

面对全国上下大力提倡中医药文化进校园的热潮，我院利用自身优势与砂子塘吉联小学达成密切合作，深度分析课后服务理念，实现“双减”政策背景下的创新尝试，积极开展新时代下中医药文化发展的实践探索，共同打造“识百草，尝百味”，中医药文化进校园活动。

（一）工欲善其事，必先利其器

我院结合实际，制定了关于中医药文化进校园的详细策划案，为普及中医药健康知识，弘扬中医药文化，扩大中医药的社会影响力，中医学院师生志愿者服务团特面向中医学院全体学生招募中医药文化进校园科普志愿者，以期建设一支专业基础知识扎实、科普讲解演示能力较强的中医药科普志愿者队伍，并通过生动教学增强青少年对于中医药文化的了解和认同感。

为了保证活动正常高效进行，学院组织大学生们参加社会实践，使大学生能发挥自身的知识优势，积极拓展为社会作贡献的有效途径，我院广大师生为此还制定了详细的流程安排，向全院招募遵守志愿者活动相关规章制度，服从工作安排，认真、按时参加服务期间各项活动，思想政治坚定，具有奉献精神，具备较好专业知识素养、良好沟通能力、形象大方、热情有礼、认真细致、耐心好学，普通话标准，能够灵活、妥善处理应急情况的志愿者团队。在长期的社会实践及志愿服务中积攒了丰富的经验，组建了一批有经验、成体系的志愿者团队。

（二）“识百草，尝百味”，中医药传统文化进课堂启动仪式

2022年3月17日，湖南中医药大学中医学院院长邓奕辉带领湖南中医药大学60多名教师和学生志愿者来到了砂子塘吉联小学，在大家的热切期盼中举行了中医药文化进校园的开课仪式。

开课仪式上，砂子塘吉联小学朱鸿雁校长致欢迎辞时说道：“中医药是我国医学发展几千年来的结晶，中医药文化的传播对中华传统文化的传承具有非常重要的意义。本次中医药课程进校园是‘双减’政策下落实基础教育课程改革的一次重要尝试，这次尝试体现出了神农尝百草的勇气与担当。希望通过湖南中医药大学和我校合作开设的中医药课程，能够让中医药文化扎根小学校园，在小学生的心里生根发芽。”

邓奕辉院长也表示：“中医药文化有着丰厚的人文精神和哲学内涵，普及中医药知识，提升全民健康素养，是我们中医药工作者应该尽的责任。同时，文化自信和文化自觉需要从小培养，高校应该主动承担起社会服务和文化传承创新的责任。”在开课仪式上，邓奕辉院长为大家讲解了中医药文化进校园

“识百草，尝百味”，中医药课程开课仪式

的目的、意义以及中医药植物的常识和培育要领等知识。

在活动现场，砂子塘吉联小学老师钟莉为志愿者们进行了常规教学的培训，志愿者们认真听教。培训结束后，钟莉老师带领志愿者们走进课堂，观摩教师授课，并与骨干教师携手打造双师课堂，讲授了题为《姜》的药食同源的中医药知识，用童趣化的动作和语言在孩子们心中播撒下中医启蒙的种子。

（三）创新教学方法，优化教学效果

1.课前培训。为确保中医药知识准确、充分且授课顺利开展，我院的专业老师针对每次授课内容制作PPT和教案，对志愿者进行课前培训，教授相关40余种常见的中草药知识，以本草为载体，融合中医药文化、运动，铺展教学工作。授课内容大致相同，难易程度根据年级、学生情况稍作调整。在课前培训期间，指导老师对志愿者不足的地方进行补充、改正。同时，老师们也向志愿者传授授课技巧，比如，对于不同年龄段、不同性格的学生因材施教，激发同学们的学习兴趣，通过增加课堂趣味性让知识活起来。又如，用小游戏激发同学们学习的兴趣，用有奖竞猜调动同学们的积极性，用小剧场形式活跃课堂气氛，通过朗诵加深同学们对中医药文化的理解等。

2.制度创新。为提高备课效率，实现因材施教。在课前准备中，我院采用组长制对志愿者开展培训，根据所教年级的不同，志愿者被分为六个小组，每组推选出一位组长负责统筹组内事务，实现组与组之间、组内成员之间的相互促进、相互发展。

3.磨课讨论。我院师生高度重视中医药文化进校园的每一节课及其课前准备。为提升教学水平，让小老师们在反复交流与研讨中集思广益，在课前准备过程中，我院高度重视磨课环节，以组为单位开展教学，并总结出以下几点经验：第一，“磨”透教学内容，在备课过程中，教师的首要任务就是深入教材、理解教材、吃透教材，并在此基础上实现突破与超越。第二，“磨”亮课堂设计，在教学中，小老师们不仅要切合教材，扎实教学，更要为学生设计切合学情的教学方案，创造开放、自主、探究的学习环境。第三，“磨”

实反思，在组内磨课结束后，各组组长收集组员反思，针对具体问题具体分析，让教师“磨有所获，教有所成”。

（四）四度课堂——望尝问趣

中医四诊被称为“神圣工巧”，所谓“望而知之谓之神，闻而知之谓之圣，问而知之谓之工，切脉而知之谓之巧”。“识百草，尝百味”中医药文化主题进校园活动以四诊为借鉴，让小老师们走入砂子塘吉联小学，从“望尝问趣”四方面为小朋友们科普各种常见的中草药，如蒲公英、箬竹、艾、桑、金银花、乌梅、枣、茶等，并用通俗易懂的教学内容和生动有趣的教学方式带领同学们了解中医药的世界。

1.“望”。课堂开始前，小老师们带着教学道具——各种各样的中草药进入课堂，一一分发给在座的同学们，让同学们对今天所讲的主角真正地用手接触，小老师们讲述课上中草药的故事，并要求同学们仔细观察手中的中草药，并提出问题以启迪同学们的思考和感受。小老师从“望”的角度向同学们讲述该中草药的外观、颜色以及不同的属种等，具体介绍了中

中医药文化进校园课堂讲解中医药知识

草药变身为一味中药的过程以及两者间的异同，让同学们对其有一定的兴趣和了解。

2.“尝”。昔有神农尝百草，“尝”之一字在中草药的世界里至关重要，尝可知其味，小老师们让同学们联系生活，回想生活中可能有的中草药的踪迹。比如“乌梅”课堂上的消暑饮料酸梅汤，“桑”课堂上的桑葚等。将现实生活与中草药知识结合起来，极大地调动了同学们畅所欲言的热情，小老师们也通过“尝”而引出对中草药药性、药用的介绍。

3.“问”。作为中草药，最让人关心的莫过于它的药性和药用。小老师们向同学们提出问题，让同学们结合自己生活中用中草药的情境，启迪同学们讲述其生活中的作用以及使用后的感受，拉近生活与知识的距离，并由此具体介绍其生活中的妙用、巧用以及中医药治疗中的用法和疗效，慢慢引导同学们深入了解中草药。

4.“趣”。中草药课堂中小老师们采用寓教于乐的教学方法，通过做小游戏、趣味故事、猜谜语、中医药小剧场等来让中医药的课堂变得生动有趣，拉近小老师和同学们的距离。

（五）课后互评

教与学是教学工作中共存的两方面，师生在教育工作中有着共生的关系。为促进教学相长，更好地服务于广大师生，每次课程结束之后，我们为小老师和同学们设置了师生互评环节。学生对教师的评价，发挥了学生在教学质量监测中的信息反馈作用，让学生变成了课堂的主体，对老师的态度、教学水平等进行全面点评，为老师队伍的科学管理和培训提供了可靠的参考依据。与此同时，老师既是评价者，也是被评价者，角色转化之间可以对学生的掌握情况进行实时掌握，让教学管理更加具体、有针对性，激励他们不断进取、发展自我、完善自我。在互评过程中实现和谐、民主、平等的师生关系。

（六）授课过程内容摘要

2022年3月17日，中医学院60余名师生志愿者走进校园，为吉联小学

中医药文化进校园姜课堂师生互动

的同学们讲授了以“姜”为主题的中医药知识。姜作为中药，同时也在厨房中出现，是典型的药食同源。志愿者从姜的美称“呕家圣药”来引导同学们参与课堂，积极思考，并且从望、触、用、趣四个角度来介绍炮制过后作为中药的姜的颜色、触感、药性。志愿者通过讲述有关姜的趣味故事来增加课堂的生动性，让同学们沉浸其中。同时为同学们提供了姜汁牛奶的做法，让同学们体验姜的食用性，极大地提高了同学们在中医药课堂上的体验感，也将中医药知识带入了生活，传播了中医药文化。

2022年4月25日，中医学院60余名师生志愿者走进校园，为吉联小学的同学们讲授了以“枣”为主题的中医药知识。用童趣化的语言和动作引领孩子们走进全新的中医药世界。课堂知识讲解时，志愿者们分发教学道具“枣”，让孩子们热情高涨。“小游戏”“猜谜语”等精彩互动让课堂乐趣无穷。每一个环节孩子们都争先恐后地围着“小老师”，共同探寻中医药文化的奥秘。

2022年5月16日，中医学院50余名师生志愿者走进校园，为吉联小学的同学们讲授了以“金银花”为主题的中医药知识。“当我们感冒发热的时候，金银花就可以把身体里面的热邪通过毛孔排出来，达到疏风散热的目的，这就是金银花治疗风热感冒的功效。”小老师们采用生动有趣的方式开展了一次精彩的授课，向同学们展示了中医药文化的风采。本节课中同学们热情高涨，课堂气氛十分活跃，大家真切感受到了中医药文化的魅力。

2022年5月23日，中医学院50余名师生志愿者走进校园，为吉联小学的同学们讲授了以“桑”为主题的中医药知识。桑叶和桑椹都是常用的药材，都具有甘味，药性属寒。桑叶是甘寒之品，药性平和，既可以疏散风热，又能清肺热、润肺燥。桑椹含有丰富的营养物质，能增强人体的免疫力，具有良好的保健功能。桑椹对肝肾有很好的补益作用，但并不适合脾胃虚寒的人食用。志愿者给同学们讲述了扶桑树的神话故事，通过提问与桑叶、桑椹相关的典故、作用、别称等，开展了“有奖问答”，并将“桑椹芝麻糕”作为小奖品分发给大家。

2022年5月30日，中医学院50余名师生志愿者走进校园，为吉联小学的同学们讲授以“艾”为主题的中医药知识。课堂开始，小老师们给同学们分发本次上课所需的艾叶，让同学们对学习内容实现真正的可闻可触。同学们踊跃表达自己的感受和见解，课堂气氛一下子便活跃了起来。知识讲解时，小老师们联系“青团”“粽子”这些日常可见的食物，讲述了中医药与食物的关系，让同学们认识到中医药潜藏在我们的日常生活中……短短的两节课，使孩子们对艾叶的了解更加深刻，他们惊奇于艾叶的药用价值，感叹于中医药文化的博大精深。

2022年6月13日下午，湖南中医药大学青马骨干班、乡村振兴专项班以及师生志愿者90余人参与本次活动。小老师们怀着期待与激动的心情，踏着端午节的尾声来到课堂。课堂伊始，小老师们便让同学们观察竹子的形态，并设置有奖问答让同学们进行比拼，同学们都争先恐后地举起小手，积极地参与到课堂中来。“同学们知道粽子叶是什么植物的叶子吗？”“是箬竹叶！”同学们颇为自信地回答小老师，每个人的脸上都洋溢着灿烂的笑容。除此之外，小老师还在课堂上举行了“粽子蹲”“画竹子”等课堂活动，让同学们在欢乐的氛围中学习关于箬竹的知识，让同学们发现中医药文化其实就在我们生活当中。

2022年6月20日下午，湖南中医药大学青马骨干班、乡村振兴专项班学员以及师生志愿者70余人参与了本次活动。小老师们拿着蒲公英走进课堂，本堂课程以“蒲公英”为主题，从“望、触、尝、用、趣”五个方面全面讲解了蒲公英的妙用。小老师们将蒲公英分发到同学们的手中，同学们认真观察蒲公英的形态，并且触摸感受蒲公英毛茸茸的质地。在讲到蒲公英的“尝”时，老师们介绍了凉拌蒲公英的做法，同学们纷纷举起了小手，表示回家后想要自己做来给爸爸妈妈尝一尝。中医药文化如同蒲公英的种子一般，随着中医药文化进校园的风吹入了同学们的心中，让孩子们相信中医，爱上中医。

2022年9月19日，中医学院50余名师生志愿者走进校园，为吉联小学的同学们讲授以“乌梅”为主题的中医药知识。志愿者以王冕的《白梅》诗中的一句“冰雪林中著此生，不同桃李派风来”引入梅花，讲述了乌梅的成长之旅，揭开了乌梅的神秘面纱，带领同学们领略中医药的魅力。同学们踊跃参与中医药小剧场、“勇敢的乌梅”活动，活跃了中医药课堂的气氛。小老师们希望以寓教于乐的方式让同学们主动走进中医，增加对中医药的兴趣，让中医药的文化火种在孩子们心中燎原。

2022年9月26日，中医学院60余名师生志愿者走进校园，为吉联小学的同学们讲述有关“茶”的中医药知识。由生活场景中的茶引导同学们进入“茶”的课堂。课堂讲解时，老师引导同学们仔细观察教学道具——茶叶，并从多角度介绍了加工后茶的外观、茶的触感、茶的味道、茶的好处，其中穿插有关茶的短视频来加强同学们的视觉印象，小剧场和小游戏也极大地提高了同学们参与课堂的积极性，师生配合融洽，中医药文化的幼苗正在茁壮成长。

三、工作成效

（一）在育人方面取得的成效

1. 利于学生的心理健康成长。中医药文化进校园活动扩展了中小学生的兴趣面，给他们提供了一个学习课外知识的平台，创造了一个愉快、轻松的学习氛围，让同学们在学习新知识的同时放松身心。小老师在传授知识的过程中，通过与小朋友们互动，让他们更深刻地理解中药内容，以一种寓教于乐的方式提高同学们的学习兴趣，趣味性的课堂也有利于学生心理的健康成长。

2. 提高学生对优秀传统文化学习的热情。在课堂教学的过程中，学生们对中医药文化已经有了初步的认知并产生了浓厚的兴趣。他们不仅熟悉了部分常见中药的功能主治，充分认识了中药的价值，而且树立了对本土文化的崇高信仰，让中医药知识不再停留在手机、电视上，在某种程度上大大激发了学生们的学习热情。

3. 有利于弘扬中医药文化。中医药文化进校园让学生对中药知识有了初步的认识，与此同时，同学们能够了解相关的中医药知识和理论，增强对中华文化的认同感，把课堂收获带入家庭，分享给亲人，让中药文化流向社会。

4. 增强学生对中医药文化的自信。在课堂上，学生可以了解某一中药发芽、生长、成熟的不同阶段，切身了解这种植物的生物学特性，同时对其药用价值也有一定的认识。在态度、备课、管理和授课上，小老师们都做到了细致认真，通过循序渐进的引导，让同学们充分体验中医药文化知识的魅力，在实践与探索中学习中医药文化知识，营造了学习中医药文化的良好氛围，增强了同学们对中医药文化的自信。

（二）在社会方面的影响

1. 有利于中医药文化科普工作的推进。中医药文化进校园的宣传，使中医药文化走进校园，走进寻常百姓家，让更多的人了解、理解、熟悉、热爱中医药，同时也可以宣扬作为中华优秀传统文化重要组成部分的中医药博大精深。而中医药文化进校园以一种青少年乐于接受的方式融入生活的点滴，把中医药文化渗透到青少年的生活和学习中。推进中医药文化进校园，有利于增强学生的健康观念，提高其身体素质，筑牢家庭基石，使学生更早接触到传统的中医药文化，使其对中医药文化有初步的认识，了解相关的中医药知识和理论，增强对中医药文化的认同感。倡导中医药文化进校园不仅仅是让学生掌握一些中医药知识和健康理念，更是对中华优秀传统文化的传承，中医药文化中有很多富含教育意义的典故，比如范仲淹的“不为良相，便为良医”、董奉的“杏林春暖”，这些蕴含在中医药文化中的典故，能够很好地培植学生的文化基因，提升他们的文化素养。在一年一度的“中医药文化进校园”活动总结中，我院秉持宣传中医药知识、传播中医药文化、促进健康中国战略实施的理念，联合名师与学生共同编写了《中医药进校园读本——识百草尝百味》，让更多学生了解常用常见的本草。该读本以金银花、桑、艾叶、箬竹、蒲公英、乌梅等几个常见本草入手，带领小朋友们从望、触、尝、用、趣几个方面入手，让爱中医的种子在孩子们心中生根发芽。考虑到小学生保持注意力集中的时间和理解能力较为有限，为吸引他们的注意，教材采用了图文并茂的形式，选取色彩明丽的中药材照片或插画，并配有有趣的小剧场，同时还会在适当的位置提出一些问题以调动同学们的学习积极性。而且教材为贴合小学生的阅读习惯，使用活泼有趣、通俗易懂的语言，并注有拼音，更有利于同学们阅读理解。这份教材能够促进同学们更轻松而有趣的学习，极大地激发他们对于中医药文化的兴趣，他们也将成为推动中医药文化发展最坚定而有力的力量。

2.有利于“双减”政策的实施。“双减”政策的“减”主要包含两点：一是减轻学生作业负担；二是减轻学生校外培训负担。政策明确指出要扩大学校教育服务范围、延长学校教育时间、拓展教育内容、提升课后服务水平、满足学生多样化需求。在“双减”政策背景下，学生在校时间延长，我院与砂子塘吉联小学联合开展中医药文化进校园活动，助力“双减”政策，以轻松活泼的教学方式让学生学习中医药文化，在减轻学生学业负担的同时，又能潜移默化地向其灌输中医药知识，让同学们走出课堂，拓展知识面，与“双减”政策的核心思想相契合。

3.有利于中医药人才的培养。中医药文化进校园活动是弘扬传统文化的一个重要途径，能够很好地提升青少年对中医药文化的认同和热爱。青少年是中医药事业的接班人，要让青少年一代对中医药文化建立起文化自信，就得让中医药真正走进校园，真正走进他们的内心。让青少年能够切身体会到中医药知识对健康生活的重要性，并将它作为成长过程中的一个坚实支撑。在青少年基础教育阶段加入中医药教育，使他们自小就能够受到中医药文化的熏陶，对中医药事业产生深厚情感，对中医药的发展前景充满自信，并体验中医药的认知方法，培养中医药独特的思维方式，开发悟性，为未来中医药人才的涌现埋下种子。现阶段迫切需要让人们尤其是青少年了解认识中医药文化，通过科普的形式将中医药知识传递给青少年，培养他们对中医药文化的兴趣，并使其树立起从事中医药事业的理想，更好地、更持续地传承这一优秀传统文化，而中医药文化进校园就是重要途径之一。

四、工作思考和下一步计划

（一）工作思考

我院大力推进中医药文化进校园工作，致力于在中小学掀起认识中医、学习中医、使用中医的热潮，进而形成全社会传承和弘扬中医药文化的新气象。对于中医药文化进校园活动，老师和同学们都有不同的看法，湖南中医药大学中医学院院长邓奕辉表示：中医药文化有着丰厚的人文精神和哲学内涵，普及中医药知识，提升全民健康素养，是我们中医药工作者应尽的义务。同时，文化自信和文化自觉需要从小培养，高校应该主动承担起社会服务和文化传承创新的责任。相关指导老师凌智表示：作为中医药文化知识的传播者，能做到的就是每一次向志愿者们充分讲解中医药知识，帮助志愿者们更好地了解中医药文化，在授课的过程中让小朋友们在一定程度上了解和认识中医药文化，在孩子们的心中撒下了一颗“信中医，学中医，爱中医”的种子，将中医药文化知识一代一代地传承下去，这对中医药传统文化的传承和发展具有重要意义。参加活动的志愿者对此也深有感触，他们表示作为中医药文化的传播者和传承者，向小朋友们传授中草药文化知识是一件充满成就感和自豪感的事情，虽然在担任小老师的过程中很辛苦，遇到了许多的挑战，但每次成功的授课也让自己对中医药文化知识有了更深刻的认识。砂子塘吉联小学1706班祝悦同学对本次教学活动也颇有体会：自从开设课程以来，我们都爱上了中草药知识，老师给我们详细讲解了生活中常见的一些药材，如姜、枣、金银花、桑、艾、蒲公英、山楂等，让我们更多地了解各种食材的药用价值。学习知识要从点滴积累，从自身做起，从行动开始，要养成一种良好的习惯，养好身体报效祖国。而我们现在的自然环境遭到破坏，很多药材失去生长环境甚至绝迹了，所以需要我们爱护保护环境，让中医药文明继续传承下去。

在深入阐释中医药文化进校园的重要意义、分析中医药文化进校园的现状的基础上，提出进一步优化中医药文化进校园的措施，为深入推进中医药文化进校园工作提供思路和借鉴。我院为加强中医药文化的宣传，让全民尤其是中小学生对为中华民族繁衍昌盛做出巨大贡献的国粹感到骄傲和自豪，使中医药文化走进校园，走进寻常百姓家，让更多的人了解、理解、熟悉、热爱中医药文化；宣扬作为中华优秀传统文化重要组成部分的中医药文化的博大精深，大力呼吁国民爱护她，保护她。

1.推动中医药文化进校园有利于推动中医在国民心中的可信度与接受度。小学校园作为人的启蒙之地，在小学校园内推广中医药文化则将中医的种子根植于孩子心中，让孩子接受中医药文化的教育，为未来中医药文化的发展扫清了部分障碍，可以极大推动未来中医药文化的顺利发展。孩子作为家庭的中心，是家庭的未来。让孩子了解中医药文化，将中医药文化带入家庭，能够实现中医药文化由小及大、由个人到家庭再到社会的传播，潜移默化之下提高国民对于中医药文化的接受度。

2.推动中医药文化进校园有利于增强国民的文化自信。目前中国正处于实现中华民族伟大复兴的关键时期，而中医药文化作为中华传统文化的重要部分，不仅仅是一种象征，更是一把打开中华民族瑰丽宝藏的组成钥匙。了解甚至熟知中医药文化，对我国传统文化的传承与发展也具有推动作用。故我院推动中医药文化进校园活动，从小培养学生对中医药文化的兴趣，提高其对中华传统文化的自信，使其有更加坚定的民族复兴的自信心和自豪感。

3.推动中医药文化进校园有利于为国家培养未来中医人才。将中医药文化推广到校园，让学生接受中医药文化的熏陶，在心底深埋中医的种子，牢记中医之“精”与“诚”，不仅有益于自身的发展，更为国家培养了一批潜在的中医药人才。

（二）下一步计划

在过去的实践中，我院“中医药进校园”活动已取得一定工作成效，而如何继续推动该活动的进一步发展成为我们所急需思考的问题。

首先，中共中央、国务院《关于加强和改进新形势下高校思想政治工作的意见》中提出坚持全员全过程全方位育人的要求。我院将始终坚持把立德树人作为根本任务，融入思想道德教育、文化知识教育、社会实践教育各环节，把思想政治工作贯穿教学活动的全过程，把思想价值引领贯穿教育教学全过程和各环节。结合中医药文化在校园传播，即努力构建“以德树人、以文化人、以仁医人”三全育人体系文化。以思想道德教学为支撑，以中医药文化传播为内涵，以中国传统美德传承为底色，将我们的活动对接于培养未来祖国之栋梁的广大校园，使“中医药进校园”活动具有更广泛而深远的影响。

其次，我院将继续推进加强学生志愿者团队的培训工作。学生志愿者团队是进行科普活动的重要力量，其担当精神和能力水平直接决定了学校的精神风貌，应注重理论知识和实践技能的双重培养。在科普讲解的工作过程中，学生需要一定的专业知识为基础，而在面对中小学生的讲解中，亦需要良好的沟通交流能力、强大的心理素质和过硬的知识转化能力，并且要严格遵守外出活动的纪律。而学生志愿者们在经过了一定时间的专业知识学习与环境的熏陶后，已初具一定的专业背景，只有经过系统性专业知识的培训以及考核过关才能参与讲解活动。除此之外，在培训工作中也需要注意时间安排，保证学生志愿者仍处于学有余力的状态，使“中医药进校园”活动对志愿者的影响始终是正面的，让志愿者在活动过程中教学相长，提高专业知识水平，并引导其社会服务能力的发展。这样的培训工作益处是属于双方的，讲解者良好的素质可以有效提高受教者的接受程度，提高学习效率，而讲解者也能在多方面提高自我，有浓浓的获得感和成就感。最终达成受教者与讲解人在活动中共同进步的双赢局面。

此外，要坚持以激发同学们对中医药的热爱、对中国传统文化的热爱、对大自然的热爱、对生活的热爱为重要目的。这便需要在实践过程中不断调整改进，要积极开拓思路，采取不同途径，将继承优秀传统文化、掌握中医药技术及知识技能与培养健康的学习生活方式有机结合起来，并使同学们在教学过程中感到轻松和有趣。在教学内容上，我院在每次活动中总结凝练编写了一本相关科普教材，教材中利用望、触、尝、用、趣几个方面切入某种中药的学习，符合人们认知事物的规律，让孩子们能够更轻松有效地获得中药知识，这便是我们需要继承的优良经验。以此为基础，教材编写者可以在中药学习内容中添加湖南道地药材，将本土特色与生活常用结合，借助同学们对本土药材的天然亲和力与好奇心，来调动起他们对更广阔的中药世界的探索。在学习形式上，延续过去实践中采取的讲述中医药相关故事、开展相关小游戏等活动，有条件的地方还开设太极拳、五禽戏、八段锦等体育课程，由有该方面特长的志愿者展示并教授这些传统养生功法，从而有效地调动起同学们对养生功法的学习兴趣，这不仅传播了中医药文化，还可以培养学生健康的体育锻炼方式，传播健康生活理念，增强青少年身体素质。

最后，加大活动宣传力度。宣传不应该只局限于大学校园，而应扩展到社会，使相关优秀中医药文化的信息辐射社会，形成全社会共同发展中医药的良好格局。拓宽宣传渠道，既不摒弃原有的广播、板报等宣传方式，又要充分利用报刊、电视台、互联网等媒体，采取新闻发布、报送稿件、约请采访等多种形式，围绕中医药文化这一重点，及时宣传报道组织活动中涌现出来的亮点和先进典型，认真做好舆论宣传工作。定期组织参观中医科普基地活动，开展中医药讲座、中医药特色课堂，在实践中加深群众对中医药文化的了解。通过大众易于接受的、通俗易懂的宣讲内容，提高人们对中医药文化的了解。对不同的宣传对象制定不同的策略，注重科普科学性、全面性、趣味性、适用性。扩大科普工作者队伍，为中医药文化的宣传奠定人力基础。鼓励更多的、真正的中医药专家加入科普工作队伍，将中医药知识以深入浅出、通俗易懂的方式进行讲解，为中医药的发扬光大推波助澜，让中医药科普工作走上一条标准化、规范化的道路。

中医药文化是中华民族之国粹，传承和发展中医药文化是我们的责任，在孩子们心中播下文化启蒙教育的种子是功在千秋的事情。对中小学生来说，学中医不仅是传承文化，还能够从中医的角度认识身体，认识疾病，有益于自身身体健康，提升自身综合素质。对志愿者来说，中医药文化是中华优秀传统文化的重要组成部分，传播中医药文化知识也是对中华优秀传统的弘扬和继承，作为新时代青年要为其继承和发扬作出自己的贡献。

“四轮驱动”齐聚力 基层团支部培育计划

——针灸推拿与康复学院基层团组织建设示范工作

阳　飘

一、实施背景

2022年10月16日，习近平总书记在党的二十大报告中指出：“青年强，则国家强。全党要把青年工作作为战略性工作来抓，用党的科学理论武装青年，用党的初心使命感召青年，做青年朋友的知心人，青年工作热心人，青年群众引路人。”同年4月，国务院印发《新时代的中国青年》白皮书，以习近平同志为核心的党中央高度重视共青团工作，尤其重视抓团的基层建设。习近平总书记指出：“青年在哪里，团组织就建在哪里。”深刻阐释了加强基层团组织的重要性。青年是整个社会中最积极、最有生气的力量，国家的希望在青年，民族的未来在青年。中国青年始终是实现中华民族伟大复兴的先锋力量。

团的基层组织是团的机体细胞，是团的根本所在，基础不牢、地动山摇。基层是团的力量之源。只有基层团组织坚强有力，青年团员发挥应有作用，团的根基才会牢固，团才会有战斗力。着力建设好基层，开展团的活动，培养新一代的青年，是提高我院团组织创造力、凝聚力、战斗力的重要保障。

同时，中国共产主义青年团是中国共产党领导的先进青年的群团组织，是广大青年在实践中学习中国特色社会主义和共产主义的学校，是中国共产党联系青年群众的桥梁和纽带，是中华人民共和国的重要社会支柱之一，也是中国共产党的助手和后备军[1]。团组织应该充分发挥“推优”职能，把有能力、有热情、有思路、有原则的团员发掘出来并担任团内职务，通过团组织职务上的锻炼，进而有计划、有目标、有选择地推荐优秀团员青年入党，促使青年人才实现由团入党的顺利输送，使团组织的桥梁纽带作用更加突出[2]。基层团组织的建设直接影响到基层党组织的建设和发展。

另外，当代团员青年求知欲强，成才欲强，信息获取量大，渴望实现自身的价值与理想，力争成为祖国社会主义建设的支柱，是当代中国青年精英群众的重要组成部分。高校基层团组织作为青年大学生集聚交流学习的重要平台，为青年大学生创造了不断提高自身核心竞争力的良好环境。在这种新的形势下，充分发挥团组织的职能，对提高我院共青团工作科学化、制度化、规范化的水平，全面推进我国高校素质教育和培养社会主义建设者起着重大作用[3]。因此，加强学院基层团组织建设就显得尤为重要。

与此同时，国家对各基层团组织工作也提出了更高的要求。我院就如何加强学院基层团组织建设，保证对青年大学生的思想工作不断线，服务青年成才成长，不断更新不断完善团内活动。就目前来看，我院基层团组织设置相对健全，且能根据自身专业特点和学生实际，按照要求及时组织开展中小型团日活动或承办校级活动。我院在党委领导、团委具体指导与全力支持下，有明确的发展目标和相对完善的规章制度。积极推动团日活动创新开展，整合各种资源，将思想政治教育融入其中，用新时代青年普遍接受的形式开展活动，争取取得较大影响力。

二、典型做法和实施过程

我院分团委在学院党总支的正确领导下，在学校团委的关心与指导下，以学术科技建设、创新创业建设、专业特色建设、社会实践平台建设、学生会内部建设、特色成长辅导平台建设等为工作重点，紧密围绕学校和学院中心工作，不断加强共青团自身建设，增强共青团组织的凝聚力和号召力，做好党的助手和后备军。坚持德育首位，充分发挥联系青年学生的桥梁与纽带作用，构筑青年学生的精神支柱，着力提高青年学生的思想政治道德品质。

（一）思想政治工作常抓不懈，团员青年的政治觉悟和思想水平不断提高

1.推优入党，做好党的助手和后备军。一年来分团委认真做好推优工作，协助党支部开展两期入党积极分子培训工作。其中，第五期培训班学员共计144人，含针灸推拿与康复学院学生138人，国际教育学院教职工1人；马克思主义学院研究生5人。第六期培训班学员共计142人，含针灸推拿与康复学院学生129人，第一中医临床学院10人，审计处1人，科技创新中心2人。向党组织推荐了一批在工作和学习中涌现出来的优秀团员青年，学院现有在校学生党员共127名，预备党员141人，发展党员87人，2021—2022学年共培训入党积极分子291人，转正党员137人。

2.深入开展主题教育，积极推进团的思想政治教育工作。开展新生“倾耳

团日活动

于心，力学笃行”德育答辩系列活动，在657名新生中，每班择优推选2名同学共28名同学参加比赛，最终选出12名获奖选手；组织“诚信备考，杜绝作弊”教育活动；举办“崇德尚能，雄辩针康”辩论赛，共计14支队伍69名选手参赛，决出3支队伍14名优秀选手；策划“红心耀党，筑梦远航”党团风采秀、“携针入杏林，仁术复安康”班主任任职仪式暨新生教育大会等主题团学活动，“团的青年运动史”“喜迎二十大，奋进新征程”等团日活动，由学院拟定主题，各班以班会、校内外实践等形式贯彻活动主题进行线下活动，加强了同学们的思想建设。学院通过组织知识竞赛等方式，吸引同学们更加积极主动地去了解相关内容。各班团支部积极响应院校号召，开展活动形式丰富多样，充分体现了各班团支部的自主创新意识，取得了良好的教育效果。

（二）校园文化建设蓬勃开展，营造学院良好人文氛围

我院团委、学生会为营造良好的人文氛围，形成健康、高雅、和谐的校园文化，促进同学们相互切磋和交流，继承创新地开展了一系列特色活动。一年来，围绕学术科技、文化娱乐、体育竞技等多项主题，力争打造高质量高水准的精品活动。举办了“戎马规途，职聘疆场”职业生涯规划大赛，促进我院学生思考未来、规划人生。主办“针康风采，衣展芳华”班服设计大

班服设计大赛

赛，不期而“寓”“寝”有独钟寝室文化大赛，“新生杯”篮球赛，“同心同行，共绘精彩”新老干事见面会等系列活动来加强同学们对学院、班级的归属感、认同感，让大一新生迅速适应大学生活，彰显青春活力。

（三）增强服务意识，构建志愿服务工作新体系

1.我院社会实践部立足专业特色，目前约有师生志愿者130人，平均每年服务3 720人次。每隔两年定期开展针灸技能大赛与推拿功法大赛，激励针康学子在专业领域发挥特长、实现自我价值。每一学年均会组织60~70位骨干精英开展红色筑梦艾灸行、中医药文化进校园等活动，将书本知识与投身社会实践活动相统一，坚持实现自我价值与社会价值相统一；弘扬中医文化，普及中医知识。每年定期开展2次“校内药植园志愿服务”“社区书馆志愿服务”“唐氏综合征儿童善款筹集义卖”等一系列活动，每次选出30余名优秀志愿者参加，积极响应学院打造“三融”志愿服务模式，将团建融入校园、融入社区、融入社会。宣传志愿者服务的组织精神，促进公益事业在校园内的开展、公益精神在学生中的推广和树立。从2015年至今，我院每年都会组织人员赴长沙各社区开展热心公益、助困助残等志愿服务活动，服务人次达1 500人。在校内，每月定期举行义诊，服务对象面向全校师生，每次服务人数可达200人。同时，我院注重文化宣扬，雷锋月活动期间，组织20名志愿者走入养老院举行义诊，将中医文化带进社区，获得一致好评和良好的口碑。受过针康院合谷园报道，获评爱心团体、优秀志愿服务团队等称号。

2.2022年是中国共产党第二十次全国代表大会召开之年，是迈向全面建设社会主义现代化国家，向第二个百年奋斗目标迈进的关键之年。我院师生积极响应上级党委组织的号召，自觉从党的重大成就和历史经验中增长智慧，用实践充实自己。2022年7月9日至22日，学院组织6名专家、67名学子兵分两路开展了为期15天的“针青年艾灸行，助力乡村振兴”暑期“三下乡”活动，切实将所学专业知识付诸“全民健康”和“乡村振兴”战略的具体实施。实践团分为两支社会实践小队，一支社会实践小队奔赴湖南省湘潭市雨湖区鹤岭镇中心卫生院开展一系列以义诊为主体的社会实践，另一支社会实

“针青年艾灸行，助力乡村振兴”2022暑期“三下乡”社会实践活动

践小队奔赴湖南省永州市宁远县鲤溪镇永安完小、柏万城完小开展以支教及乡村调研为主体的社会实践。本次“三下乡”活动我团队共向湘潭市雨湖区鹤岭镇中心卫生院捐赠了中医灸疗器具、穴位敷贴药物、磁疗热贴等总价值10万余元的医疗物资，义诊共接诊患者800余人，并免费向当地居民发放标准穴位贴、督脉灸艾炷、热奄包等药物和敷料合计10万余元；支教队共支教300余名中小学生，开展课堂学习和中医药文化知识普及，向湖南省永州市宁远县鲤溪镇永安完小、柏万城完小捐赠和发放中医药书籍、教学用品、艾灸、小药箱、生活用品等总价值5万余元的教育物资。同时我团队在“三下乡”社会实践中开展流调实践及党史宣讲，乡村振兴实地调研等活动，共收集乡村振兴调研问卷400余份，乡村留守儿童调研问卷300余份，党史故事及健康知识宣讲观看人次共达到1 500余人。我团队与高圣公司、卫生院及学校搭建了长期联系，构建校企合作资源。连续14年支援建设乡村小学，发放中医药教材书籍，开展中医药教育进课堂活动。自2018年7月正式固定对口建设湘潭市鹤岭镇中心卫生院以来，我院帮助和支持卫生院的建设，我们在“中医特色凝练”和“中医特色发展”方面为基层医院提供了强有力的文化支

持和技术支持，帮助农村基层医院探索出了一条“中医兴院”的新途径，为基层群众“健康梦”提供了强有力的保障，受到医院和当地群众的一致好评。

（四）重视学术科技创新，支持学生自主创业

我院十分注重学生的学术科技和自主创业活动，广泛发动和组织学生参加课外科技立项、“挑战杯”竞赛、大学生创新创业大赛及社会实践等，积极配合校团委、科技处、大学生科学技术协会的各项工作，组织开展各项校内外科技创新活动。在各项比赛中，我院也涌现出许多科技创新团队，带动了整个学院的创新创业的发展，获得了第十七届“挑战杯”全国大学生课外学术科技作品三等奖、第十届“挑战杯”湖南大学生创业计划银奖，“星城杯”创新创业大赛校赛三等奖，“互联网＋”大学生创新创业大赛校赛二等奖、省赛三等奖等奖项。

同时，我院鼓励学生参与大学生创业项目，截至目前，学生获国家级专业技能和科技创新竞赛奖一等奖1项、三等奖2项、创新创业立项2项；省级一等奖2项、三等奖2项、学生团体二等奖2项、创新创业立项3项。

三、工作成效

（一）思政类

1.育人成效。知者行之始，行者知之成。我院一直以来都把青年大学习作为学生工作的重心，每周的青年大学习主题团课以及每一次的青年大学习特辑，我院都要求团员学生按时学习并做好学习笔记，每期学习率都在90%以上。在学院党总支的引领下，我院荣获“五四红旗团委”“优秀学生分会”等称号。另外，我院也十分重视每次的党课培训，每次均会安排我院优秀党员干部及党委书记为积极分子进行培训，为的是让他们更加坚定入党的初心。党课是基层组织进一步提高入党积极分子的政治理论水平，加强党员发展工作质量的重要载体。党课培训是我院对想要加入中国共产党的同学们的一次精神洗涤，旨在为我党选拔更优秀的人才、注入新鲜的血液。

2.社会影响。在过去的几年中，我院荣获“五四红旗团委”等荣誉，这是对我院团学工作开展的肯定。每次的入党积极分子培训班，我院均会派经验丰富、了解党史的优秀党员为积极分子授课。每次学校开展的党课培训，我院均会积极配合，让每一次的党课培训都完美展开，每一次都能让学员们收获更多党史知识，更加坚定入党初心。一次次的党课开展，明确了我校我院对这批渴望加入中国共产党的青年们的要求，让更多的青年学生想要加入中国共产党、为祖国蓬勃发展的事业添砖加瓦。

五四红旗团委

3.推广情况。截至2022年12月，我院公众号“合谷园特色成长辅导室”WCI指数稳居我校二级学院团委微信公众号排行榜前三，并有数篇推送脱颖而出，被选为“优秀单篇”。我院会在此基础上更加努力，让我院广大青年团员更加自主参加青年大学习、爱上青年大学习。我院也十分重视党校培训的推广，让越来越多的团员青年了解党校培训是加入中国共产党的重要环节。

（二）实践类

1.育人成效。每年我院均会响应国家号召，深入学习贯彻习近平总书记关于青年工作的重要思想，开展青年暑期“三下乡”社会实践活动。让青年从实践中体会到作为新时代青年所要承担的责任。锻炼学生的实践能力，提高其综合素质，让当代大学生的社会实践能力得以锻炼，将所学的理论知识与社会实践相结合，不断完善自己，努力做到“学以致用”。同时，“下乡”这一做法，让团队成员在不断学习专业知识、提高自我素养、完善品格的同时，在一言一行中，也向居民普及、宣传中医药文化，让更多的人了解中医这个流传几千年的传统文化典范，传播正能量，宣扬专业知识文化。为社会的发展献出自己的一份力量，给更多的留守儿童带去知识、爱与温暖，带去更多的医学知识，并鼓励他们努力学习，走出大山，学成归来为自己家乡的发展作贡献。

2.社会影响。我院“三下乡”暑期社会实践活动以本地医院为依托，以针灸、推拿、康养、伏贴治疗为专业特色，持续开展为期一周的义诊、三伏贴、健康知识讲座、“中医药文化进乡村”等系列活动。其中，“三伏贴”作为极具特色的传统中医疗法，在“三下乡”社会实践活动中受到当地居民的强烈认可。每年的“三下乡”暑期社会实践活动均送出“三伏贴”三千余张。与此同时，我院心翼支教队也会前往永州市宁远县鲤溪镇的两所乡村小学进行支教。支教队员用生动有趣、通俗易懂的话语向小朋友们讲授中医药知识，将中医文化带入校园，让更多的小朋友接触中医，了解中医，学习中医，传承中医。

3.推广情况。重视宣传报道，在实践育人中打造“互联网+社会实践”线上平台，建立新媒体宣传矩阵，扩大实践活动的社会影响。我院“三下乡”暑期社会实践活动以实地考察、调查研究和加强社会关注等方式，积极探索“校—院—乡”联动模式，通过发送QQ空间、朋友圈、微信公众号、视频号、校院官网、红网、湘潭电视台等主流媒体进行报道和宣传，目前累计浏览量达到十几万次，点赞量达3万余人次。

（三）科创文化类

1.育人成效。我院每年均会配合学校开展大学生创业计划竞赛，引导和激励学生通过广泛的社会实践、深刻的社会观察，不断增强对国情省情社情的了解，激发创新精神，培育创业意识，提升创业能力。每个学期我院均会开展一系列学生文化活动，“班服设计大赛”增强了新生班级凝聚力，焕发集体活力，彰显大学生的青春个性，展现了新生各班的班级特色；“消防安全演练”全面提高各单位查改火灾隐患、扑灭初起火灾及逃生自救能力，为广大师生员工的工作和生活提供强有力的安全保障，尽可能地预防和减少火灾事件的发生；“新生杯”篮球赛为新生班级搭建切磋球技的平台，让我院新生班级的凝聚力更强；“军训动员大会”让同学们形成正确的世界观、人生观、价值观，培养良好作风，磨炼意志品格，提高综合素质……每一年的学生文化活动均会让同学们在学院里感受老师的关爱、同学的友情，让同学们有能够展示的舞台，更加适应大学生活。总的来说，我院的学生文化活动培养了学生的主体精神和自主学习能力；开发了学生的潜在能力，培养了学生的个性和创造力；培养了学生的组织、合作、礼让等社会交往能力；拓宽了学生的知识面，增强了学生的社会责任感。

2.社会影响。当今世界是飞速发展的世界，为贯彻新发展理念，我院的科创类活动紧跟时事，为我院学生搭建更大更广的展示平台。每年科创类活动报名人数均比上一年有所提高，获奖人数及获奖等级也在逐步增加和提高，大学生的科创素养不断提升。学生文化活动影响广泛，营造了良好的人文氛围，形成健康、高雅、和谐的校园文化，促进了同学间的相互切磋和交流，继承创新地开展了我院的一系列特色活动，全方位、多层次地向老师同学们展现了当代大学生的风采。

3.推广情况。我院“合谷园”公众号每次均会及时更新报道科创文化活动的进度及结果，并配合学校宣传，成为学院学生了解学校、学院时事的重要渠道。

四、工作思考与下一步计划

回首过去，我院团支部在思政、实践、科创、文化等方面取得了良好成绩。同时，我们也清醒地认识到，我们的团学工作还存在一些不足，我们的工作成绩与校党委、校团委的期望相比，仍有较大的进步空间，对此我们做出以下思考与计划。

（一）夯实团的基础建设，实现常规工作新突破

学生团员是我院团组织工作和战斗力的重要基础，抓好学生团员的管理是我们做好团学工作的着力点。在过去一年的团学工作中，所有的相关团学任务我们都完成得较为理想，但同时我们也发现了存在的不少问题：如青年

大学习学习率难以进一步提高，团员的意识不明确，对团的基础知识不熟悉，班级团支部凝聚力不够强等，所有这些都直接或间接地影响到我们团队工作开展的力度与效果。

因此，在今后的日子里，很有必要将健全团的组织基础作为工作的一个重点，通过加强团队基础知识的学习，增强班级团支部的凝聚力，加大学生干部的培训力度，拓宽团的工作领域，以团带队，团与队之间活动互相渗透，加强团队工作的一体化，争取在团的建设等方面有新的突破，并取得较大的发展。具体措施如下。

1.抓好团员和团干部、团员积极分子的培养和考核，创建学习型团组织，定期举办团干部业务培训，使团干部规范有序地开展工作，并积极参与学校常规管理，以此调动学生干部的工作积极性、创造性，使之成为团委工作的助手，成为与学生沟通的桥梁。

2.抓好新团员的考核审批工作，做好本学期新团员的培训工作，分批发展新团员，同时做好毕业生团员的转出及大一新生团员的转进工作，及新支部的组建工作。

3.开展主题教育，推动团学工作。把活动开展与发生在我们身边的人和事相结合，让学生明白成人意味着光荣与责任，作为在校生更应端正学习态度，树立远大理想和志向，努力去提高自身的综合素质。

（二）加强实践科创支持力度，开启创新发展新篇章

于大学生而言：力行而后知之真。“三下乡”“大创”和“互联网+”等活动是连接学校与社会之间的桥梁。在这些活动当中我院取得了一定的成就，但同时也存在一些不足之处，如：结果重于过程，兴趣引导不足；宣传大于指导，支持力度不足等。对此我们有以下展望。

1.兴趣保护，为全员科创打造基础。形成从大学一年级到四年级的全员科创模式，逐渐形成金字塔形的培养模式，发掘真正对科创感兴趣的学生并加以培养和训练：一年级成立科创兴趣小组，二年级参与校级竞赛，三年级成立科创团队参与校级以上竞赛，四年级参加教师的科创项目。以阶梯式的

人才培养模式开展大学生科创的培养工作，让有兴趣的同学找到科创的大门、探索科创的路径、发掘科创的潜力，把科技创新的思想和理念潜移默化至学生心里，真正实现科创活动的全员化。

2.能力提升，建立动手实践平台。在兴趣维护的基础上，为防止学生畏难情绪和退缩行为，需以学科竞赛、专业社团以及科创兴趣小组为实践平台，全方位、多角度地培养学生的科创能力。依托班级建立科创兴趣小组，以简单易操作的科创形式，鼓励指导学生自己动手尝试。学生在各种实践平台找到突破口，增加动手能力，最终提升科创能力。

3.资源整合，形成师生联动机制。可以让专业教师作为班导师进班级，高级职称教师作为科创导师进项目组；每个高年级科创小组负责传帮带4~6名对科创感兴趣的低年级学生，进行科创项目的启蒙指导；由研究生担任科创兴趣小组的科创导师，协助低年级本科生科创兴趣小组展开科创工作。

4.制度完善，项目全程跟进保障。有效的师生沟通建立在完善的制度之上，可制定大学生科创项目的跟踪管理机制和日常检查制度，对学院内全体科创项目实行实时管理、实时跟踪。

（三）强化校园文化建设，营造文化发展新环境

校园文化是高校不可或缺的一部分，是在长期实践过程中逐渐形成的具有鲜明特色的标签，更是彰显学校学生思想观念区别性的重要标志和学校最生动、最鲜明的名片。我院举行的各种活动，如：“班服设计大赛”“党团风采秀”“十佳歌手”等，都很好地体现了我院学子的良好文化风貌。但同时也存在学生参与度不够广泛，活动宣传力度不够等问题。

对此，我们将进一步加强宣传力度，坚持全员参与，突出主体性和实效性，健全完善各项管理制度，营造学习氛围浓厚、创新意识强烈、身心愉悦的工作、学习和生活环境；加强校园网络文化建设，充分发挥网络等新媒体在校园文化建设中的重要作用，利用校园网站、论坛、微博、微信群、QQ群等媒介，开展融思想性、知识性、服务性于一体的校园网络文化活动，使网络成为思想政治教育新阵地。

潮平海阔，千帆竞发。新时代继续筑梦播火，新时代坚持领航征程。本院团学工作将积极引导青年学生坚定理想信念，培育高尚品格，以勤修身、以学笃志；紧跟时代和社会前进的步伐，学以致用，知行合一，乘承“文明求实，继承创新”的校训精神，“行程万里，不忘初心；坚定信念，一脉相承”，为描绘湖南中医药大学的美好篇章培养一批又一批优秀青年学子，为实现中华民族伟大复兴的中国梦输送一批又一批中坚力量。

参考文献：

[1] 惠靖森.新形势下加强高校基层团支部建设机制研究[J].知识经济，2018（04）：151-152.

[2] 袁文彬，刘超，李萌.从党团关系角度论述新形势下党建带团建[J].改革与开放，2013（12）：29.

[3] 杨文金，黄锦煜.新形势下高校基层团支部的建设和发展[J].湖北广播电视大学学报，2011，31（06）：39-40.

提升“三力一度” 持续推进五项“青春行动”

——中西医结合学院基层团组织建设示范工作

郑 瑞 傅维劼

一、实施背景

中西医结合学院团委在学校党委的正确领导和上级团组织精心指导下，以习近平新时代中国特色社会主义思想为指导，深入贯彻落实习近平总书记关于青年工作的重要讲话精神，坚持改革创新，强化思想引领，引导青年、凝聚青年、激励青年、服务青年，促进青年大学生全面发展，为学校跻身国家“双一流”高校行列贡献青春力量，着力培养担当中华民族复兴大任的时代新人，以优异成绩向党的二十大献礼。

我院始终坚持“心系青年、团结青年、引领青年”的工作理念，以加强思想引领为主导，以提高青年学生综合素质为主线，以丰富多彩的主题活动为依托，以服务广大青年学生成长成才为根本，求真务实，锐意创新，与时俱进，学院团学工作不断开创新局面，连续多年荣获校级“五四红旗团委”表彰。

二、典型做法和实施过程

（一）坚持理想信念重于山，不断提升“引领力”

学院以学习宣传习近平新时代中国特色社会主义思想为主线，组建学习小组，组织学习《习近平与大学生朋友们》等青年读本，创新开展庆祝新中国成立70周年、中国共产党成立100周年、中国共产主义青年团成立100周年系列活动，通过讲好青年习近平成长故事，开展“讲述青年毛泽东故事荟”快闪视频大赛；开展党史故事宣讲、“学宪法、讲宪法”演讲比赛，更生动地推进党的创新理论、党和国家伟大成就知识学习进支部、进班级。全院团员青年学习主动性显著提升，青年大学习学习率大幅增长，同学们的爱国之心、报国之情、强国之志日益高涨，自发开展爱国主题班会，“四个意识”更加坚定，“四个自信”不断增强，坚定捍卫“两个确立”，坚决做到“两个维护”。

（二）坚持打铁还需自身硬，不断提升“组织力”

1.持续推进基层团组织规范化建设。我院积极落实《中国共产主义青年团支部工作条例（试行）》，开展基层团组织对标定级、先进性评价工作，规范“三会两制一课”、团组织关系转接、团员发展注册等基础工作，指导各团支部规范召开团代会。毫不动摇地坚持党的领导，主动肩负新时代寄予青年的厚望，逐步健全团组织政治建设。通过团干部带头学，老师带头做，我院“智慧团建”“学社衔接”等基础团务扎实开展，团支部学习覆盖率始终保持100%；截至2022年11月15日，学社衔接率达到98%，稳居全校前三名。

2.不断开展基层团组织活力建设。基层团组织是院团委全部工作和战斗力的基础，加强基层活力建设是团委履行自身职责使命的内在要求，面对党对青年工作和共青团工作的新部署、新要求，学院积极开展“活力团支部”遴选工作，开展“优秀主题团日”活动评选、优秀先进班集体评选等。2021—2022学年获评校级先进班集体两个，校级优秀主题团日一个，在“五四表彰”中，获评活力团支部两个。在院内组织开展“中西之星”的评选，评选出“学习之星”“学生干部之星”等六位优秀同学，为广大同学树立榜样，

学生干部培训

发挥团学能动性。

3.继续加强团学干部队伍建设。通过规范团学干部的选拔、培养、管理，打造具有凝聚力、战斗力的学生干部队伍。为确保每一届学生干部队伍的传承创新，促进团学工作的有序展开，我院积极开展了新任学生干部专题培训，从政治思想、综合素质和业务素质三方面展开，“其身正，不令而行”，从实践中树立正确的人生观、价值观，以高标准严格要求自己。通过“传帮带”，持续提升学生干部在思想、学习、工作等方面的综合素养。帮助学生干部将学习内容“入脑入心”，做好团学干部的表率作用，在锻炼自己、提升能力的同时更好地服务同学，真正做到“从同学中来，到同学中去”，脚踏实地帮助同学们反馈问题、解决问题。

（三）坚持青春建功主战场，不断提升“服务力”

1.投身社会实践，助力乡村振兴。我院以“三下乡”“返家乡”等社会实践活动为抓手，结合政策宣讲、送医送药、产业调研、社区服务等形式多样的实践活动，引导青年学生走出校园、融入社会，号召广大团员青年积极向社区报到、向基层报到，积极投身精准扶贫和乡村振兴。学院学生在乡村社区等基层岗位上积极参与防疫宣传、秩序维护、医疗科普、爱心陪伴等志愿

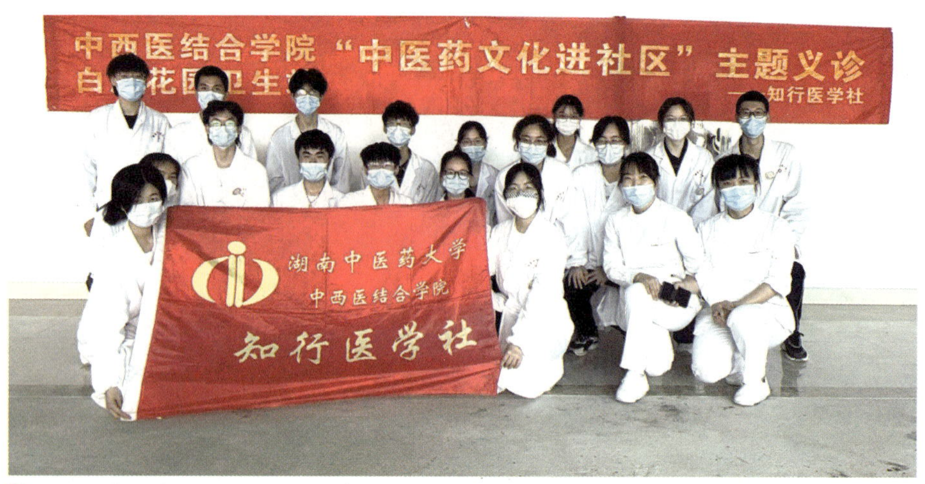

知行“中医药文化进社区”义诊

服务工作，积极开展义诊、医药卫生知识宣讲等公益活动。多次获评全省暑期“三下乡”社会实践活动优秀服务团队，2022年入选“三下乡”社会实践活动国家级重点团队，我院中医药下乡团“践行中医药科普，助力乡村振兴，护航‘全民健康’——以常德石门县壶瓶山镇鼓锣坪村为例”获评“芙蓉学子·乡村振兴”公益计划优秀项目，并在首届湖南省“芙蓉学子·乡村振兴”暑期社会实践活动中获评优秀团队，受到邵阳新闻、兴人社等媒体的相关报道，辐射面广、社会反响热烈。

2.致力志愿服务，奉献青春力量。我院常态化开展志愿服务，建立健全青年志愿者信息管理系统，青年志愿者注册达400余人，每年开展30余次校内外志愿服务活动，服务人民群众数千人。立足新时代、展现新作为，弘扬奉献友爱、互助进步的志愿精神，以实际行动书写新时代青年故事。与广厦新村、白沙花园、砂子塘等多个社区，长沙市红枫养老院、第一社会福利院等多家爱心地点建立长期爱心合作。

（四）坚持创新创业产成果，不断提升“创新度”

积极组织学生参加各级各类创新创业竞赛，近年在大学生创新创业训练计划项目中国家级4个、省级9个、校级7个项目成功立项、结项；荣获“互联网+”全国铜奖、省级三等奖；“挑战杯”中荣获国家三等奖、省赛三等奖；

在多个学术期刊上发表论文，“远志杯”竞赛中，斩获团体二等奖；第四届全国大学生基础医学创新论坛中斩获团体三等奖等诸多奖项。2021年“中西医结合学院青年志愿者团”荣获湖南省第三届大学生社团就业创业能力挑战赛年度季军、最佳组织奖等。

三、工作成效

（一）大学生思想引领、价值引领核心工作持续强化

1.思想政治教育取得新成效。“主题教育有序开展，爱国主义情怀厚植于心。”2021年，中西医结合学院团委组织各班级团支部以“学习领会贺军科同志在学习习近平总书记‘七一’重要讲话精神专题读书班上的报告和讲话”“第21个全民国防教育日”“学习领会团省委书记李志超在我校调研时的讲话精神”“学党史，强信念，跟党走”“学习贯彻党的十九届六中全会精神”“党的青年运动史”“建团100周年大会精神”“入团仪式——重温入团誓词”等为主题集中开展了8次团课，覆盖全院所有基层团支部和全体团员学生，密切了各团支部的联系，提升了青年团员的整体素质。通过线上线下青马培训等形式，加强学生骨干培养，拓宽学生视野，增强学生自我管理、自我服务意识。在湖南中医药大学2021—2022学年“五四”表彰中，中西医结合学院团委荣获“五四红旗团委”、中西医结合学院2018级中西医临床医学五年制2班团支部荣获“五四红旗团支部”、中西医结合学院2019级中西医临床医学五年制3班团支部荣获“活力团支部”等荣誉称号。在湖南中医药大学2021年“易班优课大学生党史教育学习知识竞赛”中，我院荣获“优秀组织奖”的荣誉称号。在湖南中医药大学2021年“学宪法，讲宪法”法治知识竞赛中，我院有4人获奖；在湖南中医药大学2021年“学宪法，讲宪法”主题演讲比赛中，我院有2人荣获优胜奖；在湖南中医药大学2021年“我与宪法”作品征集活动中，我院有1人获奖。在湖南省学生联合会、湘潭大学、马栏山（长沙）视频文创园管理委员会联合发起举办的“青春之歌 于斯为盛”

马栏山青年大学生视频文创节中，我院1人的作品荣获省级“百佳作品”奖。

2.新媒体工作取得了新进展。面对互联网和新媒体的冲击，针对新时代大学生的突出特点，拓宽宣传渠道，形成思想政治教育合力。一是充分利用宣传栏、展板等线下平台广泛宣传党的二十大精神、习近平新时代中国特色社会主义思想、建团100周年习近平总书记对于青年学生的寄望以及校情校规教育相关内容，并结合开学季、毕业季、五四青年节、“防电信诈骗”宣传日等节点和主题设计时尚新颖、内容丰富的海报条漫，传播政治思想正能量。提升传统育人渠道宣传水平，营造良好的育人氛围。二是大力抢占新媒体阵地，微信、QQ多方构建院级新媒体宣传网络，不间断推送思想政治教育、创新创业、志愿实践等相关内容，以时尚的元素、生动活泼的形式与内容吸引全校学生学习党的二十大精神、习近平新时代中国特色社会主义思想 、共青团改革相关理论，引导大家广泛参与学科类、艺术类竞赛、社会实践与志愿服务相关活动。对思想政治教育内容进行全面把控，使媒介传播覆盖更广、影响更大。其中学院团学新媒体公众号原创作品数量达110余条，全年累计关注量为5 617人次，总阅读量达75 000余次。线上线下宣教工作齐头并进，大大增强了对青年学生的有效联系、服务与凝聚，提升了院级团委组织的号召力和影响力。

（二）实践育人路径进一步拓展

1.日常志愿服务与实践丰富多彩。2021—2022学年中西医结合学院进一步完善了志愿者招募和注册制度，学生志愿者注册人数已达400余人。学院青年志愿者团、知行医学社日常志愿服务实践常态化开展，立足校园，以创建文明和谐校园为契机，设计策划了“校园旧物回收利用”“爱自己，爱他人，爱环境环保知识宣讲”“中西医结合学院师生义诊”“与艾同行——艾灸讲座”等志愿活动。先后与天心区广厦新村社区、白沙花园社区和赤岭路社区三个社区建立长期合作。在校外开展了“长沙高铁南站服务旅客”“红枫养老院看望老人”和“长沙市第一福利院看望儿童”等志愿活动。学院知行医学社在校外多次开展“中医药文化进社区”主题义诊、“九九重阳关爱老人”志愿服务，院内志愿活动全年累计参与学生达600余人。同时学院青年志愿者团被评为2021年度湖南省第三届大学生社团就业创业能力挑战赛年度季军和最佳组织奖，多次被长沙市第一福利院评选为优秀志愿服务队，在参加志愿活动的同时，也丰富了自己的学习生活。

2.暑期社会实践育人成效持续巩固和深化。2021年中西医结合学院院团委组织发动全院大学生暑假期间按照“就地”“就近”原则开展了社会调查、专业见习、政策宣讲、劳动锻炼等社会实践活动，要求所有同学撰写了实践报告或心得体会，学校统一进行了收集登记并纳入学分管理。同时，2021年暑期学院开展以“永远跟党走，健康新农村”为主题，共组织选拔26名大学生，在10名教师带领下奔赴省内外偏远乡村开展了为期3天的文化科技卫生“三下乡”社会实践活动。实践团队广泛开展党史宣传教育，积极参与共建和谐家园，充分利用专业优势帮助更多的人摆脱“因贫而病，因病而贫”，积极走访调研，契合国家发展要求和时代背景，对接乡村振兴战略，各团队实践活动紧跟新时代要求，充分发挥学校师范教育办学特色与优势，突出教育扶贫，对接国家乡村振兴战略，投身于“社会主义新农村”建设，得到了兴人社等主流媒体的广泛关注和报道，进一步彰显了我校大学生暑期“三下乡”社会实践工作的品牌形象和社会影响力。团队被授予湖南中医药大学暑期“三下乡”优秀团队，团队1名指导老师被授予湖南省暑期“三下乡”优秀指导者，8名同学被授予湖南中医药大学暑期“三下乡”优秀个人。

（三）学风建设迈向新高度

1.加强学风建设，全面贯彻党的教育方针，也是检验团委思想政治工作成效的风向标。习近平总书记在全国高校思想政治工作会议上强调，思想政治工作贯穿教育教学全过程，实现全程育人、全方位育人，必须围绕学生、关照学生、服务学生。加强“第二课堂”供给侧结构性改革，发挥实践活动教学作用，充实大学课余时间。从学校整体角度出发，从学院专业特点出发，学院策划开展高水平高质量第二课堂活动。中西医知识竞赛：作为未来社会主义强国建设的主力军，在校大学生应当有着扎实的书本理论基础的同时，也要参与到实践活动中去，将自己的所学融入实践。经过院团委的大力宣传，

微课堂决赛

19级、18级学生踊跃报名参赛，有12支队伍进入复赛，6支队伍进入决赛，并取得优异成绩。该竞赛也成功申报学校特色学院竞赛之一，培养和提高了同学们对专业知识的掌握和运用，激发了其学习热情，有助于同学们发挥榜样模范带头作用，拓宽知识面，并增强同学们的实践能力和团队协作能力。

微课堂大赛：中医药作为中华优秀传统文化，为积极推动中医药文化知识的传播，推动传统医学与现代医学知识的结合和创新，我院积极开展“微课堂专业授课大赛”。该竞赛广泛面向中西医结合学院全体学生，累计收到作品68份。营造了学院浓厚的学习氛围。

2.学生获奖。（1）学术科研类：获湖南省优秀硕士论文1项；校级优秀硕士论文1项；学生获第十四届“挑战杯”湖南省大学生课外学术科技作品竞赛一等奖2个，三等奖3个；学生获第十四届“挑战杯”湖南省大学生课外学术科技logo设计大赛二等奖；学生获第十四届“挑战杯”湖南省大学生课外学术科技大赛省级优秀志愿者。（2）创新创业类：学生获湖南“大健康”中医药创新创业大赛二等奖、三等奖各1项；我院青年志愿团获湖南省大学生社团就业创业能力挑战赛季军。（3）校园文化类：学生获全国大学生舞龙舞狮锦标赛规定套路第二名、第三名；学生获湖南省大学生啦啦操比赛第一名；学生获国家级征文比赛优秀奖；学生获省级词达人杯个人特等奖、一等奖、三等奖。

舞龙舞狮锦标赛

四、工作思考与下一步计划

（一）实施以思想引领为核心的“青春领航行动”

用理想信念教育感召青年。紧扣建党100周年、建团100周年，重点开展好主题团日活动，强化主题宣讲、强化仪式感召、强化榜样带动、强化氛围营造，让全校团员青年在活动中接受理想信念熏陶，增强听党话、跟党走的政治自觉、思想自觉、行动自觉。运用好范家祠堂、何叔衡故居等红色资源，在广大青年中深化“不忘初心、牢记使命”主题教育和“青春心向党、建功新时代”教育实践活动，让信仰的火苗在广大团员青年心中熊熊燃烧。

用党的科学理论武装青年。聚焦政治理论素养提升，引领团员青年牢记习近平总书记教导，开展好“主题教育”，引导团员青年深入学习习近平总书记系列重要讲话精神，学习并宣传贯彻习近平总书记系列重要讲话精神进支部、进社团、进网络、进团课，突出做好党的二十大精神和学校第四次党组织成员会精神的学习宣传，提高青年学生理论学习研究的思想自觉性，促进理论学习规范化、常态化开展，把中国特色社会主义制度的科学性、先进性、优越性讲深讲透讲实，把制度自信的种子播撒进广大团员青年的心灵。

用持续深化的学习浸润青年。持续深入抓好“青年大学习”，进一步完善校、院、团支部三级督学、促学、交流机制，提升团员青年网络学习参与度。将“青年大学习”纳入团内推优、团员教育评议、五四评优等日常考核，力争各院团员学习率达到95%以上。推动落实《关于深入实施青年马克思主义者培养工程的意见》，进一步发挥青马学员引领示范作用。

（二）实施以网络团建为核心的“青春上线行动”

建立以公众号为中心的新媒体矩阵。着力强阵地、建队伍、发声音、搞活动、做产品，努力构建团网深度融合、团青充分互动、线上线下一体化运行的“互联网+共青团”工作格局。以“中西团学之窗”公众号为中心，围绕着微信公众号开设视频号、抖音号及微博的新媒体主线建设。同时联动各院二级团委新媒体平台，建设成“一线多点”的校园团属新媒体矩阵。充分发挥校院两级新媒体平台矩阵优势，形成特色专栏，研发高效高质的原创产品，利用好新媒体阵地资源，做好网上共青团宣传思想工作。

加强意识形态管理和宣传工作。贯彻落实《高校共青团舆情发现研判处置工作指引》《突发学生群体性事件应急处置预案》，聚焦重点群体、重要事件、重大节点，及时应对处置突发事件。严格开展团属新媒体意识形态管理等自查自纠工作，严格把关“三微一端”宣传内容和各项活动内容，着力提升网络团建和思政育人水平。

（三）实施以从严治团为核心的“青春强基行动”

全面落实从严治团各项要求。落实《新时代全面从严治团实施纲要》，以改进专职团干部、教师团干部作风为重点，带动兼职团干部、学生团干部和广大学生团员锤炼严实作风，树立清新形象。严格执行《中国共产主义青年团纪律处分条例（试行）》等团内规章制度，进一步严肃团的纪律、纯洁团的组织。

持续加强团的基层组织建设。推动落实《中国共产主义青年团普通高等学校基层组织工作条例》，强化团支部政治教育功能，落实“三会两制一课”机制，普遍开展推优入党工作，每年“推优入党”率不低于95%。定期开展团支部“对标定级”，全面实施团员先进性评价激励、团内荣誉激励等机制，选树基层团支部典型，开展结对共建、团支部书记培训等工作。

着力完善“第二课堂成绩单”制度。推进“第二课堂成绩单”制度全面融入“三全育人”和“大思政”工作格局，重点提升实施质量和应用效果。建立常态化工作经验交流会，健全“学校—学院—班级”三级预警督促机制，2023届及以后毕业生第二课堂达标率在每年年底不低于80%。

不断强化学生组织的指导和管理。充分发挥校学生会、研究生会的主体组织作用，积极探索各级学生组织参与校园治理的新模式，发挥他们的桥梁纽带作用和自我教育、自我管理、自我服务、自我监督优势。落实《中国共产主义青年团干部教育培训工作条例》，面向校院两级主要团干部，每年开展不少于4次团干部培训。落实团干部上讲台讲团课机制，推动形成团内良好学风。选好配强学生团支部书记，每学期实行团支书面向支部成员述职评议工作，举办新任团支部书记培训班与团支部书记技能大赛，切实提高基层团干部工作水平。

（四）实施以服务成长为核心的“青春添彩行动”

持续丰富实践育人载体。以“三下乡”“返家乡”等社会实践活动为抓手，引导青年学生走出校园、走进社会，号召广大团员青年积极向社区报到、向基层报到。建立一批校内外劳动教育实践基地，争创省级“三下乡”社会实践活动基地，持续推动校地联动实践育人工作。深入实施大学生志愿服务实践活动，面向全校做好每年西部计划志愿者宣传、招募、选拔、录用等工作，推动援藏、援疆西部计划志愿者重返高校宣讲政策、讲述故事，激励更多大学生加入援疆援藏队伍。

精心组织各类校园文体活动。以品牌活动为载体，提高校园文化品位，高质量举办校园文化艺术节、毕业生晚会、新生才艺大赛等活动。继续开展好中西医知识竞赛、微课堂大赛等品牌活动。持续改善团学活动的场地条件，给学生提供舒适宜人的活动空间。

（五）实施以担当奉献为核心的“青春贡献‘双一流’行动”

抓好学风建设，助力学校人才培养工作。以服务带学风，树立“全员育人”理念，全心服务于学生成长成才，深入实际、细致周到地将学风建设推向新高度。以榜样树学风，广泛发掘勤奋好学的朋辈典型，激励带动广大学生热爱专业、热爱学习，以先进促后进，大力加强学风建设的督查和考评，严抓过程开展和结果应用。以考风正学风，紧密围绕严肃考风、严明考纪的工作核心开展诚信教育、制度教育和警示教育，将正面示范与反面警示结合，引导学生诚信考试、诚信做人，为学校的立德树人提供坚强保障和有力支撑。

抓好创新创业竞赛，助力学校科研实力提升。营造创新创业氛围，扎实组织好“挑战杯”创业计划竞赛，充分调动学生参与大赛兴趣和积极性，广泛发掘社会资源，促进社会项目与学生竞赛项目深度融合，打造高质量项目参加省赛和国赛，力争在全国“挑战杯”大学生创业计划竞赛上取得突破性成绩。将创业竞赛作为切入点，促进校企深度合作，实现与创业项目、创业活动的有效对接，提高学生参赛项目质量。通过大赛锻炼进一步提高学生的科研能力，进一步推动学校科研与学科建设工作。

抓好大学生创业园提质升级，助力学校产学研发展。不断推进大学生创业园建设，搭建创新创业实践演练平台，推进校院联动，逐步构建学校投入、学院主抓、创业竞赛多元联动的组织模式，形成符合高校大学生创业实践专业特性和创业特点的训练场，实现创业竞赛、创业项目开发与学生专业发展的有机统一。进一步整合学校和企业力量，加强校企合作，对创业竞赛活动进行系统的规划和创新，并将大学生创业园作为创业竞赛相关项目的孵化基地，拓宽创业渠道，推动项目孵化落地，进一步产出成果。

抓文明校园建设，助力学校青年德育工作。我院将继续以大学生劳动教育为抓手，大力倡导文明校园建设，高度重视“文明修身”工作开展。结合学校实际，努力打造具湖南中医药大学特色的大学生思想道德素质系列活动，致力于构建校园秩序、创建和谐校园；积极指导广大青年学生开展理论学习、文明劝导、宣讲实践等各项内容，带动广大青年学生在参与校园建设、争当校园主人翁的过程中培育品德、增长才干，培养富有责任心、具有强烈的使命感和归属感的“湖中大人”。

“四轮驱动”聚青春力量 踔厉奋发育时代新人

——医学院团委建设示范工作

李帆影

一、实施背景

2022年是党的二十大召开之年，也是中国共产主义青年团成立100周年。对于青年工作，习近平总书记在党的二十大报告中指出：“全党要把青年工作作为战略性工作来抓，用党的科学理论武装青年，用党的初心使命感召青年”。新时代标明新方位，新征程提出新任务。坚定不移跟党走就是中国共青团的初心，为党和人民不懈奋斗就是中国共青团的使命。作为共青团干部，我们充分认识到团的所有工作归结到一点，就是要当好党的助手和后备军。学习贯彻二十大精神，要大力发扬理论联系实际的学风。团委工作应与学生相结合，与当前教育主题相结合，与工作中遇到的热点、难点相结合，要想学生所想，急学生所急。真正将学生的根本利益落实在团委的工作实践当中。

团委是学校党委领导下的先进青年群众组织，是广大青年在实践中学习、成长的主要场所。团学活动影响和凝聚全体青年，促进学校学生的全面发展和育人工作的稳步提升，真正发挥了团组织的桥梁纽带作用。

在全新的发展形势下，在学院党委和校团委的领导和指导下，医学院团委以“坚持全员全过程全方位育人”为原则，以学生为中心，全面贯彻党组织和团委的指导方针及理念，从思想、教育、行动、落实等多个方面着手，初步形成了以实践育人、心理育人、文化育人、管理育人四轮驱动的新时代团学工作育人模式。

二、典型做法与实施过程

团委工作需要继承党的优良传统、鲜明特色，突出政治优势。为提高我院学生的思想政治水平，针对社会思政教育弱化、与新形势下现状相差较远、使用方法不当等问题，我院团委在院党委的正确引领下、在校团委的关切指导下，以团组织思政建设、学术科技建设、创新创业建设、专业特色建设、社会实践平台建设、学生会内部建设、心理辅导平台建设等为工作重点，不断提升我院学生的思政教育、专业素养教育和社会道德教育。

（一）党建带团建，以思想政治工作为抓手

1.严格入党程序，提高发展党员工作新水平。一年来分团委认真做好推优工作，协助党支部开展两期入党积极分子培训工作。其中，第十期培训班学员共计163人，第十一期培训班学员共计158人。向党组织推荐了一批在工作和学习中涌现出来的优秀团员青年，学院现有学生党员共287名，预备党员57人，发展党员87人，2021—2022学年共培训入党积极分子321人，转正党员181人。

2.积极开展主题教育活动，努力落实团的思想政治教育工作。组织同学们认真学习青年大学习。为迎接期中考试的到来，学院组织了“廉洁润心，诚信励行”主题班会，引导同学们加强自身修养，固本强基，时刻谨记廉洁与诚信，行稳致远。在党的二十大成功闭幕之后，各班积极组织班内同学认真观看“学习二十大 永远跟党走 奋进新征程”主题云课堂，学习党的二十大精神。举办湖南中医药大学医学院第十一届新生辩论赛，共计20支队伍80

位辩手参赛，经过辩手们的思想交锋，共决出5支队伍和1名优秀辩手。策划“百年逢盛世，青春谱华章”团支部评比大赛、“班主任任职仪式暨新生教育大会”等主题团学活动，“请党放心，强国有我”“学党史、强信念、跟党走”“喜迎二十大，奋进新征程”等主题团日活动，由学院拟定主题，各班以网络视频学习、网络平台交流、线上主题团课等形式贯彻活动主题进行学习，加强了同学们的思想建设。各班团支部积极响应院校号召，开展了形式丰富多样的活动，充分体现了各班团支部的自主创新意识，取得了良好的教育效果。各种主题教育深入开展，使得同学们深刻意识到要以中华民族伟大复兴为己任，为实现第二个百年奋斗目标贡献青春力量。

（二）推动人文建设，积极打造学院特色活动

马克思曾指出：“人创造环境，同样，环境也创造人。”院校人文素质教育，不仅要教给大家一定的人文知识，更重要的还在于培养人的人文精神。我院坚持以学生发展为本，创建以人为本的学院文化，构建以人为本的教育管理机制，形成民主和谐的学院氛围和融洽宽容的人际关系，使学院师生得

医学院第十二届班服设计大赛

到主动、积极的发展。我院团委、学生会以“繁荣校园文化、推进素质拓展、服务广大同学”为宗旨，依照“规范化、多样化、精品化”的部门发展思路，并在学院老师的带领下，扎实工作、锐意进取，积极开展众多立意好、质量高、影响大的学院活动。生逢盛世，当不负盛世。国家的希望在青年，民族的未来在青年，新时代青年当为新时代的团支部建设注入新的力量，用奋斗铺就青春的底色。为展现我们青年学子的时代风采，我院团委、学生会举办了许多丰富多彩的文化特色活动。在我们所搭建的平台上，同学们开始重视自身创新能力的培养，并尝试挖掘自己的设计才能，还在各个活动中展现出了团结一心的品质。如在班服设计大赛上，各个班级都有属于各个班级的特色，通过表演等形式将班服的设计展现得淋漓尽致，增强了同学们对班级的归属感与认同感；在辩论赛上，同学之间进行了思想碰撞，可以更好地了解对方的立场和观点，求同存异，达到更深层次的心理沟通；在趣味运动会上，同学们积极参加，既锻炼了身体，又得到了快乐，丰富了同学们的校园生活；在“浮光绘影”校园绘画摄影大赛上，同学们通过合作，以摄影和绘画的形式展现校园生活或反映生活中的问题，彰显了青春活力，引发同学们思考，鼓励同学们积极向上地面对生活；在“三下乡”社会实践活动中，让同学们致力于实践，亲身去体验、了解社会生活，形成乐于奉献、乐于助人、勇于奉献、勇于担当的良好人文氛围。并且我院紧跟时事，结合党的二十大开展了团支部评比大赛活动，看到了各团支部齐心协力、笃学不倦的时代风采，彰显了各团支部积极向上、勇于拼搏、响应时代号召的优良团风，突出了各团支部一心向党、紧跟潮流的优秀学风。还有诸多活动不胜枚举，而每项活动的开展都离不开团委、学生会每一个人的辛勤付出和同学们的大力配合。活动力求打造高质量的校园活动，增强学院凝聚力，营造学院良好的人文环境、浓厚的人文氛围，同时也促进了同学们之间的相互切磋和交流。

（三）培养服务社会意识，深化学生专业实践能力

我院社会实践部立足于所学专业，积极开展各项与专业相关的实践活动。鼓励同学们在学好专业知识的同时付诸实践，做到理论知识与社会实践“不

分家”。目前共有师生志愿者约154人，平均每年服务人数4 099人。在每个学年初始，组织60~70名志愿者开展新生军训服回收活动，每年每次活动所回收军训服约1 087件；在雷锋月期间，组织开展旧衣物回收活动，每次活动回收旧衣物约800件，并联系校外公益组织将所回收军训服和旧衣物全部捐出，鼓励同学们尽自己的绵薄之力去帮助有困难的人。每学期定期举办一次爱心月志愿者活动，在院内募集80~90名志愿者去养护院开展简单义诊服务和节目演出，并带去中医传统保健项目，如推拿、艾灸等，累计服务老年人约400人，在给养护院老年人送去温暖的同时引导大学生去了解社会、感受社会。同时，我院注重理论与实践相结合，提高同学们的实操能力。每学期定期在老师的指导下开展口腔义诊服务，约40名志愿者参与其中，他们发挥专业所长、积极配合老师并宣传口腔保护相关知识，每次累计服务同学约300人，与校外专业口腔医疗机构开展培训活动，拓展志愿者专业知识，接触前沿口腔治疗器械，提高同学们的实践能力。我院注重提升学生人文关怀精神，关爱弱势群体，在课余时间，积极组织学生志愿者开展支教活动、守护“星星”的孩子志愿者活动、“情系迟暮”养护院志愿活动，累计服务人数约467人，为建设幸福中国贡献绵薄之力，并组织学生志愿者30名分批分时间段前往湖南中医药大学第一附属医院开展导诊志愿活动，尽自己的努力为求医者节省时间。获长沙市雨花区红花坡乐来龄养护院赠“优秀服务团队”锦旗。

2022年正值中国共产党第二十次全国代表大会召开之年，我院积极响应青年下基层的号召，湖南中医药大学医学院“医湘情缘”暑期社会实践团于2022年7月10—16日赴湖南省湘西土家族苗族自治州龙山县茨岩塘镇树溪村开展为期七天的“三下乡”暑期社会实践活动，师生志愿者共47人，其中专家组共9人，切实结合专业特色，融入中医特色，积极宣传中医文化，为建设“全民健康”和助力乡村振兴战略贡献绵薄之力。本次“三下乡”活动我团队结合当地情况，提供血糖血压检测和心理咨询，并提供口腔医学口腔涂氟服务，在此次暑期社会实践活动中义诊接诊量超过400人，为200余名儿

2022 年“三下乡”暑期社会实践活动

童口腔涂氟，向茨岩塘镇和树溪村居民免费发放药品1 707盒，向茨岩塘镇和树溪村共捐赠药品959盒，捐赠药品总价值五万余元。同时我团队开展医学知识宣讲、慢性病实地调研等活动，助力医学知识走近普通老百姓，深入了解当地慢性病情况。我团队在医学院党委书记文红艳的带领下前往茨岩塘湘鄂川黔革命根据地纪念馆等地参观学习，走进茨岩塘的红色历史，学习和传承革命先烈的斗争和奉献精神。在先烈们曾守护和战斗过的地方，用处方和志愿服务延续革命精神，将红色基因融入医学事业中，助力乡村振兴。

（四）学术科技齐抓共管，拓宽学生创业就业渠道

党的十七大报告明确提出，要实施扩大就业的发展战略，促进以创业带动就业，把鼓励创业、支持创业放在就业工作更加突出的位置上，大学生自主创业是创业中非常重要的一部分。自主创业不仅对大学毕业生自身发展和成长有重大意义，而且对社会发展和国家繁荣也具有重大的现实意义和深远的历史意义。

现今在全国各地高校中大学生创新创业活动的种类各色各样，包括互联

网+创新创业大赛，“挑战杯”湖南大学生创业计划等活动都在我院积极有效开展。在参加竞赛过程中，大学生需要自行组队，针对团队共同构想的创业项目进行团队成员的合理分工，设计公司组织构架、盈利模式、战略目标等。创业项目不仅仅局限于营利的公司，也可以是非营利的公益组织，可以是制造业、房地产业、零售业等主流公司，也可以是农业、手工业等小众公司。正是因为创业项目没有类型、盈利模式等方面的限制，学生可以结合自己查阅的资料或者从创业人士那儿获得的经验，实现团队资源的高效分配、人员的合理分工。同时我院开创了创业基础课程，让大学生对自主创业有初步的了解和感知。

学院坚持构建金字塔形的大学生科创育人平台，为了进一步提高我院学生对科技创新知识的认识，激励我院广大学生崇尚科学，追求真知，锐意进取，培养大学生的科技创新精神，丰富校园科技生活。我院结合实际情况，制定了一系列的有关科技创新的管理条例，先后开展了各种大型的科技创新活动。并通过科普宣传激发同学们的科创热情，通过学科竞赛提升专业实践能力，通过学术科技系列讲座引领专业发展前沿，从多方面落实大学生科技文化节等各类活动。近年来，我院学生在科技创新领域获得诸多成就，现例举部分如下。

第五届全国大学生生命科学竞赛（CULSC）——生命科学竞赛、生命创新创业大赛二等奖；第七届全国大学生基础医学创新研究暨实验设计论坛：中南赛区一等奖，国家级铜奖；第八届湖南省“互联网+”大学生创新创业大赛三等奖；全国大学生生命科学竞赛国家级一等奖2项、国家级三等奖2项、省级二等奖和三等奖；首届“星城杯”青年科技人才创新创业大赛暨第十八届大学生科技创新创业大赛：2组进入校赛决赛。与此同时，我院还坚持多年举办梦溪科普演讲比赛，以此来提高大学生的科研兴趣以及创新素养。

同时职业发展问题是每位学生最关心的问题之一，也一直是我院工作中密切关注的方面。我院始终保持为学生更好发展的恒心，在对学生意义重大的实习就业考研等方面都有充分准备工作，开办各类动员会与宣讲会，积极解答学生常见困扰，同时做好日常宣传工作，普及考研就业知识，为学生职业发展保驾护航。

我院开办了“实习筑梦，扬帆起航”实习动员大会，鼓励学生积极参与到实习中，努力汲取实践知识，并解答了常见的实习疑难问题；在湖南省2022届医药卫生类高校毕业生供求见面会中设立医学院服务点，督促并激励医学院学子积极参加招聘会，并提供后勤保障，成为供求见面会中一道亮丽的风景线，同时，我院也积极开展各类企业入校招聘会；此外，我院开办医学院大学生国家基层服务项目政策宣讲会、“互联网+”大学生创新创业大赛医学院宣讲会等，鼓励学生参与国家政策与赛项，在更广大的舞台上绽放光彩；为照顾广大学生的切实需求，我院也积极推送考研实习等的相关知识，如“考研易混概念辨析”“实习科室选择”等，努力从学生实际出发，秉承服务广大学子初心，做医学院学子永远的港湾。

三、工作成效

（一）思政类

1.育人成效。不忘初心，方得始终。我院一直以来都坚持把青年大学习的学习情况作为重要工作内容，努力使其融入学生们的学习生活。每一期的青年大学习，我院都要求学生们按时观看学习线上主题团课并完成课后习题，认真督促落实到每一位学生，每期的学习率都在各二级院校中排名靠前。另外，我院秉持公平公正和育人为主的原则，认真做好入党积极分子推优和党校培训工作：推优时严格按章程进行，使其得以高效有序进行；党校培训课程的开展也受到我院的重视，邀请了我院优秀党员干部及党委书记为积极分子进行课程讲解和培训，进一步提高他们的政治理论知识水平，坚定其入党的决心。每次党课我们都以提高积极分子的政治理论知识水平和综合素养、培养他们的爱国爱党及奉献精神为目标，旨在为我党培养更多优秀的人才。

五四红旗团委

2.社会影响。在过去的几年中，我院荣获“五四红旗团委”等荣誉，这是对我院团学工作开展的肯定，也是我院工作持续开展和完善的动力。每次的入党积极分子培训班我院均会派经验丰富、了解党史的优秀党员为积极分子授课；每次学校开展的党校培训我院均会积极配合，让每一次的党校培训完美开展，让学员们收获更多党史知识，更加坚定入党初心。一次次的入党积极分子推优和党校培训，吸引了更多青年，激发了他们对党的渴望，坚定了他们入党的决心和信念，使他们愿为祖国的伟大事业而不懈奋斗。

3.推广情况。截至2022年12月，我院微信公众号“缘来医家人”持续发布了多篇推送，并有数篇推送好评如潮，深受读者喜欢和赞颂。我院会在此基础上更加努力，提高我院广大青年团员对主题团课等的学习热情和兴趣，也会继续重视党校培训的推广，让更多的青年团员了解党校培训，让他们渴望加入中国共产党。

（二）实践类

1.育人情况。我院积极响应国家号召，深入学习贯彻习近平新时代中国特色社会主义思想和党的十九届六中全会精神，开展“医湘情缘”暑期“三下乡”社会实践活动，让学生在社会实践中学到知识，提高综合能力，让所学有所用，用实践巩固学习，让知识从书本走向实践，建立更加全面的知识体系。下乡过程中，团队成员在提高个人素养、完善个人品格的同时，还在平时的生活中向居民推广中医药知识，宣传中医药文化，让岐黄之术走进大山，走进千家万户，希冀为中医药事业的发展贡献出自己的一份力量。用实际行动学习和延续革命精神，助力红色老区乡村振兴，普及慢病医疗知识，推动基层健康工作的开展，增强居民关注自身健康的意识。

2.社会影响。近年来我院“皓齿明眸”“医湘情缘”等暑期“三下乡”社会实践团紧密联系临床医学特色，切实结合中医和口腔医学特色，开展为期15天的义诊、中医知识、糖尿病和高血压知识宣讲、口腔涂氟、慢性病实地调研等系列活动。义诊和口腔涂氟活动反响尤为强烈，“出门就有专家号”，当地居民如是说，活动期间我团队累计为200余名儿童进行口腔涂氟，累计发放药品金额达十万余元，开展医学知识科普讲座十余场、发放知识宣传手册500余册。同时，我团队积极开展中医文化进乡村、中医传统保健项目展风采等活动，积极宣传中医文化，让更多人看到中医，了解中医，学习中医，传承中医。

3.推广情况。我院紧跟时代步伐，积极使用现代媒体宣传社会实践活动，建设“互联网+社会实践”平台，扩大其影响面，号召更多人关注以及加入社会实践当中。我院“医湘情缘”暑期“三下乡”社会实践团积极向各媒体平台投稿，通过QQ空间、朋友圈、微信公众号、微信视频号、红网、网易新闻、今日头条、凤凰湖南、新湖南、中青校园、龙山县团委微信公众号等多个媒体报道和宣传，并获评2022年全国大中专学生志愿者暑期“三下乡”社会实践“镜头中的‘三下乡’”活动的优秀视频团队。

（三）科创文化类

青年工作是党的群众工作的基础。基层团支部是党联系青年的桥梁和纽带，只有抓好基层团支部建设，才能更好地把青年凝聚在党的周围。在团员发展中做好青年思想引领：通过举办主题团日，丰富支部活动内容，激发团员积极性；建立“支部+”模式，开展支部联谊；加强青年职工思想引导，帮助青年树立正确的世界观、人生观、价值观；开展主题教育，提高团员政治理论水平。充分发挥青年团员作用：一方面是鼓励团员自觉践行社会主义核心价值观，将“爱国、敬业、诚信、友善”的基本价值理念融入日常生活中；

另一方面通过组织丰富多彩的文体活动丰富团员业余文化生活，引导团员自觉向社会学习，提升自我价值感和成就感。发挥基层团支部桥梁作用，促进共青团工作。团支部还开展了一系列活动，丰富同学们的课外生活。

1.开展“卓医杯”班级篮球赛。为进一步加强我校共青团的自身建设，促进我校基层团组织工作再上新台阶，充分发挥基层团支部的战斗堡垒作用和团员青年的先锋模范作用，加强我院团员青少年交流与合作，展示团学新风貌。为提高我院团支部凝聚力、战斗力而开展“卓医杯”班级篮球赛。坚持以习近平新时代中国特色社会主义思想为指导，以共青团改革为契机，以“凝聚青年、服务大局、当好桥梁、从严治团”四维工作格局打造“卓医杯”班级篮球赛品牌活动。篮球运动作为一项深受广大青少年喜爱的体育运动项目，已成为增强体质、增进团结、增进友谊的良好载体。加强学校体育工作不仅是时代的需要，也是学生健康成长必不可少的内容。通过本次活动使同学们在体育锻炼中感受快乐和健康，并激发了同学们对篮球运动的热情与兴趣。同时增强了团支部凝聚力、战斗力，加强了同学们之间的沟通交流，丰

第八届“卓医杯”篮球赛

富了同学们的课余生活，营造了积极向上的校园文化氛围。

2.承办湖南中医药大学“音梦而声”第二届师生校园十佳歌手大赛。为繁荣校园文化，展现我校师生热爱党、热爱祖国，朝气蓬勃、昂扬向上的精神风貌，丰富全校师生精神文化生活，特举办“学习二十大，永远跟党走，奋进新征程”湖南中医药大学第二届师生校园十佳歌手大赛。在全校唱响共产党好，社会主义好，伟大祖国好的时代主旋律，歌颂党的二十大精神，努力营造“唱红色歌曲，抒时代豪情”的浓厚氛围，创建健康向上的校园文化。校园十佳歌手大赛活动让同学们不仅感受到了音乐之美，也提高了同学们的音乐素养、展示了我校师生的青春活力和团结协作、朝气蓬勃的精神风貌，对推进学生思想道德建设具有积极的推动作用。

3.拍摄“杏林群芳医学院临床宣传片”，该宣传片结合中医特色，展现了我院学生的青春风采，细致介绍了我院优秀的临床专业，增强了我院学生专业自豪感和考生对本专业的了解，同时也起到了宣传湖南中医药大学的作用。

四、工作思考与下一步计划

回首过去，我院开展多项活动提升青年团员的思政教育、专业素养教育和社会道德教育，都取得了不错的成效，但我们清楚地意识到，我们所达到的与我们本身期望的成效存在差距，与校党委、校团委的期望相比，也仍有较大的进步空间，对此我们做出以下思考总结与计划。

（一）强基固本，不断加强基层团组织建设

团的基层组织建设是全团工作的基础。学生团员的组织建设始终是我院团组织工作和战斗力的重要基础，始终坚持以学生团员的管理工作为着力点，以学生团员的思政教育为中心点，坚持夯实团组织的基础建设，提升学生团员的思政教育水平。

在过去一年的团学工作中，所有与团委相关的任务我们完成得都较为理想，但是仍然存在许多问题：如毕业生对于团组织关系转接始终不够上心，

不少同学对于团员的身份认知模糊，青年大学习的学习率难以进一步提升，团员对于思政教育的必要性认知存在偏差，团员意识也不够明确，团的基础知识不了解、不熟悉，班级团支部的凝聚力不够强，等等，这些大大小小的问题都直接或间接地影响了我们学院的团组织基层建设的开展与效果。

因此，在这之后的团组织建设中，将把健全团委的组织基础、增强班级团支部的凝聚力作为重点，通过开展各式各样的团队活动增强班级团支部凝聚力，加强团组织基础知识的学习，提高团员对于团的基础认识，提高学生干部自身的思政意识，通过以学生干部为中心，以点带面，提升学生团员对于思政教育的认知，争取在基层团组织建设中取得新的突破，获得新发展。具体措施如下。

1.团内基础建设常抓不懈。坚持严格抓好新团员的考核审批工作，做好本学期新团员的培训工作，做好毕业生与大一新生团组织关系衔接，积极开展团日活动，将其与发生在我们身边的人和事相结合，让学生明白成为团员意味着光荣与责任，增强学生对于团员身份的认同感。

2.加强班级团支部凝聚力建设。以创建“特色团支部”这个基本目标为中心点，开展班级特色活动、特色项目，鼓励班级团员积极参与，提高团员对班级团日活动等的积极性、创造性，在达到创建“特色团支部”这个目标时，同时达到增强班级团支部凝聚力的效果。

3.加强学生干部的选拔和培养。制定完整高效的选拔和培养制度，合理利用各种已有的条件，不断地丰富和提高学生干部的自身素养和工作能力，树立新时期大学生团员的思政观念，带动青年团员对于思政教育的重视，以收到预期的效果。

（二）整合资源，培养学生创新科研思维

1.加强思想教育的功能。团委属于一个能够正面面对青年的集体组织，而高校的成员也大多数属于年轻人。当年轻人对年轻人实施思想干涉与管理时，肯定会带来一种高质量高效率的状态。因此，高校团委在辅助科创教育过程中必然能起到十分明显的思想教育作用。我院将加强科创精神的宣传，

而且鼓励学生积极投身科研实践将是我们工作的重中之重。

2.发挥职业生涯规划的辅助性功能。与高校学生进行沟通教育是高校团委的工作任务之一，在谈话过程中大多数学生都会提到对未来择业问题的想法，而这时高校团委就可以发挥其功能，帮助大学生去寻找自身的专业技能，接着再结合大学生的谈话内容去帮助其进行未来职业的规划与畅想。高校团委与学生的沟通交流，能够促使高校学生更深度地了解自己的内心感受，而作为高校团委也能合理科学地对高校学生的想法思路进行有效引导。促使其可以更加直接正面地迈入创业行业中。

3.鼓励团员青年创新工作。创新是时代发展的主题，团支部要紧紧围绕我支部的实际情况开展工作，积极营造一个鼓励创新的氛围，把每一位团员青年都培养成一名具有创新性思维的优秀团员；创新也是我支部保持活力和战斗力的重要保证。通过鼓励青年团员创新工作，使团员青年充分发挥主人翁意识；使青年团员通过创新工作更加了解团、更好地为团作贡献；也使团支部在开展活动时更加有针对性。

（三）加强学院文化建设，打造文化发展新趋势

学院文化是与每位同学都息息相关的部分，它不仅丰富着同学们的生活，更代表着学校的文化底蕴。为了建立一个具有良好风尚的校园文化，我院着手举办了“班服设计大赛”“寝室文化节”“5·25彩绘涂鸦大赛”“团支部评比”“浮光绘影”等校园活动。这些活动不仅让同学们亲身体验了我院丰富的文化氛围，更让他们成为学院文化的建设者，一起打造一个全面、丰富的学院文化，营造一个积极阳光的校园环境。但在此基础上，我们仍有许多可以改善、进步的地方。

在建设、宣扬学院文化的同时，我们发现，存在如部分学生的参与力度不够、活动的吸引力有所欠缺，以及部分学生对活动形式存在不认同等问题。对此，我们将进一步完善各类活动的内容，多听取同学们的意见，尽量做到活动以多种形式开展，让同学们能够更加认同、支持各项活动的开展与进行。并且拓宽活动的涉及面，让内容更加贴近同学的生活及日常需求，做到让每

位同学都能有自己喜爱、想参与的活动。除此之外，我们也会采取更多的渠道来展开活动，并且借助QQ、微信、易班等平台让大家对各项活动有更多了解，在参与活动时有更多的选择空间，在之后的活动举办中，会更加注重对学院文化方面的建设，与同学们共同营造学院新环境。同时，为了能更好地提高学院文化氛围，我们也将加入更多思想内容，帮助同学们树立起共同建立学院文化的责任感和使命感，做到携手同行，共创学院文化。

“要注重文化浸润、感染、熏陶，既要重视显性教育，也要重视潜移默化的隐形教育，实现入芝兰之室久而自芳的效果。”青年一代是富有理想、富有朝气的一代，对于我们而言，未来是如此美好又值得期待。一个良好的学院文化对同学们的人生观和价值观有着深远的影响，这是任何课程都无法比拟的。健康向上而丰富的学院文化会持久、选择性地促进学生人格的形成，对于提高学生的人文道德素养，拓宽学生的视野，培养跨世纪的人才具有深远的意义。加强学院文化建设，打造文化发展新环境是我们不可忽视的重要工作内容。

校园文化是一种精神和氛围，学院文化是学院发展的灵魂，是同学们凝聚力的重要体现，是学院形象的展示，也是学校文明进步的重要体现。新时代的船帆已经蓄势待发，逐渐富强的祖国在不断地前行，攻克着一个又一个的难关，而我们，身处学院中的莘莘学子，势必在这样优良的学院文化中不断进步，为母校、为祖国，贡献出自己的一份力量。

“提灯”映初心　筑梦担使命

——护理学院“5·12”国际护士节品牌活动

郭浩辰　薛金凤

一、实施背景

护理工作是卫生健康事业的重要组成部分，对全面推进健康中国建设具有重要意义[1]。习近平总书记在庆祝2020年国际护士节时，寄语全国广大护士“秉承优良传统，发扬人道主义精神，再接再厉，真情奉献，为健康中国建设、维护世界公共卫生安全不断做出新的贡献”[2]。“南丁格尔”精神就是护理事业优良传统的精神内核，是护理人道主义精神的集中体现，也是护理人砥砺奋进的力量源泉。传承“南丁尔格”精神，推动高等护理教育培养出具备高超技术、人文关爱和心理支持的青年护理学子，是保障国家卫生队伍建设、护理事业长久发展的强大精神动力。

湖南中医药大学护理学院团委依托学科特色，以庆祝“5·12”国际护士节为契机，充分挖掘“南丁格尔”精神中的“不畏艰险、甘于奉献、救死扶伤、勇于献身”的人道主义精髓[3]，面向全院师生开展“‘提灯’映初心　筑梦担使命”国际护士节特色品牌活动。活动通过“展演‘提灯’话剧”“寻找‘提灯’女神”“传递‘提灯’之光”“践行‘提灯’精神”四个主题活动，将“南丁格尔”精神融入思想政治教育。通过营造浓厚的护理人文关怀氛围，构建护理特色文化活动体系，创新学生“以文化人、以文育人”新形式，丰富学生思想政治教育内涵，促进护理人才培养。

二、实施过程

（一）“展演‘提灯’话剧”——演绎南丁故事，增强职业认同

新生阶段是实现立德树人、引领青年人坚定理想信念、增强职业认同的重要环节，更是大学思想政治教育有机链条中的一个重要环节。对于护理学院，“南丁格尔”精神是护理人的精神血脉，也是开展思政教育的生动教材。为讲好“护理人”故事，护理学院每年9月至11月举行《南丁格尔宣言》和《圣女之歌》话剧角色遴选、话剧排练、话剧展演活动。

话剧由学院学生自编、自导、自演，演员演绎“文化育人故事”的过程也是自我教育的过程。角色遴选阶段，要求全院学生深入了解南丁格尔及“南丁尔格”奖获得者的感人事迹，通过讲、演形式感悟“护理精神”，内化职业认同感；话剧排练阶段，引导演员进行自我带入，了解爱与奉献的白衣天使责任与使命；话剧展演阶段，通过演员的倾情演绎，化身“真、善、美”的

话剧——南丁格尔誓言

代言人，以故事吸引学生、感染学生、教育学生。

《南丁格尔誓言》讲述了以大一新生为主人公，融入王琇瑛、陈声容、巴桑邓珠三位南丁格尔奖获得者的感人事迹后，一步步讲述护理学子如何追随着前辈的脚步坚定自身理想信念，立志将生命与荣耀献给护理事业的故事。《圣女之歌》中，“近代护理创始人”南丁格尔不顾家庭的反对以及时代对女性的歧视来到战场照顾伤员，将一生奉献给了护理事业，她这伟大而传奇的一生在演员们的倾情演绎下重现眼前。小小的舞台，承载着这份无私的奉献精神，护理学院用话剧向同学们展现了南丁格尔的一生。通过学生自导自演的形式，喜闻乐见的语言、润物细无声的思政教育内核，实现以文化人、以文育人教育目的，增强学生的职业信念感与勇于奉献的精神。

（二）“寻找‘提灯’女神”——传递榜样力量，提升职业素养

“寻找‘提灯’女神”活动已连续开展多年，旨在在护理学子中寻找榜样力量，以“小众”带动“大众”，展现护理学子的独特风采、提升护理学子的职业素养，为健康中国战略培养合格医护人才。“传递榜样力量，寻找提灯女神”活动由班级推选候选、学院职业技能考核、护理风采展示三个环节组成。班级层面组织同学内部开展职业形象、自我表达竞赛活动，学院层面设置职业形象展示、才艺展示、护理技能竞赛等环节，最终面向全校举行护理风采展示活动。

遴选过程同时也是培养过程，培养合格“提灯女神”就是培养合格“白衣天使”进阶过程的缩影，过程中需要注意着装、发型等形象，需要展示熟练的护理基本操作，需要具备良好的人际沟通能力。“传递榜样力量，寻找提灯女神”活动，积极打造护理学院的先锋模范，为其他护理学子提供学习的楷模，成长之路并非一蹴而就，跟随“女神”“榜样”们一起，践行“有时去治愈、常常去帮助、总是去安慰”的护理精神，在学生时期便培养“爱人”的天使之心，增强温暖救护的人文关怀，努力让患者在医院也能体会到生活的温暖。

（三）“传递‘提灯’之光”——赓续护理精神，坚定职业理想

护理学院团委在院党委的指导下，多次举办新一代护理学子的“传递‘提

灯'之光"活动。百年使命，薪火相传，一段简短的路程，一盏摇曳的火光，象征着的是爱与希望，希望的火光在师生之间传递，提灯的精神在两代人中传承。仪式分为两个环节：传递"圣女之光"和"授帽"仪式。

一是传递"圣女之光"活动。活动贯穿新生教育阶段，由全院教师与全体新生共同参加。自新生入校以后，由高年级同学分批次进行"南丁格尔"精神、"南丁格尔"誓言、护士基本礼仪与着装等培训，将医护人员职业理想与信念教育融入学生日常生活与专业技能提升过程。5月12日当天，全体教师身着粉色护士服，于南丁格尔像前将火烛点亮，手捧着微弱的烛光，跨越200年的时间将爱与关怀从南丁格尔手中传承，在一位位老师的传递中，火烛不曾熄灭，传承不曾中断；学生们身着粉色护士服，于老师手中将火烛接过，跨越一代人的鸿沟将爱与希望从上一辈人手中传承，在一位位"女神"的传递中，火烛不曾熄灭，天使不曾消亡。"圣女之光"传递的过程也是护理学院全体师生追随着南丁格尔的足迹的过程，一代又一代的护理人，牢记白衣天使的神圣使命，将南丁格尔精神薪火相传。

二是"授帽"仪式活动。燕尾帽伴随着护理走过百年历史，洁白的燕尾帽象征着圣洁的天使。护理学子的思想引领是护理学院人才培养工作的重要组成部分，而授帽仪式更是提升护理学子的职业认同感、推进思想建设的有

授帽仪式

力举措。在南丁格尔的见证下，护理学院前辈老师们为护理事业的新鲜血液们戴上象征着圣洁天使的燕帽，它像是一道圣洁的光环，衬托着白衣天使崇高的使命，在熠熠微光中，一张张纯真脸庞上挂满了对护理事业的坚定执着，平静才见深远，平凡才见伟大。护理学院用授帽点亮微光，用初心汇聚温暖。护理学院的学子们承燕帽之志，继青春担当，用她们青春靓丽的面貌展示了她们独有的魅力和风采。戴上燕尾帽后，全院师生共同进行南丁格尔誓言宣誓活动，“我谨奉社会主义人道主义精神，坚定救死扶伤的信念……”。誓言包含护士生的梦想与责任，引领她们牢记护士使命，培养博爱之心，成长为一名踏实的学习者、坚持理想信念的实践者。

（四）“践行‘提灯’精神”——开展志愿服务，勇担职业使命

思想教育系列活动要坚持教育和实践两手抓，以教育引导实践、以实践深化教育，通过诸如“中医养老护老”志愿服务活动的开展，增强新生自觉奉行和日常践行职业理想，担当职业使命。

每年“5·12”国际护士节期间，护理学院践行提灯精神，开展“健康

志愿服务

服务进社区，浓浓真情润人心”的社会实践义诊活动，在长沙市廖家湾社区，志愿者们协力同行，测血压、做宣教，高血压的危害及预防方法得到了广泛传播；推拿、艾灸、拔罐，每一项操作都极具中医护理特色。中医护理进社区，不仅让中医药的特色服务为社区的广大居民所熟知，在家门口即可了解中医、感受中医、受益中医；更是让学院的护理学子们走到群众中来，并将所学所感，活用于实践当中。护理学院一直以来坚持传输“以病人为中心、以健康为目标，服务人民，奉献社会”的精神理念，以博大精深的中医文化为底蕴，融合现代护理学，用心传承护理精神，践行南丁格尔誓言。坚定护理学子对护理工作的热爱，把爱心、热心、耐心、细心、关心、责任心投入到护理工作中，坚定将一生奉献给护理事业的坚定信念。

三、实施成效

护理学院“5·12”特色活动的开展，让学生在活动中认识护理、感受护理、体悟护理、运用护理、坚定护理。在帮助学生强化护理职业信念，提高综合素质能力方面发挥了重要的导向作用。

（一）育人实效

1.活动具有良好的育人效果。护理学院“5·12”国际护士节活动，运用专业特色，从护理职业认同感到切实的护理志愿服务实践活动，到护理职业理想的坚定，坚持用南丁格尔精神涵养社会主义核心价值观和理想信念教育，积极引导师生做社会主义核心价值观的坚定信仰者、积极传播者、模范践行者。活动凸显中医药院校护理专业特色，将中医护理教育融入时代护理新要求，让学生亲身感受中医药护理专业的魅力，全面理解和掌握中医护理的思想和精髓，增强专业认同，在提高自身专业素养的同时，也进一步坚定了投身护理事业建设的责任感和使命感。

2.活动形成有效的育人模式。新时代大学新生因为其自身的专业技术性和成长转型期，使其理想信念教育具有较大的难度。作为思政工作者，应该

"5·12"国际护士节

清晰地认识到学生处于预期社会化阶段，他们具有很强的可塑性，通过贴近专业特色、贴近学生生活的思政育人模式，使思政教育符合00后大学生更为独立自由的特点。作为护理学新生，囿于专业特点，学生从高中阶段的普适性学习到大学阶段的专业性学习，易出现不良环境应激反应和专业学习排斥心理。有效创新的思政教育模式，可以引导大学生"用内心感应时代脉搏"，坚定理想信念与职业信念，培育正确的"三观"与良好的道德品质。

3.活动建立完善的持续机制。"5·12"国际护士节系列活动由院党委牵头抓总，学院全体师生共同参与，秉承"以学生为中心"原则，注重每次活动的感染力与影响力。由团委、学生会具体负责，深入做好活动后学生的心得体悟的征集，既可以根据学生的意见反馈改进后续工作，又可以进一步强化活动育人实效，后续的活动中从活动主题、组织形式等多个方面不断完善改进，真正做到活动为了学生、有益于学生。创新活动形式，以学生喜闻乐见的内容和形式推进育人工作，从而提升护理学院学生思政育人工作的感染力和实效性。

（二）社会影响

1.提升了学校的社会美誉度。学生家长通过校内外报道，了解护理专业，充分认可我校护理教育理念，近年来，我校护理专业一志愿的报考率逐年升高；项目也获得社会相关爱心企业的关注与赞许，部分企业已连续多年为护理学院优秀学子提供企业奖学金；周边社区通过师生志愿服务活动，不仅认识护理专业特色，更是被学校中医药魅力深深感染，全面认识、认可中医药传统文化。项目多次受到人民网、红网、新湖南等媒体报道，宣传学校为培育新时代人才、为服务健康中国所作出的努力，大大提高了学校的社会声誉。

2.提升中医护理的社会认可度。广大青年要“用内心感应时代脉搏”。对中医青年学子而言，这种“感应”就是“视、触、叩、听”。护理学院借助“5·12”国际护士节活动，引导青年学子走出课堂、走出校园、走进社区、走近居民，用中医护理专业特色“感触”时代需求，“守护”居民健康，受到广大社区居民的认可。展现了中医特色护理适宜技术、养生理念的“未病预防”特长，守护广大人民群众健康与生命安全的传统优势，推动社会意识到“三分治疗，七分护理”的中医护理工作的重要性，推动中医护理发展与时代、人民的需要同频共振。

3.营造良好的护理文化氛围。习近平总书记在2020年国际护士节上号召，“全社会都要理解和支持护士”[4]。学院在国际护士节时期，面向护理新鲜血液，开展特色护理活动。深挖“南丁格尔”精神的内核与时代价值。高校内的面向护士的活动与社会层面护士的庆祝互动互通联动，与抗疫期间的“敬佑生命、救死扶伤、甘于奉献、大爱无疆”的伟大精神相呼应。实现南丁格尔精神融入护理学生思想政治教育的路径，提升高校育人实效的同时，也让社会看到护理学子的精神风采与职业形象，提升社会对护理职业的整体评价。

四、工作思考与未来计划

（一）完善工作管理，构建协同机制

项目是护理学院特色活动，同时也是学校宣传中医护理特色、中医药文

化的良好载体。基于已有工作传统，推动学院各科室、学校团委、宣传部等相关部门共同参与，建立协同联动机制，进一步完善活动设置、深化活动内涵、提升活动效果。充分整合、发挥学校资源优势，通过开展联合志愿服务、共同宣传推广的方式，提升活动覆盖面、影响力，丰富活动内容。同时，采用线上线下结合、校内校外联动，延伸活动外延，拓展育人范围，提升工作效率，夯实文明求实工作作风。

（二）加强总结反馈，推动常态发展

项目注重后期的总结、提升，注重学生、教师等多方群体的反馈意见，努力改进项目建设，从育人形式、组织发展等多方面完善项目品牌化、长效化建设。

同时，根据新时代大学生特点，丰富活动形式，多开展学生喜闻乐见的团学活动，增加团学活动的作用力和黏着性，提升团学活动的影响力，为活动持续发展提供强有力的内在动力。

（三）打造特色品牌，加强文化宣传

中医药院校特色品牌活动离不开中医药文化内核，需承载中医药文化普及与宣传任务。后续活动中，注重凝练活动特色，丰富活动内涵，推动中医药科普文化走出校园、走进乡村社区，走进老百姓家中，发挥项目独特优势，宣传中医药文化，让广大学生与人民群众感受中医药文化魅力，从知中医走向信中医、爱中医、用中医。。

（四）深化内涵探索，提升育人实效

“南丁格尔”精神要在中国特色社会主义新时代扎根、开花、结果，发挥护理精神的激励、指引作用，需要与我国传统文化相结合、与新时代青年发展特点相结合，指引大学新生在学习生活中拥有更加开阔的创新思维。项目需要对“南丁格尔”精神的中国化、时代化进一步深化，赋予其积极的丰富内涵，深化文化浸润校园，文化协同教育的局面，在活动中融合中医药文化教育与护理精神教育主题，促进学生德智体美劳全面发展，切实成为广大同学坚定理想信念、养成优良作风、全面成长进步的催化剂。

参考文献:

[1]　国家卫生健康委关于印发《全国护理事业发展规划(2021—2025年)》的通知.2022.04.29.[EB/OL]. https://www.gov.cn/zhengce/zhengceku/2022-05/09/content_5689354.htm?eqid=ae533aa70001507d000000046466eb90.

[2][4]　在国际护士节到来之际习近平向全国广大护士致以节日的祝贺和诚挚的慰问[N].人民日报,2020-05-12(01).

[3]　樊汉鹏,党志峰.论思想政治教育视阈下南丁格尔精神的内涵及价值[J].护理研究,2021,35(11):019-021.

“护芯养心”志愿服务行动

——信息科学与工程学院学雷锋志愿服务品牌项目

朱洪慧

一、实施背景

2021年3月31日，中央宣传部、中央文明办在北京召开推进学雷锋志愿服务工作电视电话会议，会议强调，学雷锋志愿服务工作要牢牢把握新时代新使命，深入开展庆祝建党100周年系列志愿服务活动，在为民服务中彰显党的领导和社会主义制度的显著优势。要以更大力度推进文明实践志愿服务，在服务百姓生活、解决实际问题中凝聚群众、引领群众。要根据疫情形势变化，有针对性地开展志愿服务，做到平战结合、科学应变。要在完善体制机制、夯实基层基础、提升服务效能上下功夫，推动学雷锋志愿服务高质量发展。

雷锋精神是党和人民极为宝贵的精神财富，是以爱国主义为核心的民族精神和以改革创新为核心的时代精神的重要组成部分，是建设社会主义核心价值体系的丰厚精神资源。为弘扬雷锋精神，充分利用学雷锋日和志愿服务日的契机，增强同学们学习雷锋的意识，激发当代大学生学习“雷锋精神”的热情，提升同学们的思想境界，配合学校为学生创建良好的环境，响应学院向雷锋学习的号召，深入发扬奉献、友爱、互助、进步的时代新风，学雷锋志愿服务活动为大学生了解中国国情开启了一扇窗户，密切了学生与社会的关系，这有益于大学生丰富自己的人生经历和提升自身素质。为适应大学生思想道德发展要求，发挥了大学生的主体作用，为思想政治教育提供了有效的活动载体。我院围绕立德树人的中心发展要求开展了“护芯养心”系列志愿服务活动，加强和改进了青年学生思想政治工作，引导学生健康成长和成才，培养学生的创新精神、实践能力和操作能力。

二、典型做法和实施过程

我院从2015年以来，开展的志愿活动以问卷调查为基础，实地调查，深入倾听同学、民众、村民的需求，结合群众需求和志愿者的服务能力，根据自身条件以及群众需求分为全院统一组织的“护芯”集体服务和志愿者主动进行的“养心”分散服务，注重服务的质量、效果。我院在开展“护芯养心”志愿服务活动时，围绕“听需求、说知识、读政策、写实践“等开展系列活动。

项目环节简图

（一）听群众需求，办志愿活动

每年三月，我院针对学雷锋主体在学校范围内开展了系列志愿服务活动；学院师生结合专业技术优势，培养了一批志愿者，来进行电脑义诊活动；开学初我院便组织了志愿者以问卷、访谈的方式深入班级、学院以及教师群体中调查了解大家的电脑维护、信息安全知识等需求。学雷锋志愿服务活动是社会文明进步的重要标志，是社会主义核心价值观的集中体现。服务队借助3月学雷锋“雷锋月”，将历史中的“雷锋”翻出来学习，牢记在心，落实于行动。社会弘扬、学校宣传、志愿者举行活动，全国都沉浸在这个“树新风”的精神氛围中。

1.成立需求访问小组，办群众所需之活动。雷锋精神是在平凡的工作中创造出不平凡的业绩的“螺丝钉精神”。平凡的志愿活动只有不断向人民靠拢才会有不平凡的成效，向人民靠拢的前提就是了解群众的需求，需求是时代的声音，志愿服务活动是服务民生的，这就必须倾听民需。为进一步了解师生群众的需求，成立需求访问小组是必不可少的。需求访问小组要坚持践行群众路线，多跟社区群众、校园师生面对面地沟通和交流，注重开展好调查研究，并及时组织志愿者深入学生群体、教师群体调查了解群众之所需，将群众的需求集中分类，为后续志愿活动的举行提供主题，同时也能整合学院相关资源，进而有针对性地举办群众所需要的志愿活动。

2.强化志愿服务对接流程，做好志愿活动前期准备。为提高志愿服务活动的质量，每次活动举行的目的都要从群众的路线出发，积极聆听社区、学

问卷调查

校等的需求，将志愿服务与社会需求相联系，主动与社区工作者保持联系，及时了解社区志愿服务的需求，并将其登记记录，根据缓急进行分类，将记录交由分团委书记审核，审核通过后安排志愿者完成活动策划并准备相关物资，以及对志愿者进行技术培训。

3.高度重视，统一行动，高效开展志愿服务活动。行动前，召开志愿服务动员大会，动员志愿者高度重视，统一行动。志愿者积极将所学知识高度运用在服务活动中，志愿者要主动在活动过程中登记被服务对象的情况反馈，虚心接受大家的建议和意见，活动结束后及时对活动进行总结，记录活动中的不足与优点，为下次活动的开展奠定有效基础。

（二）说爱心之举，点爱心之火

醇香亦怕巷深，志愿活动也是如此。宣传志愿活动是构建和谐社会的重要举措之一，其不仅传递了爱心，传播了文明，亦全面反映了社会气象。我院为进一步加大宣传雷锋精神志愿服务活动，成立了新媒体中心，将志愿活动以新闻稿、推送的形式出现在大众视野，此外，在举行志愿活动前部门亦会制作海报、宣传片等号召更多学生的加入。“三下乡”养心活动中，当一张张天真稚嫩的笑脸、一幅幅画给支教队员的画出现在官微中时，那是对未来怀揣希望的小朋友和想为祖国贡献自己力量的青年之间心灵与心灵的碰撞。碰撞擦出的火花又吸引更多的青年加入，让养心之火更为温暖；“电脑义诊”护芯活动中，当信科院的学子将从课堂和网络中学习到的知识结合，并帮助全校师生解决电脑问题时的场景出现在推送中时，那是对技术人员的肯定，也体现了学科的自信，号召更多学弟学妹积极学习专业知识并积极参与课外实践活动。基于此，宣传对志愿精神的传递是必不可少的。

1.更新宣传方式，构建雷锋活动。及时更新宣传方式，可以避免因宣传方式导致的信息滞后，亦可以大力弘扬文明新风，由此可见，对志愿活动的宣传，不仅是社会主义核心价值观的拓展和深化的具体体现，也是当代大学生进一步融入社会、增强归属感的需要，其既有益于鼓励学生积极学习专业知识，也有益于爱心的一届届传递。宣传方式不能仅限于海报、手册的宣传，

"电脑义诊"活动

还应根据时代特征以及我们所学相关专业，利用网络新媒体技术，通过新媒体的便利性、迅捷性，通过网络将所要举行的活动宣传给更多人，让他们了解相关活动的内容，以便吸引更多的人来参与，此外，除了通过网络这种手段传播之外，更重要的是人与人之间的重传播，志愿者在进行志愿活动时，可以将雷锋精神、国家政策等传播给更多的人。我们在活动结束之后，针对在此过程中表现突出的大学生，志愿者可以为其颁发精神奖励和表彰，在校园中树立志愿者典型，运用榜样激励其他大学生参与志愿服务活动。

2.扩大宣传范围，延续志愿初心。一星陨落，暗淡不了整个灿烂星空，死亡不是终结，遗憾才是。雷锋精神作为延伸，开启了更多生命。每次志愿活动的举行，不只是为了群众的需求，也是为了延续初心。宣传不能只针对校园范围，还应进一步扩大宣传范围，让更多的人了解到相关志愿活动。随着志愿活动的范围不断扩大，志愿活动宣传的范围也随之不断变化，从校园到社区，再从社区到乡村。扩增扩大宣传范围，有利于人们学习雷锋精神，学习雷锋敬业奉献的高尚情操，学习雷锋刻苦学习的钉子精神，学习雷锋关心人、爱护人、支持人、理解人的品质；并规范志愿者的所言所行，也有益于志愿者在一次次学习中重温进行志愿活动的初心，在参加学雷锋志愿服务活动中有更多的动力。

（三）读国家政策，提志愿主旨

中共中央办公厅2012年3月印发的《关于深入开展学雷锋活动的意见》中指出："要大力弘扬雷锋热爱党、热爱祖国、热爱社会主义的崇高理想和坚定信念，弘扬雷锋服务人民、助人为乐的奉献精神，弘扬雷锋干一行爱一行、专一行精一行的敬业精神，弘扬雷锋锐意进取、自强不息的创新精神，弘扬雷锋艰苦奋斗、勤俭节约的创业精神。"在中国特色社会主义新时代，奉献、友爱、互助、进步的志愿精神广泛传播，志愿者通过关爱与服务，将党的为人民服务宗旨、将学雷锋的助人为乐精神传递给社会，影响了群众，而志愿活动的开展要深刻契合国家政策。

1.读国家政策，延雷锋精神。一百年来，伴随党的事业发展壮大，越来越多的新鲜血液和新兴人才加入党组织，做出新贡献，同样，新时代的志愿服务组织也吸引了各类型人才，我们要以党的百年奋斗为引领，开展深刻契合国家政策的志愿服务活动，用实际行动促进团结友爱、诚信友善、助人为乐、见义勇为的良好社会风气的形成，做中华民族传统美德的传承者、社会主义道德规范的实践者。

2.传播党史，提升主旨。坚持以学习明理为前提，把稳思想之舵，将党史的学习贯彻在志愿服务活动中，在活动空隙将印有党史的小扇子或者是海报分发给群众，或以舞蹈、话剧、说唱等形式传播党史，提升志愿服务活动的主旨，在志愿服务活动过程中要进一步改进工作作风，增强宗旨意识，树立无私奉献和艰苦奋斗的精神，应该把维护和实践人民的利益放在首位，要牢固树立全心全意为人民服务的思想，树立为党为人民无私奉献的精神。

（四）写活动之程，弘雷锋精神

实践是检验真理的唯一标准，为进一步继承发扬雷锋精神，我们根据自身特长和社区、全校师生的需求而举行"电脑义诊"护芯活动；为实现大学生多方面发展，我们还开展了养心活动，如为延续孝老敬老爱老的传统美德而举行的"敬老院"活动，为缅怀先烈而举行的"烈士公园扫墓"活动，为弘扬奉献精神，树立志愿服务新风举行的“校园清扫”“皂趣义卖”养心活动。雷锋，这不仅是那个曾经为人奉献的雷锋，更是当今志愿活动中的每一位队员。

我院将继续以“护芯养心”为活动主题，以深入开展学雷锋志愿者行动为活动方式，大力弘扬雷锋精神，丰富志愿者活动内容，不遗余力地将志愿活动与雷锋精神紧密结合，创新工作思路，改善工作方式，重点做好以下工作。①加快组建专项志愿者队伍。在校园开展志愿者招募工作，建立科普宣传志愿者队伍、青年文明岗志愿者队伍、关爱留守儿童志愿者队伍，积极组织志愿者，深入践行雷锋精神和志愿者精神。②在先前活动基础上，大力开展“三下乡”、敬老院活动、社区服务活动，把志愿者关爱留守儿童、老人和雷锋精神结合起来，逐渐使之常态化、制度化、规范化。

三、工作成效

（一）育人成效

1.以提升学生思想道德素质为目的，培养学生志愿服务精神。志愿服务精神源自中华民族优秀传统文化，是促进社会和谐稳定发展的重要理念，也是保障高校大学生志愿服务活动有序开展的重要因素之一。当今时代背景下，

“护芯”行动

“三下乡”活动

社会对志愿服务具有极高重视度，广大学生群体对参与志愿服务活动有强烈意愿，现如今大学生已经成为志愿服务群体中不可或缺的一部分。在此背景下，为了充分发挥大学生志愿服务效能，实践育人功能，我院积极培养大学生对志愿服务精神的正确认知。在大学期间的志愿服务活动开展过程中，涌现出了一批批表现优秀、精神可嘉的志愿者：伊娜、夏岱婷、彭欢等被评为省级优秀志愿者；罗雄中等同学在“三下乡”活动中获评省级先进个人，我院张强军、成宇骅等教师获评省级“三下乡”活动先进指导教师等荣誉。在大学生群体中树立志愿服务典型，增强大学生对志愿服务精神的认同感。面对后疫情时代新冠疫情此起彼伏的状况，大学生志愿者不计较个人得失，无偿提供志愿服务，勇敢地加入防控阵营，经受时代的考验，传递爱与暖，在集体与个人利益权衡中破除个人主义和实用主义，切实体悟到社会主义制度的优越性和社会主义先进文化的激励性。使大学生深刻理解志愿服务精神内涵，不断扩大志愿服务精神的影响力与感召力，使广大高校学生均可以树立正确的志愿服务意识，并积极参与志愿服务实践活动。

2.优质资源通力合作，打造立体的服务育人培养体系。大学生志愿服务活动的组织与开展，以及能否发挥实践育人功效，与长效机制建设具有密切关联性。作为大学生志愿服务的管理者，须树立以人为本的思想理念，不断加强志愿服务的规范化管理，实现各项活动的长期有序开展。我院充分利用学院师资、平台优势，利用第二课堂师资连续七年推出学雷锋电脑义诊的“护芯”活动。活动由院级平台扩大到校级平台，累计服务时长336小时，志愿者人数达到230人次，“诊治”了300余台电脑。开展宣传信息安全、电脑维护等知识讲座20余场；通过系列校园护花行动、清扫行动、防疫志愿服务活动、关爱老人儿童等系列“养心活动”，丰富志愿服务活动内容；围绕立德树人中心任务，健全完善激励机制，不断细化配套措施，打造立体的服务育人培养体系。我院学生志愿者不断将所学理论知识与实践相结合，在实践中提升专业技能。在参加国家级、省级比赛中，学生获奖50余次，其中国家级奖项10余人次。学生的动手实践能力，沟通表达能力在实践过程中大大提升。近几年，涌现出志愿者曹泽龙、段珏、邵天翼、王悦清等同学，他们是通过参加下乡、去社区参与服务工作，在基层学习实践，最终去基层就业的同学。我院不断整合企业、学校、学院资源，通过建立志愿服务长效机制，打造立体的服务育人体系，有针对性提升学生专业技能以及思想品德，进而提高就业核心竞争力。

3.以多维实践平台为依托，定制志愿服务特色品牌。我院在组织大学生志愿者服务活动的过程中，立足学院、学校并放眼社会，制订具有较强可行性的志愿服务活动方案，保证与当代大学生实际生活的高度契合，同时能够顺应社会发展实际需求，在长期推进大学生志愿者服务活动的过程中，形成具有特色的志愿服务品牌。结合学院信息技术、医工融合专业特色，在学校、社区、乡村开展活动，包括对当地产业进行技术帮扶、送医送药、支教活动。与此同时，立足于学生的专业特点，组织与专业相契合的志愿者服务活动。以第二课堂为发展契机，打造能够锻炼学生专业知识和技能的志愿服务活动，使大学生在自我磨炼与成长的过程中服务社会，实现个体发展与社会发展相协同，明确大学生未来发展的方向和路径。暑期，我院组建了“智汇医疗”志愿服务团队开展的“三下乡”活动，对当地产业进行技术帮扶、送医送药、支教活动。内容涵盖对当地产业进行技术指导、产业帮扶、推进信息化管理、爱心送药、爱党爱国教育、数字科技启蒙、人工智能科普、疫情防控宣传、心理辅导等。我院凝练的志愿者服务项目“护芯养心”志愿服务进乡村，入围第一届“芙蓉学子 乡村振兴”360项，也将继续凝练、打造品牌特色。

（二）社会影响

我院志愿服务“三下乡”活动被湖南卫视、新湖南、《长沙晚报·掌上长沙》等多家媒体宣传报道，取得了一定的社会影响。麻溪铺镇镇政府和沅陵县团委也送来感谢信，肯定了活动做出的贡献和取得的成果。活动形成了“乡村信息化”相关调研报告一篇。首先，志愿服务有利于塑造或深化价值观念。通过参与各类志愿服务，志愿者能够巩固与增强对国家、社会及他人的责任感，培养高尚的道德情操，塑造健康的心理与坚强的意志，形成团队协作意识，从而在无私奉献中进一步获得心灵的净化与精神的升华。其次，志愿服务为志愿者搭建了奉献社会的重要平台。通过参与志愿服务，志愿者有机会为社会问题的改善出力，为社会建设出力，从而尽一份公民的职责和义务，回馈社会，贡献社会。再次，志愿服务有利于开拓知识视野，学习新知识与新技能，各类志愿服务项目，使志愿者接触不同领域的知识与技能。特别是在正式志愿服务中，志愿者组织往往为志愿者提供专项培训、组织经验交流等，这都为志愿者提供了极好的学习机会。此外，通过志愿服务，志愿者的组织、协调、沟通等能力也得到了锻炼和提升。最后，志愿服务有利于丰富人生的阅历和生活体验。

作为志愿服务对象的人们，往往是社会中身陷困境、需要帮助的弱势群体。而志愿服务作为一种人性化、个人化及全面化的服务，一方面能够在一定程度上较具有针对性及有效性地解决服务对象遭遇的实际困难，提高其生活水平与质量；另一方面，能够将社会的关爱与鼓励传递给服务对象，从而拉近服务对象与他人的心灵距离，加强其对人、对社会的信心和社会归属感。

（三）推广情况

1.加强领导，健全志愿服务的体系。从2015年起，我院蒲公英志愿者服务队人数在逐年增加，目前队伍人数由最初的10人，到现在已登记的人数达到了326人，2022年在校志愿者人数为55人，累计服务时长约为2 538小时。我院志愿者服务活动，在校团委、学院领导的重视下，平稳推进，创新开展。作为大学生志愿服务的管理者，须树立以人为本的思想理念，不断加强志愿服务的规范化管理，实现各项活动的长期有序开展。志愿者活动目前已形成较为规范的服务活动程序，社会公众应对大学生志愿者予以尊重，相关部门应认识到大学生参与志愿服务的重要价值，通过相应形式给予大学生志愿者肯定与认可。与此同时，我院将不断细化志愿服务活动加分标准，构建激励机制，对大学生志愿者予以充分肯定，调动学生参与志愿服务的热情和积极性，并在评奖评优和入党考核方面提供政策倾斜。

2.鼓励参与，增强志愿服务的实效。鼓励能够给人带来自信，激发人的无限潜能。志愿服务活动是基于没有任何物质报酬的情况下，主动奉献个人时间、精力、金钱为前提而开展的公益活动，因此为增强志愿服务的实效，鼓励学生参与，除了以活动的吸引力为方式之外，群众对志愿者的尊重和认可都提升了大学生的参与感和价值认可。基于此，不断鼓励大学生举行的志愿服务活动真正做到“活动为民所需、服务为民所想，内容为民所用”，从而增加志愿服务的实效。我院志愿服务活动从学院—学校—周边社区—偏远乡村，逐步辐射，影响力也逐步增大，活动被湖南卫视、新湖南、长沙晚报·掌上长沙等多家媒体宣传报道，取得了一定的社会影响。我院下乡的麻溪铺镇镇政府和沅陵县团委也送来感谢信，肯定了活动做出的贡献和取得的成果。

3.注重宣传，营造志愿服务的氛围。宣传志愿典型，营造服务志愿氛围，是构建和谐社会的第一步。处于数字化的时代，将互联网作为志愿服务宣传阵地，充分运用主流网络，宣传志愿活动的意义及价值。邓小平就曾提到“出报纸，办广播，出刊物和小册子，而又做到密切联系实际，紧密结合中心任务，这在贯彻实现领导意图上，就比其他方法更有效、更广泛、作用大得多”，除了张贴海报、分发宣传册等方式宣传志愿服务活动，充分运用网络软件，如微博、抖音、快手、微信、QQ、院网、电视媒体等，形成虚实联合式宣传，树立志愿标杆，让大学生们有看齐的方向和追赶的动力，从而营造良好的志愿服务氛围。重视宣传报道，建立新媒体宣传矩阵，扩大实践活动的社会影响。我院“三下乡”暑期社会实践活动以实地考察、调查研究和加强社会关注等方式，积极探索“院—校—社会”三级联动模式，校院官网、红网、掌上长沙、新湖南、湖南电视台等主流媒体进行报道和宣传，目前累计浏览量达到十几万次，点赞量达2万余人次。

四、工作思考与下一步计划

（一）定期培训，完善志愿者队伍建设

我院大学生为四年制学生，高校大学生志愿者服务队伍流动性较强，需不断培养队伍骨干，壮大队伍力量。我院将不断挖掘学院学校资源，定期组织志愿者专题培训，如：心理素养提升培训，专业技能培训。在组织培训时，要先了解参与者的基本情况和培训需求，有的放矢地做好培训计划；再根据自身实际条件，确定培训时间、方式和内容。培训的内容可以包括示范技能、教学方法、心理知识、调研方法、沟通技巧、突发事件的处理等，或定期举办志愿者服务经验交流会，形成一个系统、完善的培训，而非实践前临时、紧急的培训。有意识地培养学生相关技能，并且收集活动参与者的相关建议，对培训内容作出改进。

（二）立足需求，打造系列志愿服务品牌活动

“护芯养心”志愿服务项目，立足于学院特色，结合学院、学校、社区、乡村等需求，并具体与项目中的“听、说、读、写”四个环节相结合，打造一系列志愿服务品牌项目。我院志愿服务项目最终的目标是形成广泛的、多层次的、有特色的志愿服务队伍和项目。高校在组织大学生志愿者进行服务活动的过程中，应立足学校并放眼社会，制订具有较强可行性的志愿服务活动方案，保证与当代大学生实际生活的高度契合，同时能够顺应社会发展实际需求，在长期推进大学生志愿者服务活动的过程中，形成具有特色的志愿服务品牌。与此同时，立足于高校大学生的专业特点，组织与专业相契合的

志愿者服务活动。我院在组织大学生志愿服务活动的过程中，将紧密结合教学实践活动，利用现有教学资源，以第二课堂为发展契机，打造能够锻炼学生专业知识和技能的志愿服务活动，使大学生在自我磨炼与成长的过程中服务社会，实现个体发展与社会发展相协同，明确大学生未来发展的方向和路径。志愿服务活动将充分体现专业特色，根据学院所在地区，结合社会需要的关键点，将志愿服务作为促进社会发展的有力手段，通过组织学生志愿者去社区、乡村开展义务支教活动、宣讲理论知识，以及助农实践活动，使大学生志愿者可以走向社会，不仅了解社会当前的发展形势，同时锻炼学生基层工作能力，树立远大的理想和奋斗目标，获得充足的学习动力。除此之外，根据大学生的个体差异与特征，避免一刀切的志愿者服务活动模式，鼓励大学生结合自身优势和长处，参与不同类型志愿服务活动。

（三）注重宣传，扩大志愿服务活动影响力

大学生志愿者实践活动，在促进经济社会发展、高等教育改革以及促进大学生素质提升等方面有较强的价值功能。但是，对于社会、高校和大学生要全面主动关心，重视该问题是不容易的。加强对大学生志愿服务活动宣传和动员力度是必不可少的。学校、学院、学生个人可以借助各种各样的宣传方式扩大活动影响力，如：学生个人可以通过微博、QQ、微信等工具自发进行宣传；学院可以通过经验交流会、活动成果展示等鼓励学生积极参与；学校可以通过网络平台、电视媒体等媒介扩大活动影响力。同时与服务的社区、乡村保持稳定的联系，给志愿者服务平台，同时也给社区、乡村带来便利；保持良性关系，不断将影响辐射到周边社区和村部，扩大志愿服务活动参与面、影响力。

社会实践活动不仅是大学生综合素质提升的过程，而且是一个志愿精神传播的过程。通过选拔、激励志愿者参与社会实践活动，有利于磨炼学生意志，提升学生素质，加强实践育人的实效。打造“护芯养心”志愿服务实践活动，提升志愿服务活动品牌效应，完善实践育人体系。通过志愿者实践活动，提高大学生对志愿精神的普遍认识，并且能够树立全校学生学习和效仿标杆和榜样的意识，从而影响身边的同学，促进志愿实践活动的可持续发展。

“四轮驱动”齐聚力 打造新时代团学工作育人模式

——药学院团委建设示范工作

谭　将　肖　倩

一、实施背景

党的十八大以来，以习近平同志为核心的党中央高度重视教育事业，提出要办好人民满意的教育，教育是“党之大计、国之大计”。在全面贯彻党的教育方针，落实“立德树人”根本任务的进程中，加强和改进新形势下高校思想政治工作是培养社会主义建设者和接班人的重要内容。中共中央、国务院在《关于加强和改进新形势下高校思想政治工作的意见》中明确指出，加强和改进新形势下高校思想政治工作，事关办什么样的大学、怎样办大学的根本问题，事关党对高校的领导，事关中国特色社会主义事业后继有人，是一项重大的政治任务和战略工程。

为落实中央的战略决策和部署，推进实施高校思政工作质量提升工程，解决好“培养什么人、怎样培养人、为谁培养人”根本问题，形成全员全过程全方位育人格局（简称“三全育人”），药学院团委聚焦“立德树人”根本任务，针对中医药类学生思想特点和发展要求，以育人为导向，创新工作载体，在社会实践活动、心理健康、校园文化建设、学生干部队伍建设等方面进行探索，初步形成了以实践育人、心理育人、文化育人、管理育人四轮驱动的新时代团学工作育人模式。

二、具体做法

思想政治工作从根本上说是做人的工作，必须围绕学生、关照学生、服务学生，必须把思想政治工作贯穿教育教学全过程，实现全员育人、全程育人、全方位育人。共青团作为青年在实践中学习中国特色社会主义、共产主义的大学校和联系青年的桥梁和纽带，是第一线引领青年、凝聚青年、服务青年的重要阵地。药学院团委以社会实践活动、心理健康、校园文化建设、学生干部队伍建设为工作重点，组织开展了一系列学习与交流活动，力求打造新时代团学工作育人模式，引导学生树立正确的人生观、世界观和价值观，营造良好的校园文化氛围。

（一）整合各类实践资源，建设多层实践育人体系

药学院团委坚持理论教育与实践相结合，整合各类实践资源，教育引导

乡村卫生实践

学生在亲身参与中增强实践能力、树立家国情怀，建设多层实践育人体系。

1.以暑期“三下乡”社会实践活动为抓手，发挥中医药资源优势，助力新时代乡村振兴建设。近年来，药学院团委围绕乡村发展、乡村建设、农民农村共同富裕等主题，以邵阳县廉桥镇、永州市道县桥头镇、邵阳市城步苗族自治县等六个地区为中心，积极组织大学生开展义诊送药、社会调查、中药讲解、教育关爱、走访调研、乡村卫生、环境保护、医疗服务、爱心赠书、弘扬传播、手工香囊、凉茶润心等暑期社会实践活动。累计义诊人数高达4 000余人，捐赠物资金额累计约300万元，实现了“一个目的，一个推进，两个重点，三个结合”的公益目标，并多次被人民网、学习强国、《湖南日报》、中国青年网、新湖南、新华网、红网等多家主流媒体关注和报道。

2.以“互联网+”大学生创新创业大赛为契机，以赛促创，全面提升大学生创新创业素质。“互联网+”大学生创新创业大赛是提高大学生创新创业素质的重要平台，药学院团委以“互联网+”大学生创新创业大赛为契机，积极借力专业教师队伍力量，采取专业教师负责业务指导，团委老师负责队伍管理的分工模式，积极组织学生备赛参赛，以期达到以赛促创，全面提升大学生创新创业素质的目的。从学生创新项目选题，到创业项目的落地全过程中，药学院团委都注重引导学生将项目与国家战略结合，立足乡村振兴，服务广袤农村，引导学生树立正确的价值观。在项目实施过程中，组织学生到乡村进行走访调研，引导学生树立祖国基层大有可为的思想；此外，在磨炼提升大学生创新创业素养的同时，加强学生理论知识与实践能力的融合，强化学生技能培养，促进学生融入行业一线，在潜移默化中引导学生树立良好的就业观念。

3.以志愿服务活动为重点，培育大学生公益精神，促进大学生优良品德养成。志愿服务是与大学生的日常生活联系最紧密的社会实践活动，其所蕴含的“奉献、友爱、互助、进步”精神与社会主义建设者和接班人的培养目标吻合。药学院团委历来重视大学生志愿服务活动，形成了爱心义卖、爱心义诊、清扫教学楼等“保留”志愿服务活动。近年来，药学院团委还组织学生到湖南省岳麓区学士街道学联社区委员会进行走访并参加志愿服务，组织学生返家乡充当“志愿者”，志愿服务范围广，包含乡村振兴、疫情防控、扶贫攻坚、乡村支教，等等。

（二）坚持育心与育德相结合，加强心理育人平台建设

教育部印发的《高校思想政治工作质量提升工程实施纲要》和《高等学校学生心理健康教育指导纲要》强调，心理育人是高校思政工作的重要内容，要切实提升心理育人质量。药学院团委通过构建心理育人平台，完善工作机制，强化队伍管理，积极开展特色活动等方式，不断提升心理育人水平，促进学生心理健康。

1.以“芳草园”特色成长辅导室为依托，建场地、拉队伍，构建心理育人工作平台。心理育人是高校育人工作的重要内容，药学院团委坚持育心与育德相结合，启动了“芳草园”特色成长辅导室项目建设，将学生宿舍2栋206室建立为“莳圃”个体辅导室，将学生宿舍2栋长廊改造为“致知成长吧”团体辅导室，具备了心理育人场地。此外，药学院还建立了一支由学院领导、专业辅导员、专业教师、朋辈辅导员为主的工作队伍，采用主动约谈与预约辅导相结合、建立实时学生成长档案等方式，对学生成长过程中发现的心理危机问题及时干预与辅导，辅导类型涵盖思想提升辅导、学业发展辅导、生活适应辅导、职业规划辅导、危机应对辅导等方面的内容。

2.完善工作机制，强化队伍管理，做好心理咨询服务。良好的工作机制和管理制度是推进工作、提升质效的有效保障。因此，“芳草园”特色成长辅导室制定了《“芳草园”特色成长辅导教师工作条例》《个体成长辅导室管理细则》《团体辅导室管理细则》以及《成长辅导档案管理制度》，明确了辅导老师的工作职责，规范了辅导室的有序管理。为实现辅导室的日常有序运转，扩大对学生的开放程度，辅导室不仅组织安排了辅导团队老师每日值班，还以团委学生会心服部学生干部、各班心理委员为志愿者，安排学生志愿者每周一至周五上午9：00–11：30、下午2：30–5：00于个体成长辅导室值班，到访学生可以在值班同学处填写预约登记表预约当日辅导老师。同时制定了

师生谈话

《“芳草园”特色成长辅导预约制度》规范辅导室的日常运行，心理咨询服务水平不断提高。

3.根据学生实际特点，积极开展特色活动，提升心理育人水平。在充分考虑学生需求和个性发展特点的基础上，药学院团委结合中医药类学生专业特点，聚焦学生成长过程中的心理特点，不断创新心理育人活动形式。近年来开展了爱心信件派送、成长故事分享会、“我药说我想说”等形式多样的学生团体辅导活动，帮助大学生增强校园生活的融入感。还开放了“院长友约”活动，搭建了学生与学院领导沟通的桥梁，一方面增强学生对学校归属感；另一方面也有利于学校多层次、多维度了解学生实际思想动态，为提升心理育人实效和水平打下良好的基础。

（三）发挥校园文化引领作用，不断提升文化育人水平

习近平总书记强调：“文化是一个国家、一个民族的灵魂。”良好的校园文化对学生的成长成才无疑也起着潜移默化的作用，因此，药学院团委从文体活动与专业特色活动着手，共建积极向上的校园文化氛围。

1.围绕学生的成长成才，开展各类文化特色活动。多年来，药学院团委在校团委的领导下和院党委的具体指导下，紧密围绕学校中心工作和根

药师精英赛

本任务，紧紧围绕学生成长成才的培养目标，广泛而深入地开展了一系列富有药院特色的各项学生活动，如："辩今大事，思吾自强"启航杯新生辩论赛、"集学子个性才思，展药苑青春风采"班服创意设计大赛、"展青春风采，谱药苑新篇章"班团风采大赛、"杏林杯"篮球赛、"药苑之星"评选活动，等等。

2.与专业发展聚合，把学生"第二课堂"与"第一课堂"紧密结合。药学院团委依托学院雄厚科研实力与扎实专业基础，积极开展与专业学习相关的校园文化活动，力求把学生"第二课堂"丰富多彩的校园文化生活与"第一课堂"的专业知识学习紧密结合。首先，我们创办了"爱药院爱专业"系列讲座，聘请企业负责人与校外专家，帮助学生了解专业市场动态与专业前沿知识，拓宽专业学习眼界。其次，完善"药学节"传统系列活动，每年定期通过药师精英赛，中药学知识竞赛等活动，在寓教于乐中普及专业知识，树立学习模范，激发学生学习热情，掌握有效学习方法。我院团委还与学院中青年教师发展协会联合创办了"药开讲啦"系列活动，充分利用校内资源，每期邀请校内名师，通过"吐槽大会"、教师演讲以及大咖讲座等形式开展学生学业辅导。

（四）聚焦学生干部成长规律和阶段性发展特点，施行分类教育管理，完善管理育人体系

学生干部是大学生中的先进分子和骨干力量，是活跃在校园学习、文化、生活中的主力军，更是衔接老师和学生的纽带。然而，学生干部成长路径多元化，学生干部的性格、优势和兴趣也各有不同，因此，药学院团委尝试根据学生干部的成长路径和自身特点进行划分，对其进行分类教育管理，让学生干部结合自身兴趣和能力特点，更有针对性地以点带面，不断完善管理育人体系。

1.根据学生干部成长路径和自身特点，对不同类型学生干部进行区分，强化学生干部作用发挥的向心力。药学院团委以教育教学、学生事务管理和培育校园文化三个方面为依托，根据学生干部的不同性格、优势和兴趣，对学生干部进行了划分，将成绩较好的学生干部归类为学习模范型学生干部，学习成绩一般但管理能力突出的学生干部归类为事务管理型学生干部，学习成绩一般但文体能力突出的学生干部归类为文化创建型学生干部，希望学生干部根据自身的优势在学生中能够更有针对性地发挥榜样作用，突出学生干部先锋模范作用的向心力。

学生会换届

2.化被动管理为主动参与，各类学生干部齐抓共管，促使学校管理与学生能力素质双促进、双提高。药学院团委结合学校教育教学工作实际，要求学习模范型学生干部争当优良学风的践行者和倡导者，事务管理型干部争当学生事务管理的桥梁，校园文化创建型学生干部争当校园文化建设的组织者和参与者，并对他们的学习、工作、生活等方面提出相应要求，制定工作目标。例如，要求学习模范型学生干部是学生中的学习标兵，在考级、考证、考研和学科竞赛中发挥榜样作用，每学期学习成绩不低于班级前10%，每学期至少参加一项本专业学科竞赛，并成立学习兴趣小组，积极带领身边的同学学习，营造出“比学赶超”的良好学习氛围；事务管理型学生干部在学生事务管理中率先垂范，再去影响其他同学发挥榜样力量，每学期至少结对帮扶一名自制能力薄弱的同学；校园文化创建型学生干部每学期至少参加一项院级及以上的校园文化活动，每学期至少组织一项校园文化活动，且参与学生不低于100人等。

3.量化考核分类，强化学生干部监督考核，切实保障学生干部作用发挥的持续性。在学生干部分类教育管理中，确定了不同群体学生干部的工作目标和途径后，必须辅以检查考评以确保教育管理的实效，确定不合格学生干部并采取适当的方式方法予以教育引导。药学院团委采用日常量化考核与集中测评（包括自评与互评、团委学生会组织评议、群众评议）的方法，针对不同类型的学生干部制定相应的量化考核标准，实行积分考核制度，将所有学生干部都纳入积分管理，针对不同类型的学生干部群体，设置不同标准的积分册，明确不合格“红线”，针对有不合格现象或不够先进的学生干部进行集中教育帮扶，并作出警示惩戒，限期整改。

三、工作成效

在校团委和药学院党委的领导和指导下，药学院团委着力搭建实践育人、心理育人、文化育人、管理育人平台，始终不断创新开展特色鲜明并且成效明显的各类活动。以育人为主线，促进“三全育人”阵地建设，通过全院师生的参与和带动，初步形成了以实践育人、心理育人、文化育人、管理育人四轮驱动的新时代团学工作育人模式，全院师生形成了比学赶超、创先争优的氛围，并取得了较好的成绩与反响。

（一）积极、健康、向上的校园文化氛围进一步浓厚

积极、健康、向上的校园文化是一所大学内涵式发展的重要方面。近三年来，药学院团委积极参与并组织校园文化活动，文娱与学业类活动双管齐下，把学生“第二课堂”与“第一课堂”紧密结合，举办院级校园文化活动15次，打造了“药苑之星”“班团风采展”“药学节”等学院品牌学生活动。这些活动的开展，一方面调动了学生们的积极性，繁荣了校园文化，为同学们提高综合素质搭建起广阔舞台，锻炼了学生能力，丰富了校园生活；另一方面，还进一步弘扬了正能量，传播了主旋律，牢牢把握住了社会主义核心价值观的主导作用。

（二）多层实践育人体系趋于完善，社会反响好

药学院团委积极整合各类实践资源，以暑期“三下乡”社会实践活动为抓手，以“互联网+”大学生创新创业大赛为契机，以志愿服务活动为重点，建设多层实践育人体系，促进青年学生进一步在实践中“增才干、长知识、作贡献”，践行“请党放心，强国有我”的青春誓言。近年来，组织“中医药文化进社区”等义诊活动6次，此外，我院“三下乡”暑期社会实践活动多次在我校中被评为暑期“三下乡”社会实践活动优秀团队，受到了社会主流媒体的关注。如:《湖南日报》报道《湖南中医药大学药学院“三下乡”走进新邵县》；红网时刻新闻报道《湖南中医药大学赴道县桥头镇开展“三下乡”活动》《湖南中医药大学赴宁远开展“三下乡”活动》；学习强国报道《湖南中医药大学药学院“三下乡”社会实践活动在新邵启动》等。2022年，药学院暑期“三下乡”社会实践项目《发挥中医药资源优势，助力新时代乡村振兴》获评省级优秀品牌项目，《东篱菊香——推动金丝皇菊产业升级助力乡村振兴》获评“创青春”中国青年创新创业大赛金奖。

（三）心理预警工作机制基本完善，心理育人水平进一步提高

促进学生心理健康是高校人才培养体系的重要组成部分，也是高校思想政治工作的重要内容。药学院团委以“芳草园”特色成长室为依托，通过建场地、拉队伍、完善工作机制、开展特色成长辅导活动等方式，致力于规范发展心理健康教育与咨询服务，力求更好地满足学生心理健康教育服务需求。近年来，“芳草园”特色成长室共举办成长辅导活动20余次，成长室有国家二级心理咨询师教师两人，“宿舍、班级、学院”三位一体的心理预警机制基本完善，学生心理归属感进一步增强，自尊自信、理性平和、积极向上的健康心态进一步巩固。

（四）校园管理与学生能力素质双促进、双提高

学生干部队伍的力量对学生工作及校园整体风貌有较大影响，药学院团委充分调动各类学生积极性，积极组织学生干部参与到学生事务的管理中来，化学生被动管理为学生主动参与管理，实现了学校管理与学生能力素质双促进、双提高。2021年以来，我院学子在学科竞赛、大学生研究性学习、互联网+、专利发明等方面均取得了一定成绩，获得国家级奖项30余项，省级奖项近30项，成功化解风险隐患20余次。学生们通过主动参与学生管理、校园管理与学生能力素质双促进、双提高，从而实现了学生自我管理、自我服务、自我教育、自我完善的目的。

四、工作思考与下一步计划

高校团学工作之基就在于团结学生、联系学生、服务学生、引领学生，充分发挥好党的助手和后备军作用。近年来，药学院团委从社会实践活动、心理健康、校园文化建设、学生干部队伍建设四个方面进行的育人模式探索，取得了一定的成绩。下一步我们将继续聚焦“培养什么人、怎样培养人、为谁培养人”根本问题，把“立德树人”根本任务融入工作的方方面面，推进思想政治工作与育人工作有机结合，进一步完善“三全育人”工作格局。

（一）深挖第二课堂育人元素，以学生喜闻乐见的方式开展工作，增进工作的亲和力

高校思想政治教育工作要因事而化、因时而进、因势而新，高校共青团作为联系青年的第一线阵地，更应该要立足学生主体地位，以学生喜闻乐见的方式来开展工作，只有这样才能做到以学生为中心的育人供给侧结构性改革，真正实现显性教育和隐性教育的结合，从而增进工作实效。

（二）筑好网络育人新阵地，提升网络育人水平

当代青年是网络中最活跃的力量，网络也是当代青年不可或缺的生活方式。如何引领青年做习近平新时代中国特色社会主义思想的信仰者、传播者和践行者，如何凝聚青年做中国特色社会主义事业的建设者和接班人等一系列的问题，必须充分发挥网络育人的作用。因此，高校共青团必须提升网络育人水平，主动占领并筑好网络育人新阵地，在引导青年遵守网络行为规范的同时，更要引领校园网络新媒体建设，使网络成为弘扬主旋律、传播正能量之地。

“每个时代都有每个时代的精神，每个时代都有每个时代的价值观念。”新时代高校共青团工作必须立足时代特点，做到以学生为中心，立足学生需求，把心紧紧同青年连在一起，引领青年成为“明大德，立大志，成大才，担大任”的时代新人。

培育“四有”青年 让学生成为校院管理主体

——湘杏学院团学青年骨干成长营项目

宋　苑

一、实施背景

高校共青团是党联系青年的桥梁和纽带。共青团工作说到底是做人的工作，我们党之所以要做出建立共青团这样一个组织，最本质的目的就是要培养党的事业的接班人。在高校中，团的基层组织和基层工作是团活动的根本标志，要激发青年学子的热情，发挥他们的才干，提供学子成长空间和舞台，培养学子的多项素质，为党和国家育人。新时期的共青团工作遇到了新问题，团学工作急需新思维。青年人到底需要什么？需要与自身成长密切相关的引航，只有研究高校青年学子人才成长规律，找准青年诉求，团组织才会对青年更有吸引力、凝聚力。青年学子在大学生活中容易陷入“人生迷茫”，缺少目标感。不少学生在初期表现出较强的功利倾向，往往造成青年学子不能俯下身子、脚踏实地，更容易产生迷茫感。因此，创造良好的机制，提高归属感和认同感，激发学生的自驱力，促进团组织凝聚力，共青团组织责无旁贷。

湖南中医药大学湘杏学院自2002年成立以来依托湖南中医药大学本部办

学各项资源，在大学本部党委的指导下进行教学和管理工作，开展独立的招生、就业和共青团等工作。学院共有三个校区，开设13个本科专业，面向11个省（自治区、直辖市）招生，现共有在校生5 336人，其中湘阴校区1 309人（2022级新生）、东塘校区2 729人（含医护类见习、实习生）、含浦校区1 298人（含医学影像技术、康复治疗学见习、实习生），实习、见习学生分布于长沙市中医医院、附属洛阳正骨医院等10个临床教学医院。我院共青团工作面临着如下难点。

一是学生基数大，校区分散，学生管理压力较大。一线辅导员16人（含分管学生工作的党委副书记1名），辅导员人均管理334名学生。且因我院为独立学院，招生、就业、资助、学籍、疾控、心理、统计等专项工作均需单独承担并向上级管理部门汇报，导致各校区工作沟通交流难度大，工作量、工作压力大。

二是学生归属感不强，认同感有待提升。湘杏学院主校区在东塘校区，该校区设施老旧，校园环境、文化氛围的建设存在不足。因校区濒临中医附一，校内人员复杂，交通安全、卫生安全及学校师生需求等均受到较大影响，进一步导致学生归属感不强。

三是学生自主性较差，内驱力较低。由于我院学生高考成绩远低于大学本部学生，基础相对较差，但与大学本部教学培养计划一致，所以学生在学业表现上整体略低于大学本部。

在日常管理工作中，我们还观察到当前我院青年存在几大困扰。

一是渴望自我成长，但缺少规划指引。在入校时往往一腔热血，但仅仅靠三分钟的热度参与学生会、社团或其他群团组织中的活动，却不能长效维持，也难以在发展中看清自我发展的趋势和意义，最终丧失前进的动力。

二是在这个竞争力激烈、瞬息万变的时代，理想信念教育待加强。青年学生正处于价值观塑造的重要时期，很容易被“躺平”“润”等一些消极声调带偏。

三是学子们希望在大学生涯中能有更多机会参加志愿服务和社会实践，

并能够将所学知识回馈社会，找到个人价值。

二、典型做法

我院团委建立“团学青年骨干成长营”项目，培育“有信念，有纪律，有担当，有能力”的“四有”青年学子。鼓励团委干部带头做，学生群团干部领衔学，班团干部示范行，形成“点—线—面”带动的局势，激发我院团学青年学子的主人翁意识，让他们自主自觉加入学院的管理、建设和发展。建立了从“新手入门”到“成长为才”的培训和考核体系，具体为针对入学时青年学生团干部的一次集中理论学习，每两周一次的“团学案例”小组讨论，每学期至少一次社会实践，每学年年底的班团实效答辩与考评。历经14期培训，培养的学生骨干人数超过1 000人，覆盖了活动开展以来的每一届班团干部和学生组织主要的学生干部。培训将理论与实践结合起来，课程涵盖“树立正确的理想信念”“学生干部常见心理压力与情绪管理讲座”“学生干部班级团队管理案例分析”“常用办公软件技能培训”“如何提升沟通力”等一系列课程。每一期的培训班除理论教育学习外，还设置了素质拓展、学生干部交流等环节，通过多方位、多角度锻炼提升了我院团学干部的综合素质，充分彰显了党的助手和后备军应有的政治品格和精神风貌。

具体实施如下。

（一）信念坚定青年使命，培育“有信念”的青年学子

青年骨干要接好班，最重要的是接好坚持马克思主义信仰、为共产主义远大理想和中国特色社会主义共同理想而奋斗的班。“国之兴在于政，政之兴在于人”，青年骨干是构筑美丽校园的“一砖一瓦”。理想信念对于青年骨干而言意义非凡，它是事业发展的“指明灯”，是推动青年骨干在工作中创造价值的“永动机”，是面对困难和阻挠时的“定心丸”。

1.强化政治引领，凝聚青年骨干思想共识。加强学生干部理论学习教育，落实政治理论学习安排到位。“团学青年骨干成长营”中，从新生开始把

增信念 强本领，书记与青年干部讲话

关，由学院党委书记带头讲团课，坚持理论学习与当下热点相结合，将理想信念教育入耳入心。按要求开展了“学习《条例》精神”“学习党史精神”“学习习近平总书记‘七一’重要讲话精神”“学习十九届六中全会精神”“喜迎二十大，奋进新征程”等多次主题团日活动，以及“学党史、强信念、跟党走”“学习二十大，永远跟党走”等多次专题组织生活会，覆盖了在校全部班级和学生，加强理论学习教育，取得了良好的成效。

2.筑牢思想阵地，构建青年学生骨干团队。建设有“思想”的学生骨干团队，提升学生干部“学理论、讲理论、用理论”的能力。青年学生干部是学生工作的主力军，是教育管理者的得力助手，做一名合格的学生干部尤为重要。新干部初上任，对如何去管理好一个班级或是一个学生组织还有很多需要学习、改进的地方，为了使新干部更快地融入自己的工作，了解并掌握自己所需要具备的知识和技能，实现干部之间的工作交流，相互学习，帮助新干部树立团队合作意识，理解团队合作重要性，加强干部意识、责任意识，我院团委定期组织含浦和东塘两校区每两周开展团学培训营中的“案例分析讨论”，学生群团干部与班级干部共同分析日常管理中的问题，分享经验，开展了“如何应对不合群的同学”，“如何处理宿舍矛盾”，“奖学金等评优评先工作中的注意事项”等主题讨论。

3.加强理论学习，创新理论学习平台建设。我院团委坚定不移将加强理论学习作为培养青年骨干的重要抓手，在院团委的支持下，向所有学生干部发放理论学习资料及学习笔记本，帮助学生干部拓宽学习途径，努力营造理论学习氛围。同时严格落实“三会两制一课”、组织生活会、民主评议等制度，保证每周一次的政治理论学习，严格制订月、周理论学习计划，利用线上线下、室内室外等方式以多形式、多层次、多角度引导青年骨干将专业学习与理论学习统一起来，引导学生干部从“有思想包袱学”向“轻松快乐学”转变，从“要求干部学”向“干部主动学”转变，在学思践悟中不断锤炼思想修养、提高理论素养，使学习效果增值保量。

院团委创新理论学习形式，以庆祝中国共产党成立100周年为契机，组织开展了“峥嵘岁月百年史，不忘初心砥砺行”系列活动。院团委、学生会采用线上线下相结合的方式，积极开展“四史”故事音频征集、“四史”研学实践、庆祝中国共产党成立100周年主题演讲比赛、“弘扬抗疫精神，献礼建党百年”主题升旗仪式等活动。同时组织全体学生干部观看“庆祝中国共产主义青年团成立100周年大会”，引导学生干部增强政治信仰，凝聚思想共识，坚定不移听党话、跟党走。

（二）纪律约束青年行为，培育“有纪律”的青年学子

我院团委从学习、品德修养、校园生活等方面对学生进行约束，在培养青年骨干的过程中，我院团委也始终将增强青年骨干的组织纪律性放在重要位置。

1.严明规章制度。学生干部是学生工作的主力军，是密切联系学校和学生的中介，起着桥梁作用。根据湘杏学院团委、学生会规章制度要求，我们对学生干部实行严格的考评。关于优秀学生干部考核，从以下几个方面进行参考：第一，对学生干部进行严格的考勤制度，无故不参加会议整个学期累计3次则取消其评优评先的资格，其目的是规范学生干部的时间意识和加强

团员青年代表座谈会

其集体意识，提高工作效率，严肃学生会纪律；第二，严抓青年骨干的学习，学生干部首先是学生其次是干部，作为学生最主要的任务是学习，作为学生干部更要做学习中的佼佼者，在对学生干部的考评中，其学习成绩也是重要的考核依据；第三，严格把控工作效率和质量，作为学生干部应该自觉肩负起自己的责任，完成作为一名学生干部的本职工作，并且能够做到一丝不苟，针对工作上优秀学生干部的考核标准也有着明确规定，争取将青年骨干培养成为“排头兵”“领头羊”。

2.强化反向监督体系。对青年骨干仅仅进行内部评价是片面的，我院对青年骨干的学习工作构建了内部评价与外部监督的双重体系。切实发挥学生会骨干述职评议制度作用，组建学生会成员内部评价和班级团支部、班委会外部监督双重评议队伍，将同学满意度、工作实际成效、工作作风等指标纳入管理监督和评议制度之中，客观公正地把准青年骨干工作作风命脉。持续关注青年骨干的思想和行为动态，对思想存在“惰性”的，对违反团委、学生会规定的，对同学服务态度蛮横的，对工作生活作风存在偏移的青年骨干，进行一对一谈话；对评议结果不合格的学生会骨干和成员“动真格”，依照事实和规定予以清退和免职，真正把学生会建设成为同学们的温馨港湾。

3.传承优良作风。每逢学生会骨干换届之际，团委、学生会将会以工作汇报的方式对上一届学生会骨干存在的优势与问题予以全面复盘，又会面向新一届学生会骨干针对这些优势和问题进行思考和探究，好的方面继续传承，对于偏离服务同学宗旨的要断然抛弃。同时，及时更新学生会管理制度，对影响学生会清新形象的作风加以约束，要求学生会骨干率先垂范，以此带动学生会成员自觉遵守，达到自我教育、自我服务、自我管理的目的。

4.培养青年习惯。为规范学院学生日常生活习惯，学生会下设的生活权益部每周进行的查寝、定期院检是我院为加强同学纪律约束方面所进行的引导性的做法，在校园生活方面生活权益部是督促者，学生在生活中难免存在不自觉性，这时候就需要一股推力来助“一臂之力”。在学生会的监督、班团的组织以及寝室长的协作下，形成这股助力，并且三者共同制定了相关纪律要求。首先，关于学生宿舍卫生检查，在固定的时间段内，随机抽取寝室，以已定的各项卫生评分标准检查各项卫生情况并评分。卫生打扫干净彻底且评分高者，将登上红榜通报表扬；未打扫卫生致评分过低者，将登上黄榜通报批评。此项制度很好地督促了学院学生提高对寝室卫生的注意力，让学生可以被动或主动地去打扫卫生，让同学们能够做自己的主人，提高自律性，让寝室变得更加洁净，更加温馨，让同学们有一个舒适的生活环境。

5.及时反馈监督。我院院团委一直以来为加强学院学风建设，为了让同学们能更加专心地投入学习，每周都会要求各班书写信息采集表与课堂考勤表，要求如实书写课堂情况并在统一时间上交，让学生干部成为监督第一责任人，并以身作则，参与学院学风建设。具体为学习部每天会进行不定时的查课，查课人员与查课安排均为随机安排。在查课的过程中如果被查到未经请假私自旷课的同学，将会采取公开上黄榜的形式，实际影响到学生个人的评优。除此之外，为了正向鼓励，同时实施“劳动实践”，具体为上黄榜的学生可申请负责学院公共区域的劳动卫生，校级检查获评良好及以上，即可抵消以往的黄榜记录。惩治与激励相结合，更好地实现了公平公正的管理。而此项举措，也是在班团分析“案例交流”会上提出的，可见日常的骨干培育让学生发挥了自身的“主体性”，真正参与到了学院的管理建设中来。

（三）实践练就青年担当，培育“有担当”的青年学子

为促进院团委、学生会和班团干部始终秉承全心全意为同学服务的初心与宗旨，为实现其精诚协作，共同协助团委老师开展团学工作为培养学生干部的服务意识，提高学生干部的组织协调能力，学院团委在培养青年骨干中将“实践”视为重中之重，鼓励校内与校外实践服务相结合。

1.校内实践服务湘杏学子，做“有温度”的青年。在开展团学工作方面，我院团委、学生会辖管的各个学生部门积极开展各类活动，如每年积极开展班团风采大赛，展现新生班级风采；在学风方面，以班为单位，敦促学委监督到课情况，积极落实和提高同学们的课堂到课率，为我院学风建设打下了坚实的基础。生活权益部落实院检、查寝工作，严格按照学校要求约束大功率电器的使用，积极开展消防讲座和演习，提高了同学们在生活方面的约束意识和安全意识；就业创业中心举办的职场之星大赛是我院非常重视的一项

“青年之家”志愿服务活动

活动，随着就业压力的增大，大学生必须具备能够满足新经济要求的核心就业能力才能成功发展，简历制作的优劣、面试技巧的使用都成了求职成功与否的关键因素，本项活动旨在提前为同学们树立求职意识，明确求职目标，提高就业竞争力；科协举办的互联网＋创新创业大赛院赛“开拓杯”鼓励同学们敢想敢做，激发同学们的创新意识。社会实践部一直积极服务我院师生，给同学们提供实践的机会。在开展的“劳动＋心理健康教育”系列活动中，以“理论教育＋实践”形式让同学们深入学习贯彻了党的二十大精神，以实际行动践行“请党放心，强国有我”的奋斗誓言，丰富充实了同学们的课余生活，促进了校园和谐。我院团委举办“百年建团展风采，青春雷锋志愿行”系列雷锋月活动中，同学们通过捐衣、校园清扫等多种形式的学雷锋服务活动，进一步学习和弘扬雷锋精神，培养积极向上的社会责任感，展现我院学子风采，共创美好校园。

2.运用“中医药”服务社区，做“有理想”的青年。青年学生团干部带头，面向全体团员，围绕脱贫攻坚、乡村振兴、传统文化复兴，我院团委组建多支暑期社会实践团队，以“中医药赋能，助力乡村振兴”等为主题，通过走

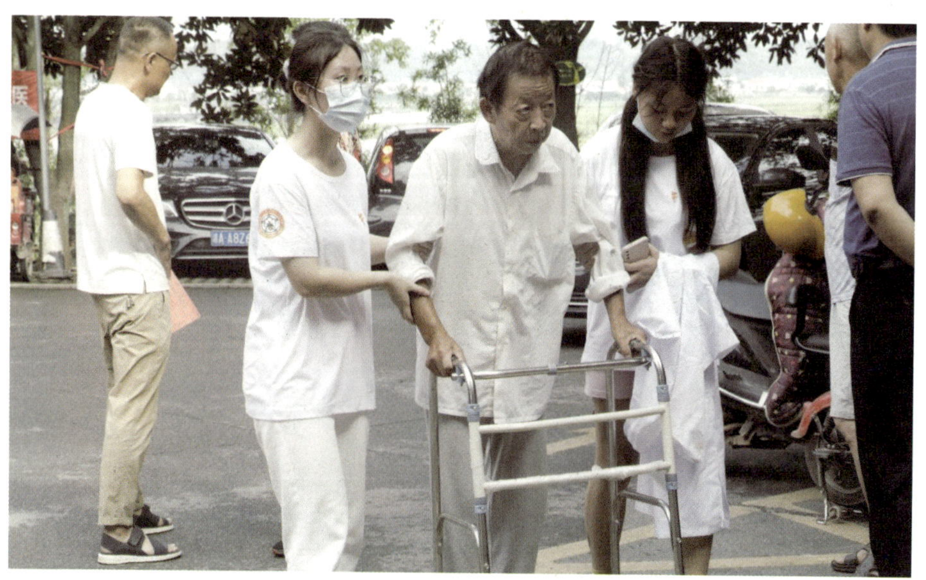

五星村义诊

进田间地头参与“三农”实践。运用教育引导广大青年学生走出学校小课堂，走进社会大课堂，在实践中坚定理想信念、勇挑使命担当。组织团员与砂子塘社区“砂家帮”党员志愿者协会结对，组织社区居民和学生开展红色歌舞、红色锻炼、红色历史等活动。在日常志愿服务中参与社会实践活动多次，从2018年12月的“雨花时间银行”，即与雨花区圭塘街道福轮社老年人日间照料中心挂牌合作，到2021年3月的“三月学雷锋，情暖老人心”大型活动，还策划并开展了“关爱折翼天使——奉献你我爱心”听障儿童学校活动、“文明昌盛——读书为先”省图书馆活动、“牵手夕阳红——温暖老人心”老人之家活动、“保护碧水蓝天——青春志愿同行”橘子洲活动、“守护青山绿水——共建生态文明”岳麓山活动等。仅2021年，外出服务累计达到1 000余人次，足迹遍布超30个社区。运用中医推拿和艾灸等养生保健方法进行社区义诊，让广大居民切实体验到安全有效的中医康养服务，义诊所覆盖的社区有体院路社区、升达社区、南雅社区、雨花家园社区、大塘社区、美林景园社区等，平均每年服务400余名居民，累计服务时长600余小时。

（四）敢于作为，创新做法，培育“有作为”的青年学子

利用专业知识，创新传播载体，搭建践行传播“中医文化”的平台，让学生从理论走向实践。利用线上平台“Belief湘杏”公众号，自2013年1月7日建立以来，累计发布文章1 000余篇，粉丝数近万人，文章总浏览量超93万，发表《弘扬国粹，传承中医》《节气道生，中国名中医王行宽谈小雪养生》《岐黄青年说》《中国的中医药》等。利用校园线上平台，充分发挥学生主体作用，鼓励原创，由专任老师指导，将二十四节气、中华历史与中医药知识相结合，发布上百篇节气海报、意境古诗词、中医药趣味图文作品，优秀作品有《浅谈中医阳虚体质》《那些年，我们误解的中草药》《但有远志，不在当归》等，其中两项视频作品——《中医药抗疫之古今》《神奇中药——刘寄奴草的故事》均获得全国 2020年“讲好中国故事”创意传播大赛中医药主题赛三等奖。线下开设“湘杏中医研习社”，以小讲课、主题研讨会和志愿服务的形式，让学生从校内走向社区。

在培育中，我院积极树立优秀榜样，以此引领和激励我院团员。在我校进行2022—2023年度大学生志愿服务西部计划志愿者的招募与选拔工作中，我院同学积极报名，踊跃参与，经过学校的资格审查、笔试、面试、体检等环节，最终公示的志愿者名单中我院有四名同学光荣入选，他们带着赤诚之心走上了服务西部之路。在沙湘衡康复医院协办的2019第二届全国肢残人轮椅马拉松健身赛大型医疗救援志愿服务活动中，我院团员干部跟随医护人员为参赛选手量血压、测心电图等，以保证运动员们在比赛中有最好的状态，为运动员们提供手法按摩，并帮助医护人员处理突发情况。纵观此次活动，每个志愿者都展现出勇于奉献的精神，热情耐心地为马拉松选手提供高效服务，全面配合专业医护人员的工作。

三、工作成效

一是团委工作在思想引领上坚决做到“两个维护”。首先，扎实落实思想引领任务。集中开展了“深化党史学习教育牢记使命跟党走”、创新团日活动举行方式、升旗仪式、主题云团课各一次；扎实基础团务工作；紧抓青年思想，促进青年思想进步、爱党爱国。其次，重视网络阵地。湘杏学院分团委通过各种形式亲民、内容丰富的线上媒体方式，如微信公众号推送、QQ空间、学院网站等，将党团的知识、反映当代青年的精神风貌等内容传达给学生。湘杏学院团委社会服务活动被多家地方媒体报道，宣传优秀团友事迹，如“一纸请愿书，我院实习生请缨抗疫一线；贴近校园生活，举办许多贴近学生生活的活动，如开展“凝杏林之力 创美好未来”寝室建设、“第十届歌手大赛”、“传承岐黄薪火 弘扬国医文化”健康宣讲、“创新意 普权益3·15短视频”大赛、“防范诈骗，宣传有我”预防诈骗短视频宣传大赛、第十届职场之星大赛、“湘”安无事“杏”福校园主题校园安全月；以“喜迎二十大　奋进新征程”为主题的系列学生活动，具体有：“二十大之旗领航向　十八岁青春撰新章”演讲比赛、“青春献礼二十大　强国有我新征程”征文比赛、“音你不凡，声入人心”大赛、“开拓新思想 辩响新时代”辩论赛、“喜迎二十大 扬温馨寝室之帆”寝室文化设计大赛、拔河比赛等共计100多个学生活动。将思想引领工作融入其中，学生喜闻乐见又得到了思想上的提升。最后，重视日常基础思想工作。要求团支书定期召开团支部会议，鼓励学生开展团日活动以及团支部活力提升建设，团委定期检查团支书手册与智慧团建的录入情况等。

二是特色项目意义非凡，切实做到服务社会。湘杏学院团委充分发挥中医药专业学生服务社会的功能，积极开展志愿活动并被多家媒体多次报道。深耕中医药特色，通过中医药文化知识的传播、健康知识的科普等多方面开展社会服务活动，大力促进中医药文化的传播和发展。将中医药文化通过实践活动辐射社会，实现中医药文化“大众化”。在实践方式和地域的选取上，结合实践当地自然环境和人文背景下，在教育、养老、传承乡村优秀传统文化方面，助力学生创新创业的推动与发展。与多个乡镇合作，长久建立“乡村振兴社会实践基地”开展创新创业项目落地，助力乡村振兴的产业振兴与农业振兴。为大学生创造和提供大量的社会实践机会，培养并增强学生服务社会的责任意识。

三是在培育的过程中建立全程导师机制，为自驱型团员发展加足马力。开展学院层面的“导师支持”计划，关注“弱势”学生，从生活、学习和心灵方面给予支持；另在实践方面给予全程指导，如“青年返家乡”“三下乡”等社会实践活动。在各种活动中，如往年开展的“雷锋杯”“创新创业大赛”等给予学生全程指导，发挥学生的主动性，带动学院学生发展整体向好。

四、创新启示

学院的发展离不开青年学子，青年的成长进步、成才平台的广阔度也依赖于学院的持续发展，两者相互促进，互为依存。共青团是优秀青年的群众组织，这也决定了团组织必须抓住为学校发展服务、为青年人才成长服务这两个关键点。因此，在培育青年骨干时，既要让青年学子主动参与到学院管理中，又要给予他们发展的空间和平台。

在院团委的层面上，结合本学院或科室发展历程、经验累积、专业构成等方面制订符合学院学生培养的方案或者是关注学生某项能力培养的特色活动计划，如我院团委实施的“团学青年骨干成长营项目”。在形成常规动作的同时与时俱进，最终内化为学院学生可激励的“精神引领”和可共识的“价值观念”，从而实现培养能体现“专业特色”和高校“性格特色”的学生。

最后，在培育出来的优秀青年学生干部的带领下，持续优化现有学生活动品牌，打造以“人格“塑造为主的重点活动品牌；除此之外，关注学生主体性需求，下沉配套资源到小社团、班级或小组等体量微小的组织群体，最终辐射到全员。让青年学生干部在组织中增加参与感和获得感，激励学生创新思想、创新方式，促进学生全面成长和实现自我管理、自我教育与自我服务。

构建“团干部 + 医务社工 + 青年志愿者”三联工作模式

——汇聚青年力量，服务医院大局

汤　仙

一、实施背景

随着医疗体制和共青团改革的不断深入，医院共青团组织面临新的工作要求，为贯彻落实新医改政策及共青团改革，在医院党委正确领导和大力支持下，我院于2020年6月成立医务社工部，归属团委管理，团委初步探索建立“团干部+医务社工+青年志愿者”三联工作模式（以下简称“三联工作模式”），以“凝聚青年、服务大局”为工作职责，探索新时期高校附属医院共青团工作新思路、新方法，汇聚青年力量，服务医院发展建设大局。

二、典型做法和实施过程

（一）工作思路

近年来医院共青团工作存在团员青年人数多、团组织活力不够、团干部工作热情不高、青年参与度低等问题，且由于医院志愿者流动性大、服务意识不强，难以充分发挥团组织在服务医院发展建设大局中的作用。基于此，团委在校团委和医院党委的正确领导下，从客观实际出发，由医院团委具体牵头，积极引进医务社工，完善青年志愿服务体系，探索构建“团干部+医务社工+青年志愿者”三联工作模式。团委干部根据医院需求，做项目总体设计，确定开展志愿者服务项目名称、项目总目标；医务社工根据项目总目标设计每次活动的实施方案，包括活动主题、时间、地点、参加人员等；青年志愿者协助医务社工做好活动物资、物料等准备工作；团干部、医务社工、青年志愿者共同参与实施志愿服务。这样通过团干部指引工作方向，医务社工献计献策，青年志愿者参与，三方联动开展工作，搭建工作平台，拓展社会实践渠道，探索新时代医院志愿服务工作、共青团工作新方法、新模式。

（二）工作机制与载体

1.工作机制。（1）稳固扎实的组织架构。团委为医院一级科室，行政级别为正科级，医务社工部归属团委管理，现有专职团干部3人，医务社工2名，兼职团干部69人（医院职工团干部40人，大学研究生团干部29人），注册青年志愿者1 380人，含大学生志愿者550人，团队成员来自管理、医疗、教学、科研、社会工作等不同领域，学历层次本、硕、博均具备，为该项目提供了人才支持。(2)持续广阔的项目平台。团委大力开展各类志愿服务工作，立足专业，打造特色服务，为青年参与社会实践提供广阔平台。如关爱烙印天使、C-A-B急救公益、心肺复苏培训校园公益行、牵手夕阳红等一系列专业特色志愿服务项目持续实施。（3）坚强有力的条件保障。物资经费支持有保障，团委每年经费预算20万元。提供固定办公室，并配备有电脑、电话、打印机、复印机等办公设备。争取多项外部支持，省民政厅“明天计划”“福康工程”慈善项目正在我院实施。“天使妈妈”慈善基金会、雅医基金会、水滴公益、轻松公益等均为我院提供资金支持。（4）强化制度保障。主管院领导定期联系共青团组织，出席团的活动，听取团的工作汇报，指导共青团工作开展，构建起党委领导、部门联动、共同推进的工作机制。

2.工作载体。不断完善的信息网络平台，开通“附一团委”微信公众订阅号，利用网上舆论宣传引导，扩大医院及团委工作的影响力和辐射面。创建“团干工作群”“青年志愿者群”等，不断加强和完善广大团员青年沟通和交流平台。开展形式多样的学习教育，开展“学党史、强信念、跟党走”党史学习教育，组织开展“青年大学习”，举行青年故事分享会活动，开展青年读书会，向各团支部发放《年轻人》《读者》等书籍、刊物，传播正确的理想信念与健康向上的生活方式、行为方式。

三、工作重点及成效

（一）以团员组织为聚力，推进共青团服务工作

1.夯实基础促团建。医院团委—团总支—团支部三级组织架构运行顺畅。医院34个团支部、69名团干、28岁以下注册团员信息全部录入共青团 · 智慧团建系统，进一步完善了团员网络化、信息化管理。

2.社工服务有成效。2021年，开展个案辅导共计147个，服务982人次；开展小组活动32节，服务人数246人次；开展社区活动15场，服务人次535人次。社工链接发展活动物资及经济救助款61.3万元。社工引入第五、六期

团干部、医务社工、青年志愿者于儿童节在儿科病房开展关爱活动

“萌芽计划”项目，“用爱温暖就医路”项目、“粉红丝带——乳腺癌救助”项目等帮助20名患者成功申请救助，社工的服务获得了患者及家属的肯定与认可，收到了患者赠送的“白衣天使，服务精湛”锦旗。社工服务营造了温馨祥和的科室氛围，促进了和谐医患情，为患者及家属提供了人文关怀和社会支持。

（二）以医疗工作为中心，抓好共青团品牌活动

1.深入开展志愿服务工作，形成品牌工程。目前有注册志愿者1 380人，其中青年志愿者占90%，今年新招募研究生、实习生志愿者526人。团委组织志愿者开展导医导诊、病房关爱、为老服务、义务植树、无偿献血、健康宣教等一系列志愿服务，志愿者参与4 000余人次，志愿服务时长达5万余小时，引领全院广大团员青年立足岗位、文明从医、优质服务，得到了患者及家属的肯定。志愿服务工作由常态化、制度化逐步走向项目化、品牌化。

2. 抗击疫情，彰显青年担当。2020年初，新冠疫情肆虐，团委第一时间响应医院党委号召，发出抗击新冠疫情志愿者招募令，青年党员、团员职工志愿者500余人踊跃报名参加，投身抗“疫”一线，志愿者5 000余人次参

2020年初新冠疫情暴发时，团委迅速组建抗疫青年志愿者服务队

与医院预检分诊、体温测量等疫情防控一线志愿服务工作。同时还迅速组建了一支由医院领导、青年志愿者等56人组成的关爱志愿服务队，共分为9组，专人负责对口开展慰问，对抗疫一线职工及家属上门开展“一对一”“点对点”关爱帮扶，共有志愿者500余人次参加了志愿服务，参与慰问260余次。2021年7月至8月湖南疫情加重时期，团委组织医院青年志愿者400余人（其中含招募有研究生、规培生、实习生志愿者）分别在预检分诊、疫苗接种点、门诊各楼层、各核酸采样点等为患者提供咨询、导诊、疫苗接种、自助机使用、维持秩序、指导互联网医院程序使用等志愿服务，服务患者3万余人次。目前，疫情形势复杂多变，疫情防控成为医院常态化工作，无论春夏秋冬，严寒酷暑，每天都有青年志愿者投身预检分诊、核酸采样、防疫宣传、秩序维护、文明劝导等志愿服务工作，哪里有需要哪里就有他们的身影。青年志愿者成为医院抗击疫情的一支重要力量。

3.推选优秀项目参加各级志愿服务项目大赛，不断提升志愿服务质量。团委对形成项目的志愿服务，邀请专业评委对志愿服务项目进行评估、指导、提升，并推选优秀志愿服务项目积极参加各级青年志愿服务项目大赛，通过比赛，不断提升志愿服务项目品牌质量。团委志愿服务工作获全国青年志愿服务项目大赛铜奖1项、湖南省青年志愿服务项目大赛金奖2项、银奖1项，湖南省医院优秀志愿服务项目奖1项，湖南省2020年“雷锋杯”“百强项目”2项。通过参加青年志愿服务项目大赛，不但提升了医院青年志愿者服务质量，还充分展示了医院青年志愿者风采，传播了医院青年声音，传递了医院青年正能量。

（三）以服务青年为根本，引领青年岗位建功

1.大力创建青年文明号。医院团委制定出台了《医院青年文明号创建评选管理办法》，开展了青年文明号创建工作培训。近年来，经过层层评选竞技，我院荣获了1个“第20届全国青年文明号”（全省仅4个），实现了我院创青年文明号“国字号”“零”的突破，获评了5个省级青年文明号。医院目前有3个科室正在创建全国青年文明号，3个科室正在创建湖南省青年文明

第一附属医院国际合作与交流办公室荣获“第二届湖湘最美丝路青年集体”

号，12个集体正在创建院级青年文明号，“青年文明号”已经成为优秀青年集体的崇高荣誉，是加强医疗职业道德和精神文明建设的重要载体。

2.青年成绩硕果累累。团委积极组织评选并向上级团组织推选优秀青年，2名青年同时荣获第18届“湖南青年五四奖章”，开创了我院青年工作荣誉史的先河。获评1个“湖湘最美丝路青年集体”、1个“湖湘最美丝路青年”，1名青年获评“湖南省优秀共青团干部”，2名青年获评“湖南省青年岗位能手”等，3名青年获“湖湘青年英才支持计划”项目支持等。

3.立标杆树榜样勉励青年。今年团委隆重召开了庆祝中国共产主义青年团成立100周年暨“五四”表彰大会，表彰了6个“五四”红旗团支部，10名优秀共青团干部，20名优秀共青团员，30名优秀青年工作者，30名优秀志愿者，为全院广大团员青年树立了榜样，激励广大青年努力工作，开拓进取，乐于奉献，不断为医院发展建设贡献青春力量。

4.“三联工作模式”实践探索初显成效。团委发表了研究论文2篇，申报获批立项湖南中医药大学研究生教育教学改革研究课题1项。2021年团委获评1个“全国高校活力团支部”，获评“湖南省直共青团信息工作优秀集体”、大学“五四红旗团委”、医院宣传工作“先进集体”等荣誉。

四、工作思考与下一步计划

实践证明，“团干部+医务社工+青年志愿者”三联工作模式，有利于进一步充实共青团工作力量，更好地指导医院志愿服务工作，改善医疗服务质量，加强医院人文关怀体系建设，并从实践中激发青年社会责任担当意识，更好地服务医院发展建设大局和人民卫生健康事业，值得推广。

下一步我们将从“强队伍、稳根基、建机制”九字方针、三个方面下功夫开展工作。进一步加强“三联模式”人才队伍建设，充实团干部队伍和引进优秀医务社工，为更好地开展工作奠定基础。不断稳固“三联模式”根基，“三联模式”还处于初步阶段，根基不够稳固。目前长沙市三甲医院设置医务社工部门的不超过10家，医务社工知晓度不高，缺乏归属感、获得感。志愿者的主体是高校研究生、实习生以及医院青年职工，其学习、工作等自身情况决定了志愿服务时间和服务效果的不确定性，不利于工作开展。须畅通团干部、医务社工、青年志愿者沟通渠道，三方联动，协调开展工作。建立健全“三联模式”工作机制，制定医务社工考核细则，加强志愿者组织领导，细化志愿者培训内容，完善志愿者激励机制等。通过优化以上三方面工作，以最大限度汇聚青年合力，为医院高质量发展不断贡献青春智慧。

疫中取义　心的温度成就新的高度

——第二附属医院近三年青年志愿服务工作全景扫描

许　可

一、实施背景

湖南中医药大学第二附属医院（以下简称“我院”）志愿者服务队成立于2012年，一直立足岗位，致力于“为民服务、创先争优”活动的开展，现有注册志愿者629人。

2020年新冠疫情暴发以来，疫情防控成为我院工作的主题，各方资源都为此服务，加上时不时需要派出医疗队支援疫情重灾区，人力资源不堪重负。

在这种情况下，青年志愿者服务队“义”字当头、全线出击，为确保医院正常运转、助力疫情阻击战、服务病患和百姓、弘扬社会正能量、传播中医药文化，发挥了重要作用。

这个过程中，在院党委领导和多部门配合下，院团委因势利导，以“呵护心的温度”为情感依托和目标导向，把我院的青年志愿工作推向了一个新的高度。

二、典型做法和实施过程

（一）心系疫区同胞，白衣战士南征北战

同胞危难比天大，不灭妖魔终不还。

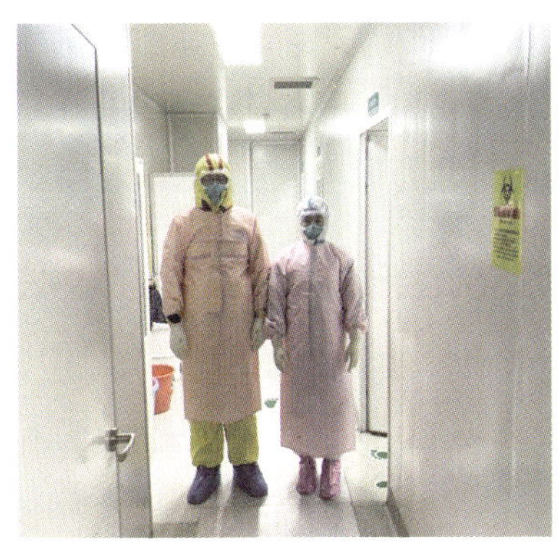

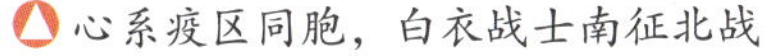
心系疫区同胞，白衣战士南征北战

湖南中医药大学第二附属医院国家援鄂中医医疗队

3年疫情，我院先后派出多支医疗队，战武汉、援上海、赴吉林、进西藏……每一次出征，都是义无反顾；医生、护士、检验师、院感专家……每一名白衣战士，都是人间天使。

2020年春节刚过，武汉暴发的新冠疫情，牵动着每一位医务工作者的心，“到最需要的地方去”成为大家共同的心声。

1月28日，组建援鄂预备队的通知发出，全院掀起了“争锋点将台”的热潮。仅仅半天，就收到两百余份来自医疗、护理、行政、后勤等各部门人员的“请战书”。

2月8日，后来被称为“庚子七勇士”的毛以林、祁双林、华光、陈琼、蒋霞、周丽凤和谢宇雯，代表我院志愿者，正式编入国家援鄂中医医疗队，渡江北上，接管武汉江夏区大花山方舱医院湘五病区。这是全国唯一以中医药为主、中西结合治疗新冠的医院。

从2月10日进舱到3月10日休舱，“湘五区”接诊新冠患者113例，治愈97例，无1例加重。7名队员，无不表现出了坚强的作风，也获得了很大的成长。

2月13日，是青年团员谢宇雯的24岁生日。这一天，她郑重地向在病区内刚成立的临时党支部递交了入党申请书。在和6名党员同事并肩战斗的一个月里，她切实做到了在入党申请书中所写的，“自觉接受党组织的考验，时时刻刻严格要求自己”，表现十分优异。凯旋返湘前，谢宇雯面向党旗，庄严地举起了右手。

疫情最严重的这一年里，以湖南省新冠中医医疗救治专家组副组长、我院副院长游柏稳为首，10名专家组成省级救治团队，纷纷告别亲人，奔赴长沙、株洲、益阳、娄底、永州、怀化、湘西等市州，驻点当地的“小汤山”，开展中医药技术指导，正是以他们为代表的中医专家们共同努力，湖南省新冠肺炎中医药参与率高达96.56%。

2022年4月，当疫情卷土重来，我院多达50名志愿者组成的医疗队，紧急救援，接管了整一座方舱医院。

长达一个多月的时间里，他们互相扶持、并肩战斗，不仅圆满完成医疗援助任务，还在方舱里办起了“仲景文化小课堂”，传播中医药文化。

这一年“5·12”护士节，医院举办的庆典现场，与援沪医疗队连线。那一刻，前方与后方、战士和亲人、兄弟和姐妹，互诉衷肠、互道珍重，荧屏的两端，热泪恣意流淌、斗志愈加昂扬。

3年里，我院参与了南征北战的抗疫勇士，多达100多人次，背后催人泪下的故事，不胜枚举。其中，祁双林、华光、刘阳紫等志愿者，更是因多次出征，而被尊称“抗疫老将”。

他们，完美地诠释了志愿精神。

（二）心牵后方百姓，挑灯夜战药香倾城

从来医药不分家。为有效控制疫情传播，在阻击疫情的战场上，我院药剂科全民皆兵的同时，组建了一支中药预防志愿小分队。

他们全力出击，赶制救命药，保障预防药，让中药特有的氤氲之香，飘荡在苍穹之下、城市之上。

多少个夜晚，当整座城市已经安睡，我院中药房依然灯火通明，中药熬制机器的轰鸣声一刻也没有停歇。为帮助更多新冠肺炎患者尽早康复出院，我院充分发挥中医药在治病防疫中的优势，为定点救治医院提供“一人一方”服务，为每位患者送上“及时药”。

心牵后方百姓，挑灯夜战药香倾城

由于工作流程的原因，每天都要下午5点后，定点救治医院的处方才能到达我院药剂科。药师们马上加班进行调配，赶在晚上10点前完成煎煮，再马不停蹄地送往定点医院。

与此同时，每天还要源源不断地生产预防用的中药。这些药，被一车车送往省疫情防控指挥部，保护工作人员的健康安全；12万剂送往全省各大企业，助力复工复产；3 000余剂送往基层工作人员和环卫工人手里，保障封控期间社会基本运转。仅2020年长沙因疫情而封控的那段时期，我院制作、赠送的预防中药就达33万余剂。

为解决疫情期间百姓出门购药难的问题，药剂科及时推出一项便民举措——新冠预防中药在线填报需求，快递到家。购药人群遍及全国各地，甚至远销印尼、非洲、欧洲等地。

这项举措，大大优化了购药流程，得到了广大群众的高度赞扬和认可。老百姓只要通过“预防中药咨询群”了解中药信息，通过“网购预防中药工作群”下订单，就可以坐在家里等药上门，既省去了在医院排队的麻烦，更避免了群体聚集交叉感染的风险。

“方便”的背后，是药剂科志愿者们不辞日夜的辛劳。“我收到的药是昨天晚上11点发的快递，那么晚了还没休息，向你们致敬”，这样的群众反馈，便是最好的明证。然而，只要听到“省中医院的药材质量非常好，没有一点杂质，还想再买点”这样的评价，志愿者们就觉得，所有的辛苦都值了。

此外，防疫中药香囊得以开发，为临床一线医务人员和来院就诊患者免费提供，颇为抢手；“绿色开药通道”应势而生，药剂科志愿者主动放弃休息时间，每天工作十几个小时，只为让市民尽快收到预防中药。

一袋袋、一杯杯中药，送上的是温暖，传递的是爱心，坚定的是信念。

（三）心怀抗疫大局，平凡岗位各显神通

新冠疫情阻击战的持续时间之长、波及范围之广，实属罕见。战“疫”中，最引人注目的，自然是那些奔赴一线的勇士们，然而，在后方“守护家园”的平凡岗位上，同样有很多志愿者，默默地倾尽所能，做出了不可磨灭的贡献。

有段时间，只要你走进医院大楼，你会发现，有这么一群“不爱红妆爱武装”的白衣战士，防护服是她们的盔甲，体温枪是她们的武器，她们守在大楼入口，对每一个进门者都实行“无差别攻击”。其实，她们只是在守护“体温检测”这第一关。她们有个共同的名字——志愿者。疫情阻击战打响后，志愿者第一时间在医院入口处设立体温监测点，对所有来院人员逐一进行体温监测，将预检分诊的关口前移，降低交叉感染风险。

与此同时，住院病房也实施着严格的门禁管理。一位82岁的李爷爷，因胸闷、气促来我院就医。一到病房门口，他就被志愿者小姐姐给拦住了。一问之下，发现李爷爷没有通过预检分诊，就直接上病房来办理住院。这自然是不能“放行”的。老爷子一听说要重新去一楼接受检查再办理住院，立刻勃然大怒：“为什么以前没有的程序现在却要这样做？摆明着耽误病人的治疗！医院是要方便病人的，怎么能弄得这么麻烦呢！”志愿者小姐姐温声细语地耐心解释，并把医院新下达的住院流程表拿给他看。再三劝解下，李爷爷

终于表示了理解，还对志愿者小姐姐竖起大拇指：“有你们把关，在医院看病我很放心！”

门禁管理，阻击的是病毒，留下的是爱。

毛蓓是志愿者团队中的一员。原本报名请战驰援武汉的她，因人数已满“壮志未酬”，遂“退而求其次”，来到医院抗疫最前线——发热门诊，当起了一名志愿者。

每天，她都要穿着防护服，戴上防护口罩和面屏，从早上7点半开始，一直值班到下午4点，中午只有半小时吃饭时间。她上班前不敢喝水，上班期间更没办法喝水，因为要节约防护服，不能随时上厕所。发热门诊病人多，她一边要维持秩序，一边还要安抚部分急躁患者。一天下来，全身酸痛、口干舌燥、声音嘶哑是常事，但从没听她说过一个累字。

像毛蓓这样的志愿者还有很多。发热门诊志愿小分队的队员，遍及医疗、护理、行政、药剂和后勤等各个部门，经常还有刚下夜班或坐完门诊却放弃休息的临床一线志愿者。正是他们，用满腔的热情，筑起了医院第一道安全防线。

兵马战前线，粮草岂容歇。2020年春节前夕，疫情阻击战刚一打响，一支服务保障志愿小分队就成立了。

志愿者张啸龙，是我院器材科的采购员。如果说口罩、隔离服等防疫物资是前线战士必备的装备，那么张啸龙就是“制造”并保管装备的那个人。

当时，许多经销商和厂家早已放假，张啸龙便把整个长沙城从西到东、从南到北，来了一次“地毯式搜索”，靠着经销商提供的消息渠道，一家家地去现场看货。

大年三十，他驱车10个小时，把刚满周岁的女儿送回浙江义乌老家。正月初二，他便独自返回长沙，一心投入防疫物资的筹集工作。

一批一批的口罩、手术衣、隔离衣等防疫物资，经他之手来到了医院。每一天，他都不停地从外调货，给科室发货。

作为各种渠道调货、全院需求的对接人，张啸龙的手机成了最忙的热线。

往往，他正在跟临床科室微信语音通话，冷不丁就被电话呼入打断。电话刚接完，马上给临床回电。回复完毕，立即又拨打物资联络电话。他说这是头一次，才半个月时间，就把套餐的语音通话用掉了1000多分钟，微信好友更是激增大几百。

无论从哪里获得任何一点物资线索，他都详细去了解，一旦符合医院采购与使用要求，便立即汇报给领导定夺。只要一听到有比较确凿的物资消息，他总是第一时间出发去一探究竟。就连在湖北黄冈可能有口罩的消息，他都请战前往。

库房里所有的防疫物资，只有他最了解，专业知识张口即来。所以，他总是一遍遍不厌其烦地讲解普通医用口罩和医用外科口罩的区别、N95/FFP2/FFP3口罩带不带呼气阀的使用方式、EN14126标准的防护服的适用范围，等等。而在口罩的使用上，他坚决奉行厉行节约的原则，并呼吁身边的人减少防疫物资的不合理消耗。

以张啸龙为代表，服务保障小分队的志愿者们，几乎一刻也没闲着，经常白天到处奔波，搜罗医用防护物资，深夜又赶赴黄花机场，接取海外华人定向捐赠的“安全护甲”，忙碌完毕已是天边发亮。

门诊大厅，一系列志愿者举措同时推行。设立导诊志愿者岗亭，对危重、行动不便的患者免费提供轮椅，并全程陪诊、陪检、代办住院手续等；建立首问责任制，耐心答疑解惑；设置意见箱，以便患者及时反馈信息；各楼层均配备饮水机和一次性杯子，为病友免费提供饮用水。系列举措的推行，使患者满意度大幅提升。

谁说站在光里的才是英雄？这些在平凡岗位上各显神通的志愿者，同样值得尊重。

（四）心从受众需求，宣传喉舌火力全开

宣传，是最好的战斗动员。“双黄连”对新冠肺炎有效果吗？防疫及心理疏导如何做？一系列问题困扰着大众。宣传志愿小分队急群众之所急，想群众之所想，及时发送疫情相关信息，以及疫情期间市民们关注的健康问题，

比如“糖友”如何饮食、孩子视力下降怎么办、怎样增强儿童免疫力，等等。

为宣传抗疫先进典型，2020年2月，我院面向全院职工征集抗疫故事，在官网、官微上推出“疫情防控，附二行动——身边的故事”专栏，共发稿22期、80余篇。

同年上半年，一套精心策划的《庚子伏魔——新冠肺炎疫情防控阻击战实录》上下册震撼出版，收录了我院全面抗疫史，援鄂七勇士的亲身经历、家书感悟，各岗位不同视角的抗疫工作体会等。一篇篇饱含真情实感的纪实性原创稿件，配上特邀专家量身定做的主题化格律诗词，赢得了广泛赞扬，不少群众要求赠书，一时“洛阳纸贵”。

此外，宣传志愿小分队多管齐下。推出《新冠肺炎诊疗方案治疗药物信息汇编》等书籍，解决市民关注的热点问题；开展“抗击新冠肺炎的药学服务”网络直播授课，帮助基层医务人员提高抗疫技能；科普新冠肺炎病毒的知识，开展预防中药的咨询；等等。

火力全开之下，群众的诸多疑难得以解决，中医药文化得以传播，医圣仲景的精神得以弘扬。

（五）心忧战时情绪，知心姐姐春风化雨

每逢大战，必防后患。对一线医务人员开展心理支持和危机干预，不容忽视。

2020年1月下旬，我院成立了一支疫情心理咨询志愿服务队，以保障一线医护人员的心理健康为宗旨，突出精准施策，实现分级分类，无偿向公众及一线医护人员提供心理支持和心理疏导服务。

7名护士秒变“知心姐姐”。她们分别是：谭磊、郭维、邹艳艳、胡时贵、刘雨花、肖丽丽、王漫丽。

心理咨询志愿服务队甫一成立，便对院内一线人员进行了心理状况筛查。结果令人担忧：心理状况良好的占66.4%，较差的占26.2%，很差的占7.2%。

“知心姐姐”们针对高危人群，立即采取心理危机干预，增强重点目标人群战胜疾病的信心，有效减缓因疫情而引发的心理问题，做到及早预防、及

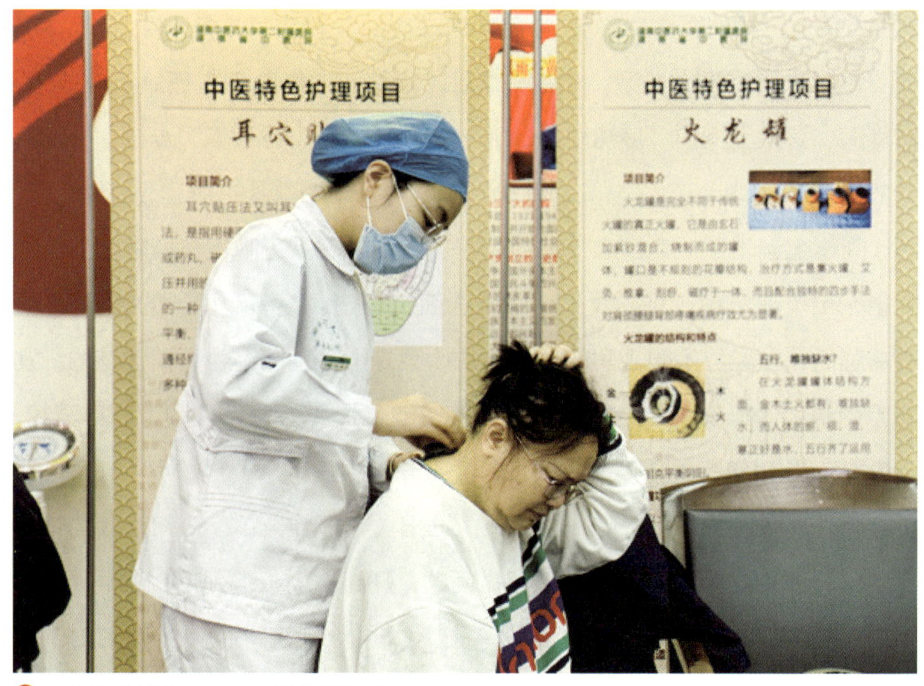

心忧战时情绪，知心姐姐春风化雨

时疏导、有效干预，尽量控制疫情对群众心理的影响，避免极端事件的发生。

同时，她们积极开展心理健康教育，经常在一线医务人员微信群里，通过开展互动、分享故事、推送心理防护技巧等方式，提供专业服务。短短两个月里，她们实施的心理疏导、救援和干预就达300余人次。

逆行的勇士，更应关怀。每一周，“知心姐姐”团队都会指定专人，对7名援鄂队员及其家属通过电话谈心等方式，全面了解其心理状况、实际需求与困难，帮助他们缓解心理压力，针对失眠、焦虑等不良现象和情绪，提供心理疏导和咨询服务。

此外，对新冠患者及普通市民，心理咨询服务队也开通了咨询专线，无偿提供服务。专线开通仅两个小时，团队就同时接待了10余人次的心理咨询；当天晚上，信息、电话仍然连绵不断，直至次日凌晨1点左右才消停下来；随后，更出现了断断续续咨询整整48小时的极端个例。

据不完全统计，专线开通以来，“知心姐姐”们共提供心理咨询100余人次。

春风化雨，润物无声。那段疫情阴霾笼罩的日子里，心理咨询志愿服务队的7位“知心姐姐”，成了能量的加油站、心灵的休憩港。

三、工作成效

据统计，3年疫情期间，我院志愿者累计开展志愿服务17 912小时。按629名注册志愿者计算，人均开展志愿服务28.48小时。

或许数据并不耀眼，但是，我们已经问心无愧。一系列荣誉，让我们由衷地感到欣慰。

2020年6月，在湖南省精神文明建设指导委员会、湖南省学雷锋志愿服务工作委员会联合举办的“新冠肺炎疫情防控学雷锋志愿服务先进典型”评选活动中，我院志愿服务队脱颖而出，荣获“湖南省新冠肺炎疫情防控学雷锋志愿服务最佳志愿服务组织”称号，是全省唯一获此殊荣的医疗机构。

学雷锋示范点

2021年3月，中共湖南省委宣传部印发《关于命名首批湖南省学雷锋活动示范点和岗位学雷锋标兵的决定》，我院获评首批“湖南省岗位学雷锋活动示范点”，是全省唯一获此殊荣的中医医院。

2021年5月，我院门诊团支部获得共青团湖南省委颁发的“湖南省五四红旗团支部（总支）”荣誉称号。

2020年和2022年，我院团委在共青团湖南中医药大学委员会的五四表彰中，两度荣获“五四红旗团委”称号。

徐丹、黄靖、杨铭等48名同志，分别荣获共青团湖南中医药大学委员会颁发的“优秀共青团干部”“优秀共青团员”“优秀志愿者”等荣誉称号。

荣誉背后，是活力的迸发。除了疫情防控志愿服务，我院青年将青春风采全方位绽放。

结合“雷锋月”“国际志愿者服务日”“关爱空巢老人”“进一步改善医疗服务行动计划”等主题，协助医院精准扶贫和乡村振兴工作，志愿者们坚持开展集科普、保健、医疗、义务劳动于一体的服务活动。

带着热情、带着知识、带着技术，志愿者们主动进机关、进学校、进社区，普及医疗知识，传播中医药文化。

党的百年诞辰，我院选送的混声合唱《走向复兴》，在全省卫健系统“颂歌献给党”活动中被评为“十佳作品”。

湖南省第二届中医药科普大赛，我院原创的大型音诗画《古今医圣魂》一举夺魁。

如果套用《少年中国说》里的名句，或许我们可以说：青年强，则医院强。

因此，2021年3月，当“全国进一步改善医疗服务行动计划”双满意十佳优秀中医医院评选揭晓，我院榜上有名，我们可以骄傲地认为——军功章里，有青年志愿者的一份功劳。

四、工作思考与下一步计划

近年来，我院共青团的组织架构不断完善，团的活力不断提升，凝聚力和战斗力不断增强。在医院成长壮大过程中，共青团组织逐渐由厚植基础到形成特色，交上了一份青春奋发的生动答卷。

总结经验，主要在于始终坚持围绕中心、服务大局、团心向党、群策群力；在于始终坚持凝聚青年、引领青年、服务青年、发展青年；在于始终坚持贴近时代、贴近岗位、立足医院、干事创业。

看到成绩的同时，我们也清醒地认识到，当前的团工作，与党的要求和青年期待相比，还有一定的差距；与医院发展和社会进步的要求相比，还有一些不足。

主要表现在：思想政治引领需进一步加强，管理工作机制有待进一步完善，服务医院中心工作的能力和水平有待提高，基层团组织主动性、创新性工作思维有待激活。

这些问题与不足，需要在今后的工作中齐心协力、攻坚克难、逐一解决。

回首过去，我们不辱使命；展望未来，我们勇往直前。

时逢百年未有之大变局，如何在新形势下不断增强青春活力，永葆医院共青团组织的政治性、先进性、群众性，如何在建设高水平研究型中医医院的征程中展示青春才华，是我们必须认真分析和深入思考的重大课题。为此，我们明确了今后三年我院共青团工作的指导思想和基本思路。

以习近平新时代中国特色社会主义思想为指导，落实医院党代会战略部署，围绕医院党政中心工作，增强团组织的政治性、先进性、群众性，提升团基层的组织力、引领力、服务力，抓牢青年工作主线，团结带领团员青年们不忘初心跟党走；要求团员青年坚持以学习贯彻习近平总书记关于青年工作的重要思想为统揽，自觉地把自己的命运与国家、民族的命运紧密联系在一起，与医院的发展建设紧密联系在一起；坚持秉承“仁爱、精诚、博学、笃行”的院训，艰苦奋斗、求真务实、开拓创新，扎实推进我院共青团的各项工作和建设，助力我院建设高水平中医医院。

具体来说，将从以下四个方面发力。

（一）加强自身建设，全面推进从严治团

1.坚持开展思想政治主题教育，武装青春思想。坚持用习近平新时代中国特色社会主义思想教育青年、引导青年，以实现团员青年的全面发展为目标，切实推进思想政治教育贴近实际、贴近生活、贴近青年。契合医院发展各项重大工作，通过开展团干培训班、团员青年学习班、主题团日教育活动、“五四”青年节表彰等教育形式，向青年有效传播党的主张，用党的科学理论

和医院发展新理念引领青年。配合院党委号召全院团员青年在思想、行动上有所作为，以良好的精神风貌和作风扎实工作，争当岗位标兵。

2.建立健全新形势下工作机制。树立“一切工作到支部，一切工作靠支部”的理念，持续加强支部规范化建设，全面激发支部活力。一是进一步建立、健全《团委工作职责》《团员组织生活制度》《推优入党制度》等制度，构建医院团委工作长效机制，提升基层团支部的组织功能；二是创造一个良好的工作环境，定期和不定期地向医院党委汇报团的工作，努力争取上级组织的政策支持和帮助。

（二）坚持“党建带团建”，当好党的助手和后备军

1.创新“党建带团建”工作路径。坚持党建带团建、团建促党建，努力形成党团互促互进共同发展的良好局面。在党的领导下，完善党建带团建工作结构调整，积极拓展“党建带团建”工作平台，进一步规范做好共青团推优入党工作，引导青年在政治上勇于进取，积极向党组织靠拢。

2.提高团组织的凝聚力和战斗力。积极拓展团建新领域，提高团员青年组织意识，增强团组织的凝聚力，把全院团员青年更好地团结在党团组织的周围。深化共青团的组织覆盖机制，形成以共青团组织为核心、志愿服务为抓手的工作体系，实现团员青年全覆盖。定期开展团组织会议，进一步加强共青团民主建设，提升广大团员青年参与团内各项事务的能力。不断调动青年工作的积极性、创造性、高效性，努力打造一支“政治可靠、技术精湛、团结奉献”的团员青年团队。

（三）服务医院中心工作，提升青年综合素质

1.结合医院发展特色，营造良好氛围。紧密围绕医院的发展大计，用党的先进思想、先进理论、先进作风，指导和不断改进医疗服务工作，在青年医务人员中强调“规范、质量、以病人为中心”的服务意识，在青年医务人员中倡导奉献精神和责任意识，让广大团员青年更加积极地投入到全心全意为病人服务的工作中去。

2.建立相关制度机制，提升青年医疗科研水平。主动融入医院“十四五”

发展规划中的“领军人物、学术（专科）带头、中青年科研骨干”为主体的塔形人才结构，完善团员青年科研考核机制。将科研参与、论文发表等作为团支部、团员个人量化考核的重要项目，同时也作为团内评优评先的重要指标。调动团员青年们参与院内技术人员比赛的积极性，以赛促学，提升团员青年们的专业理论水平和实际操作技能。

（四）丰富团组织生活，激发青年活力

1.完善志愿服务工作机制。围绕医院发展目标和各项中心工作，完善“雷锋志愿服务站”工作机制。结合“雷锋月”“国际志愿者服务日”“进一步改善医疗服务行动计划”“关爱老人”等公益主题，各基层团组织结合自身实际情况，开展多样化志愿服务活动，激发为社会服务的精神，丰富主题团日活动，提升志愿者服务工作内涵。

2.关心青年成长，服务青年成才。着眼于服务青年，以丰富多彩的文化娱乐活动为载体，积极开展寓教于事、寓教于赛、寓教于乐的活动，如征集影评、读书交流分享会、健康科普等活动。丰富广大团员青年的文化生活，陶冶其思想情操，满足团员青年的业余文化生活需求，提升其精神境界，从而增强团组织的凝聚力和战斗力，促进医院文化建设。逐步完善建立团内青年关怀体系，开展老党员对团员青年“传帮带、手把手”的形式，并与教育引导和服务青年紧密结合起来，针对团员感兴趣的话题和工作生活中的所疑、所惑，搭建学习交流平台，将团工作做到青年们的心坎上。

未来，我院团委将带领全院团员青年，用实际行动，做出无愧于时代、无愧于青春的成就，担负起新时代党赋予我们的庄严使命，以饱满的热情、昂扬的斗志，实事求是、朝气蓬勃、锐意进取，为把我院建设成为高水平中医医院而努力奋斗。

提升新时代青年“贡献度”建设作风优良团支部

——第一中医临床学院团支部建设示范工作

黄　欢

为深入学习党的二十大精神，切实加强团支部建设，更好地发挥团支部的战斗堡垒作用，结合五年来我校开展的团支部建设活动月的经验，现就进一步加强团支部建设提出如下实施意见。

一、充分认识加强团支部建设的重要性和紧迫性

（一）切实加强团支部建设是贯彻习近平总书记重要讲话精神的必然要求，是落实团的十八大的重要行动

2018年6月，习近平总书记在同团中央新一届领导班子成员和团十六大部分代表座谈时发表了重要讲话，对在新形势下推动共青团事业实现新发展提出了一系列重要的要求，力争使团的基层组织网络覆盖全体青年，特别强调要大力加强团的自身建设，坚持眼睛向下、重心下移，各项工作和活动影响全体青年。团的十八大报告鲜明指出，团的基层组织决定着共青团最本质的影响力、战斗力和生命力，是共青团履行根本职责的主要载体，是实现各

项功能的基本途径，也是团的全部活力的根本标志。

（二）加强团支部建设，是高校团组织适应新形势，寻求新发展的客观需要

大力加强团的自身建设，不断增强团组织的吸引力、凝聚力和战斗力是新时期共青团的重要任务。团支部是团的最基层组织，与广大团员青年保持着最直接、最广泛的联系，在团结和教育青年中起着核心作用，是团的各项工作的显示终端。随着经济社会的深刻变革，青年学生的生活方式、行为方式、交流方式和聚集方式都发生了很大的变化，高校共青团工作发展面临着新挑战。高校团组织必须主动顺应新形势的要求，找准新的工作定位，拓展新的工作领域，探索新的工作方式，开创新的工作局面。

近几年来，我校基层团支部建设取得了较好的成绩。我校坚持每月开展基层团支部建设活动，为团支部的建设和发展提供了良好的平台。团支部的思想建设更加有力，组织建设更加规范，团干部队伍整体素质明显加强，团的阵地建设进一步巩固，团的活动领域进一步扩展，团员的综合素质进一步提高，团的影响力、战斗力、服务能力得到提升，基层团组织对于学校发展和建设的贡献率逐渐提高。

但是，在新的形势下，同其他高校相比，我校基层团支部建设还存在一些问题和不足，主要表现在：组织设置和运行机制还不能完全适应青年大学生群体的发展变化；少数团支部内在活力不足，团支部在团员青年中的核心作用不明显，缺乏凝聚力；有的团干部联系青年不够，服务意识和创新意识不强；团员身份意识弱化，先进性意识不强；团员的日常管理的规范性有待加强等。这些都是亟待我们认真思考，眼睛向下，重心下移，创新思路，求真务实，科学统筹加以解决的重大问题。

二、加强团支部建设的指导思想、基本原则和工作目标

指导思想：以马列主义、毛泽东思想、邓小平理论和“三个代表”

为时代育新人主题活动

重要思想、科学发展观、习近平新时代中国特色社会主义思想为指导，以增强团支部的内在活力为核心，以健全团的基层组织体系为基础，以切实加强团员和团干部队伍建设为关键，以机制建设为保障，力争使团的基层组织网络覆盖全校青年，使团的各项工作和活动影响全体青年，切实增强团组织的创造力、凝聚力和战斗力，更好地发挥共青团作为党联系青年的桥梁和纽带作用，不断巩固和扩大党执政的青年群众基础。

基本原则：坚持党建带团建，实施理论武装工程，全面加强青年思想政治教育；坚持服务促团建，通过形式多样、切实有效的服务，不断增强团组织对新时代大学生的吸引力和凝聚力；坚持团建抓创新，按照青年学生成长的需要和团的事业发展的新要求，建设与新形势下高校发展相适应的团支部组织网络，进一步激发团支部的生机和活力。

工作目标：力争用两到三年的时间，通过着重加强团支部、团小组规范化建设，使全校基层团组织建设规范，工作得力；校级基层团组织示范单位进行宣讲演示。定期安排团干学习“四个优”（班子建设优、主题活动优、支部建设优、阵地建设优）的“五四红旗团支部”平日工作方法与日程，把团支部建设成方向正确坚定、工作深入细致、制度健康有效、学风健康向上、班子坚强团结的集体。

三、加强团支部建设的主要任务

（一）加强团支委队伍建设和团干部培养

团的支部委员会（以下简称团支委）由团员大会差额选举产生，原则上每届任期一年。新生入学后，分团委要认真了解新生团员情况，确定临时支委会，原则上2个月内要选举产生正式支委会。在任期内如需调整团支部委员会成员，须经支部团员大会讨论提出，分团委同意后方可进行。团支委一般由3~5 人组成，分别任团支部书记、副书记、组织委员和宣传委员等职务。根据工作需要，由分团委研究决定，可增设多名专门委员。按照“重素质，有能力，讲奉献”的要求，坚持党团组织考察和团员推荐相结合的办法，切实将政治素质高、学习成绩优、工作能力强、群众基础好的优秀党团员选拔

 班会

到团的支部班子中来，尤其要选拔好团支部书记。要积极探索推行民主推荐、竞争上岗等团干部选拔方式。为使各项工作落到实处，各团支部应根据实际情况划分团小组，团小组长应按照团干部对待，需列席团支委会议。团支委成员和班委成员可相互兼任，也可结合学院实际，试行“班团合一”。班级团支委、班委要密切配合，发挥政治核心作用，分工协作，各有侧重，形成合力，共同做好班级工作。

校团委通过举办团校培训班等形式，每学年对团支部书记轮训一次。各分团委要对团小组组长以上团干部每学期轮训一次。要坚持团内组织生活，认真学习邓小平理论和“三个代表”重要思想，以及科学发展观，坚持不懈地对团员青年进行中国特色社会主义理论体系教育，引导团员青年树立正确的世界观、人生观、价值观，坚定建设中国特色社会主义的信念。通过学《团章》、举团旗、唱团歌、戴团徽，增强团员的光荣感和责任感。坚持以正面教育和自我教育为主的原则，组织好每学期一次的民主生活会，每年开展一次团员教育评议活动。各团支部要将团员教育评议与团员年度团籍注册有机结合起来，按时按标准收缴团费，加强对团员的组织性和纪律性教育，在表彰奖励先进的同时，对于违反《团章》有关规定的团员，团支部要在进行评议和批评教育的基础上，视情节轻重按程序提出处分意见，并落实帮教责任人。

根据《团章》规定，团员入党后年满28周岁以前保留团籍。因此，未满28周岁的学生党员仍保留团籍，必须参加团的各种会议、活动和团内表彰，并按时缴纳团费。依凭各种组织建立起来的团支部（如在学生会等学生组织中建立的团支部），其所辖团员要同时接受所在班级团支部的管理，其团籍一般应由班级团支部管理。

（二）建立健全各项制度、规范团支部常规工作

团支部在建立支部工作目标管理、工作检查考核、支部活动等制度的基础上，重点抓好“三会两制一课”制度（支部团员大会、支委会、团小组会，团员教育评议），校团委结合团支部工作开展需要，全程记录团支部建设的每一个阶段，更好地指导帮助各分团支部加强自身建设，增强团支部建设的连

续性。

（三）围绕青年成长和成才需要，精心组织开展团的活动

团支部要在组织团员青年积极参加校院两级活动的基础上，积极组织开展体现特点、符合需要、生动活泼、富有实效的活动，并做好大学生素质拓展认证工作。团支部活动要坚持继承与创新相结合，突出思想性与教育性，结合大学生素质拓展计划的实施，以加强思想政治教育、促进学风建设、班风建设、安全建设和培养学生实践能力和创新精神、促进身心健康、进行职业生涯规划和指导等为重点，反对简单地以游玩和粗糙型的文体活动代替团的活动。团支部要以宿舍为单位建立理论学习小组，健全理论学习制度，并组织开展各种实践活动，深入开展基础文明养成、道德规范教育和“知校爱校兴校荣校”意识培养，组织团员青年立足校园、走向社会，参加各种志愿服务活动。要大力开展促进学风建设和学生学习的各项活动，积极营造自觉学习、友好竞争、互帮互助、共同进步的良好氛围，努力创建学习型团支部、学习型团小组。

认真组织开展寒暑期大学生社会实践活动，让更多的团员青年真正参与其中，接受教育，增长才干，服务社会。各团支部每年寒暑期至少组织一支

奋斗 · 青春号主题团日活动

小分队，有组织、有计划、有主题地开展好社会实践活动。要积极组织和动员团员青年参与各种课外学术科技活动，激发团员青年的创新意识，培养他们的创新能力。

切实打造品牌活动。团的活动是团的建设的重要支撑和体现。团的活动要在继承和创新上下功夫，要在做品牌上下功夫。要坚持科学发展观，正确处理好继承和创新的关系。不能因为讲创新就忽视继承的作用，使工作缺乏持续性；也不能因为讲继承，就盲目排斥创新的探索，使工作不能与时俱进，陷入保守被动的境地。特别要注意因为人事变动而造成的继承缺陷，因为求稳定而造成的创新不足。创活动品牌，就要做到：在活动主题的设计上体现时代性、科学性、可持续性；在活动内容的安排上贴近学生学习，贴近学生生活，贴近学生心理；在活动的组织上规范化、制度化；在活动的管理上引入竞争激励机制和监督机制。

各团支部要认真规划和设计主题团日活动，每年，校团委组织评选十佳主题团日活动和优秀主题团日活动。

学雷锋团日活动

（四）提高自我服务能力，竭诚服务团员青年

团支部要把满足团员青年成长成才的需求作为一项长期的根本任务，团干部要自觉树立服务理念，努力提升服务水平，不断提高服务质量。通过实实在在的服务使团员青年切实感到团组织的温暖，使得团支部成为团员青年可以信赖的组织，团干部成为团员青年的知心朋友。团支部书记是团支部安全建设的第一责任人，支委会要深入开展调查研究，通过不同渠道，如支部爱心小组、支部心灵港湾等形式，了解和掌握团支部每一位成员的基本情况和思想动态，及时反映团员青年的意见和建议，重点关心和帮助在学习、生活上有困难，心理上有困惑的团员青年。对于需要重点关心和帮助的团员青年，团支部要指定专人担任联系人，一一帮扶。

（五）认真做好学生骨干培养和推荐优秀团员入党工作

团支部要认真做好各类学生骨干的培养工作，为他们更好地学习和成才提供指导和帮助，同时，积极推荐品学兼优、能力全面、责任心强、有奉献精神的团员青年到上级学生组织任职。为发挥典型示范作用，鼓励更多的优秀青年脱颖而出。校团委和各学院分团委分别于每年“五四”期间评选和表彰年度“团员标兵”“优秀团员”“优秀团干”和“优秀团支部书记标兵”。对于在重大活动、重大竞赛中取得优异成绩，在重大考验中表现出色、为学校赢得荣誉的团员，由校团委授予“优秀团员”等荣誉称号。

向党组织推荐优秀团员作为发展对象是团支部的重要工作之一。团支部要及时协助党支部加强对优秀团员培养考察，并严格按照《湖南中医药大学关于推荐优秀团员入党工作的实施细则》的规定，坚持自下而上、上下结合，民主评议、集体决定，党团衔接、共同负责、各司其职的原则，坚持标准，严格程序，规范管理，保证质量。分团委要做好监督检查，确保各团支部团员大会推荐优秀团员入党工作的程序性和严肃性。经支部大会评议通过的推荐对象须填写由党委组织部和校团委统一印制的《湖南中医药大学推荐优秀团员入党登记表》。

团建实践活动

依托各种组织建立起来的团支部（如在学生会等学生组织中建立的团支部），需报请上级党团组织批准后，方可开展推优入党工作。推荐对象同时要参加班级团支部的推荐。上级团组织通过综合评定评议对象的民主评议情况，以最终确定发展与否，并向党组织推荐。

（六）积极探索团建新模式，努力实现团组织的无缝隙覆盖

积极探索在网络、学生宿舍、学生组织中建立团的组织，并逐步推进新型团组织的规范建设。

加强以宿舍为单位的团小组的建设。学生宿舍是学生最集中的地方，是学生接触和交流最多的场所，对团支部而言，学生宿舍是最容易把握团员青年思想动态和了解团员青年学习生活的场所，在这里开展工作，团支部和团员青年之间的距离就会拉近，团建工作也会在生动活泼中开展得有声有色。团小组设组长一名，由宿舍舍长兼任。团小组在所属团支部领导和指导下，主要开展：（1）理论学习活动，如时事学习、政策学习、文化学习等；（2）组织生活会和团员教育评议活动；（3）开展“晨读”活动、寝室文化建设、“一帮一”好朋友工程、互助学习等活动；（4）读书修身活动；（5）结合专业，利用双休日开展与专业学习相关的实践活动。

（七）进一步规范教工和研究生团组织建设

青年教职工及研究生团支部建设是学校基层团组织建设的重要组成部分。各学院分团委要将青年教职工及研究生团建纳入学院团组织建设的整体规划，要建立健全青年教职工及研究生团建体系，规范青年教职工及研究生团组织“推优”工作的环节和程序，督促、检查青年教职工及研究生团支部开展正常的支部活动。各学院要进一步加强对青年教职工及研究生团建工作的领导和指导，加强对青年教职工及研究生团组织建设的调研，及时总结经验，认真细致地解决好青年教职工及研究生团建中存在的问题。

校团委将进一步规范直属团支部的建设，确保团组织的整体覆盖。重点扶持机关直属团支部、大学外语教育学院直属团支部、校学生组织团支部等一批直属支部建设。

四、加强团支部建设的管理机制

（一）责任追究制度

分团委书记是全面落实加强团支部建设的总负责人，负主要领导责任；团支部书记是本支部落实加强团支部建设的第一责任人，负直接责任。

（二）激励机制

团委将进一步建立完善《湖南中医药大学团支部升级达标方案》，广泛开展达标竞赛活动。每年校团委都组织开展团支部风采展示活动，凡是申报校优秀团支部标兵的团支部，必须参加团支部风采展示活动，并接受校团委组织的评审委员会的答辩。

（三）监督制约机制

在整体推进团支部建设的工程中实施“三重督导”制度，即团委对分团委进行督导，分团委对团支部进行督导，团支部对团小组建设具体实施过程进行督导。

五、加强团支部建设的工作要求

（一）加强组织领导

团的各级组织和广大团员青年要充分认识此项工作的重要性和必要性，统一思想认识，加强领导指导，努力争取同级党组织的关心和支持，精心策划组织，切实加强团支部建设。

（二）加强过程控制

团支部每月向所在分团委书面报告本月支部的工作和活动开展情况，分团委汇总后每学期向校团委书面报告所在单位工作，团委汇总后撰写评价性报告，并报党委备案。

（三）加强宣传引导

要积极发挥宣传媒体的引导功能，为活动开展创造良好的舆论氛围。要注意对各级团组织加强团支部建设的情况实行跟踪报道，注意挖掘活动过程中的宣传素材，用涌现出的生动事例教育引导广大团员青年。

第三篇

3 新成效

榜样力量铸青春之魂

仁心仁术　青春飞扬

——记全国青年文明号湖南中医药大学第一附属医院烧伤疮疡整形科

张湘卓

一、团队简介

湖南中医药大学第一附属医院是湖南省三级甲等中医院、湖南省中医及中西医结合医、教、研中心和龙头。医院的中医特色和综合能力建设已跻身

团队 2021 年荣获"全国青年文明号"

全国中医院先进水平，2008年入选国家中医临床研究基地，2017年入选“中医药传承创新工程”项目建设单位。烧伤疮疡整形科成立于2013年4月，是集医疗、教学、科研于一体的综合性科室。主要治疗烧烫伤、瘢痕、慢性溃疡、体表肿瘤等疾病。科内现有医务人员30名，拥有硕士研究生学历5人，在读研究生5人，本科学历20人。35岁以下26人，占比86.7%。党员16人，占比53%。在医院首届青年名医周忠志主任的带领下，全体人员团结奋进、刻苦拼搏、飞扬青春。科室多次获得医院“医疗安全奖”“特别发展奖”“标准化服务明星科室”等各类荣誉，2016年成功创建湖南省青年文明号。烧伤疮疡整形科拥有一支朝气蓬勃的年轻队伍，成立了以医院党委书记等为首的创建领导小组。科室构建了严谨规范的管理体系，制定了多项管理制度，搭建了细致周到的服务平台，青年同志对标对表，统一思想，青年团队与时俱进，科学发展。在青年文明号的创建过程中，我们以党建带动团建，不忘初心、牢记使命，将培养青年优秀人才、弘扬中医传统文化为团队建设的着力点，通过青年文明号的创建，辐射带动，凝聚人心，鼓舞士气，为医院高质量发展，为健康湖南、健康中国的建设贡献力量。

二、典型先进事迹

（一）青年聚力打造“仁心”服务品牌

1.坚守初心使命。2020年春节，疫情来袭，号手们不畏风险，踊跃报名，发热门诊、核酸采集点、门诊分诊等处都留下我科青年的身影。在科室，只要病人有一线生机，就要全力抢救；有一分功能，就要全力保护。2021年除夕，本是万家团圆的日子，大面积烧伤患者石某却被家人遗弃在医院，面对其病情恶化的情况，科室人员全力抢救，从大年三十直到元宵节轮流守护，并且从家中自带营养汤为其提供营养，轮流照顾其生活起居，直至其病情稳定。2021年2月，《湖南日报》“今年春节我在岗”栏目对石某事件进行了特别报道，引起了社会的广泛关注和支持。

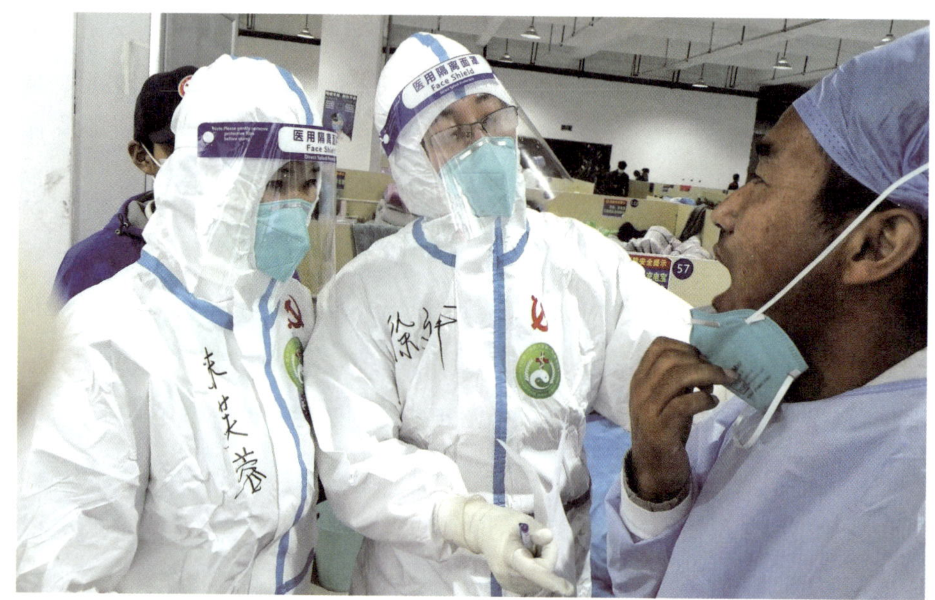

青年志愿服务队疫情防控支援现场

2.打造匠心精神。科室青年团队精进医术，刻苦钻研，不断提高医疗质量。外科手术是一项复杂的系统工程，需要对每一个环节、每一个细节进行精心的打磨，才能保证手术的完美。对于烧伤瘢痕特别严重的小瑜瑜，其来时坐着轮椅、弓着背，我们青年团队根据情况制订手术方案并反复论证，精益求精，最终使其获得了显著的治疗效果。经过多次手术，小瑜瑜终于脱离伴随她5年的轮椅，像其他正常小孩一样在阳光下奔跑。我们的青年团队正是具备了这样的仁心，有了这样的匠术，才使科室得到了患者和同行的高度认可。

3.提供贴心服务。科室医护人员面对患者，要求做到“五声七多”。“五声”为：入院有迎接声、入病房有问候声、操作不顺有道歉声、病人配合有道谢声、出院有送别声；“七多”：多说一句话，多跑一回路，多陪伴一分钟，多送一个微笑，多提供一次方便，多减轻一份负担，多奉献一点爱心。便民箱里指甲剪、针线、梳子、吹风机等物品一应俱全；微波炉、洗头盆、各种温馨提示牌、术后专用枕配备到位。设立文明岗，成立青年文明号心理小组，为病人提供心理支持；为急危重症、老幼病残提供绿色通道，并且不断优化病人住院程序。科室创新服务模式，推出医护一体化责任制，倡导“全线服务”，让服务链环环相扣。

4.践行同心思想。自开展“不忘初心、牢记使命”学习活动以来，坚持党建带团建，团建促党建，不断焕发团组织新活力。自2016年以来，我科积极引进“中医文化进社区中医健康大讲堂”项目，青年投身于“一百场讲座，一百场义诊”。借助湘中医联盟，青年团队几年来走访了600多名患者的家庭，扶贫帮困，足迹踏遍三湘四水。2020年我科引进青年社工服务，开展个案辅导、小组活动、社区活动200余次，共同推进人文关怀，促进医患关系和谐。

（二）青年传承培养“仁术”医学人才

1.精进医术，刻苦钻研。短短几年时间，科室已全部开展了烧伤整形收治病种中所有的诊疗项目，特别是在压疮创面修复方面提出带蒂真皮复合组织瓣填充修复压疮“窟窿”，临床效果显著。2015年，80岁的方老诊断为

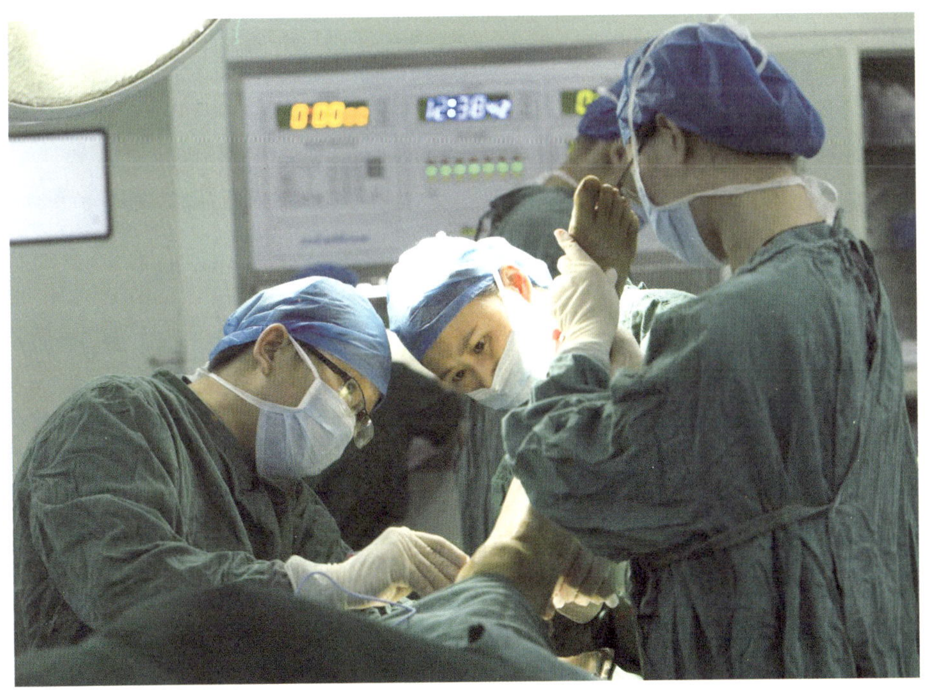

青年志愿服务队疫情防控支援现场

“不可治愈的压疮”，被多家医院婉拒，青年医护团队攻克了患者严重肺部感染、继发性凝血功能障碍等难关，完全修复患者压疮，出院时患者家属激动地送上锦旗：“治愈十八年压疮，还父亲一条性命”。

2.敬业进取，拼搏不止。医术的发展来自医务人员孜孜不倦的追求、辛勤艰苦的劳动和永不停息的敬业奋斗精神。科室一直将提高医护人员的技术水平作为一项基础工程来抓，按照“派出去，请进来”原则，加强青年医务人员的培训，几年来有20余名青年医务人员外出进修学习，参加各种学术会议200多次，使全科人员在技术上年年有提高，人人有发展，个个有专长。在全院的考试考核中获得护理技术操作竞赛个人一等奖、二等奖等，2020年获得“护理管理创新奖”。科室医务人员多次获得了“十佳优秀护士”“优秀科主任”“双带头人标兵”等荣誉称号。

3.传承中医，弘扬国粹。传承祖国传统医学，创新服务临床患者。科室将中医特色技术贯穿患者住院全过程，病人一入院，医护人员从肢位摆放、被动运动、创面中药熏蒸、中药涂擦、关节康复等环节全面融入中医特色护理。科室根据中医传统运动五禽戏研发了烧伤康复操，每周二医护人员和患者一起进行康复锻炼。科室还研发了温阳生肌膏、解毒生肌膏等，并已申请专利。将中医中药“简、便、廉、验”的作用充分发挥出来。

（三）青年担当投身“仁爱”社会服务

1.链接资金，彰显青春炫风采。科室2013年成为天使妈妈慈善基金会“烙印天使”公益项目的定点机构，青年号手自发成立烙印天使志愿服务队，为患者进行一系列医疗救助、义诊筛查、善款募集、情感支持等。科室先后通过各种渠道筹集爱心善款2 000多万元，帮助了200多个贫困患者。

2.关爱天使，传递青春正能量。逢年过节，科室都会组织活动，送去鲜花蛋糕，每当遇到有患者家属都不在时，号手们更是充当起临时爸爸妈妈。两季“烙印天使夏令营”活动更是带着烧烫伤孩子走出病房，走向外面的精彩世界。

3.志愿服务，青年助力争先锋。科室把责任当使命，在实践活动中锻炼，

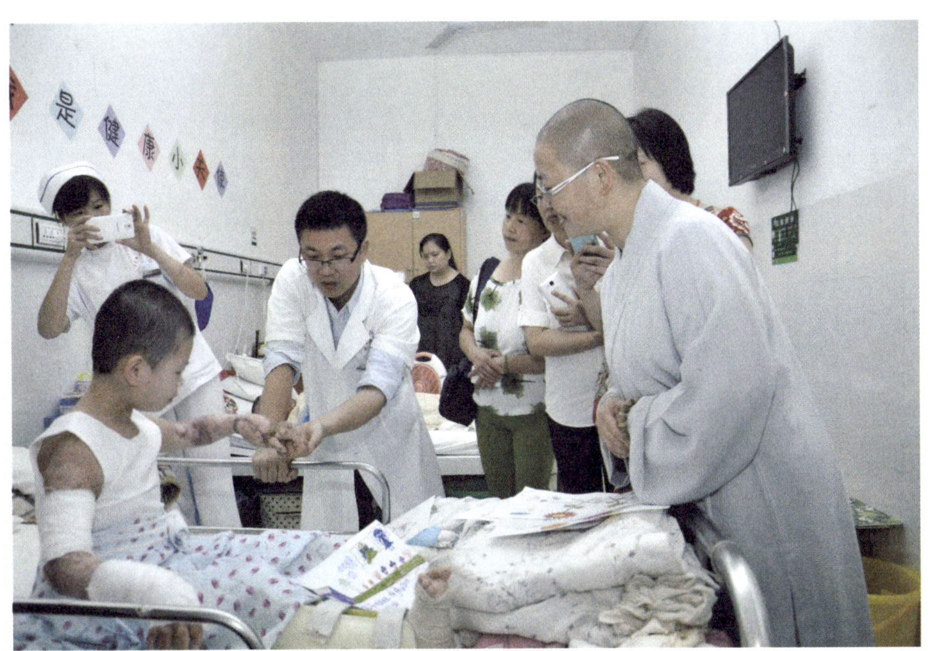

为关爱烧伤儿童检查现场

不断增强青年医护人员的使命感和责任感。一是深入开展学雷锋活动：2015年中国首个“九九公益日”问世，自此科室已发起6次为“烙印天使”募捐的公益活动。二是开展扶贫帮困活动：青年号手利用工作之余，协助贫困烧烫伤儿童的家人义卖工艺品，筹集救助费用，共筹集费用50余万。三是积极开展青年志愿者活动：青年号手积极参与志愿献血、植树造林、爱心义诊、科普宣讲、关爱患者及医护人员等志愿活动300余次。

聚力并进心向党　奋楫笃行勇当先

——记全国活力团支部湖南中医药大学第一附属医院药剂团支部

张湘卓

一、团队简介

湖南中医药大学第一附属医院药剂团支部成立于2013年5月，支部现有团员30人。药剂团支部是一个积极进取、开拓创新、求真务实、团结一致的集体，在工作和生活中充分发挥基层团支部战斗堡垒作用，不断探索团支部活力提升途径，围绕中心、服务大局，不断增强团支部的凝聚力、号召力和活力。在过去八年中按期换届，先后荣获大学“五四红旗团支部”称号2次、医院“先进团支部”称号4次，支部成员获各级荣誉20余项。药剂团支部结合共青团工作实际，全面实施共青团固本强基工程，扎实推进团的组织建设，推进共青团工作不断迈向新台阶，凝聚青年力量 ，以专业赋能，助力中医药高质量发展。

二、典型先进事迹

（一）强化组织建设，凝聚党团力量，在干事创业中奋进青春之路

青春向党，奋斗强国。湖南中医药大学第一附属医院药剂团支部建设规范，按期换届，按程序选举，团支部书记随缺随配，在思政学习、推优入党、志愿服务等工作中发挥引领作用。支部建立了湖南中医附一合理用药宣教平台，以班组为单位成立团员微信群。充分发挥青年团员的工作热情及积极性，保证了各项工作的顺利开展。支部先后开辟了“湖南中医附一药学部”微信公众号以及“湖南中医附一合理用药宣教平台”，并在医院官网上创建了科室网站，定期更换内容。一个窗口一面旗，面面旗帜写精彩。支部通过扎实有效的宣传工作，不断提高团组织教育青年、引导青年、服务青年、维护青年的能力，整合了更多的社会资源支持团青工作。夯基固本，不弃微末，围绕“学党史、悟思想、办实事、开新局”主题，充分发挥党的助手和后备军作用，以教育活动为载体，扎实开展青年团员党史学习教育，加强落实创新，多形式、多平台、多角度推动青年团员在“学、思、践、悟”中学习百年党史，传承红色基因，厚植爱国情怀，坚定前行信念，为团员成长和工作持续发展增添新动能。支部大力开展青年志愿者活动，深入开展争创青年文明号、青年岗位能手活动，先后获得了“五四红旗团支部”“优秀团支部”“新冠肺炎疫情防控先进集体”等光荣称号。听党话、跟党走始终是共青团坚守的政治

荣获湖南省第 22 届青年文明号荣誉称号

在“活力团支部炼成记”2020—2021 学年高校活力团支部遴选及展示活动中入选“活力团支部”

生命，党有号召、团有行动始终是一代代共青团员的政治信念。党建带团建是党的优良传统，是推动党建工作和团建工作同步发展的有效载体。凝聚党团力量，将继续把学习教育与锤炼成长相结合，找准关键节点，开展特色活动，注重用党的百年丰厚历史汲取智慧，继承发扬优良传统，不断加深学习成长的实效性、丰富性，为药剂团支部的发展注入强大力量。

（二）凝聚专业力量，立足本职岗位，在创先争优中展现青春之我

担当尽责，凝心聚力。支部突出思想政治教育，组织团员认真学习贯彻习近平新时代中国特色社会主义思想，经常开展理论学习、仪式教育、团课教育，党史学习教育扎实有效。大力开展青年志愿者活动，深入开展争创青年文明号、青年岗位能手活动。支部先后获得了“五四红旗团支部”“优秀团支部”“新冠肺炎疫情防控先进集体”等光荣称号。支部青年团员在各项工作中，认真贯彻执行药政管理的有关法律法规，在院党政领导的直接领导下，在有关职能部门和科室的大力支持下，紧紧围绕工作重点和要求，以团结协作、求真务实的精神状态完成各项工作任务和目标。支部全体成员充分认识“解放思想，开拓创新”重要意义，加强理论与实践的联系，学习和领会工作精神和各阶段的工作重点，在日常工作中，不拘形式，结合科室的实际情况

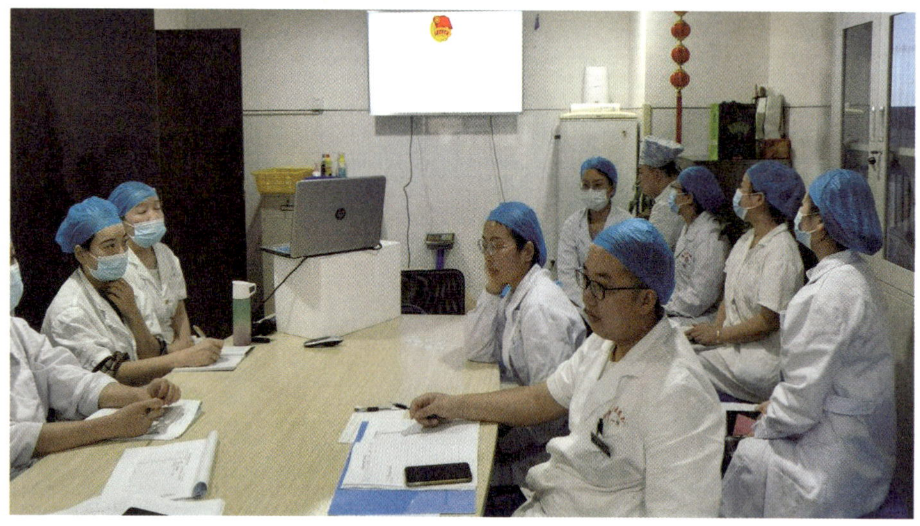

学习领会团省委书记李志超在我校调研的讲话精神

开展学习和讨论，积极参与推进医院各项改革措施的落实和实施。通过系统的学习教育，提高了思想政治觉悟，增强了法治意识，发扬求真务实精神，做到自觉遵纪守法，自觉抵制不正之风，全心全意为人民服务，做好一线窗口药学服务工作。完善工作流程，合理设置窗口，机动配备人员等，充分发挥全体人员的积极性，齐心协力，克服困难，提高工作效率，有效解决了群众困难，为病人提供方便。

（三）强化制度管理，提升服务质量，在奋勇开拓中开启青春之慧

夯实基础，提高效能。支部坚持开展“三会两制一课”，团员信息均已录入“智慧团建”系统，组织所有团员进行了志愿者注册。各项会议及学习按期进行，及时了解青年思想状况，加强对团员青年的思想教育。每季度至少组织一次团员学习，根据青年特点开展丰富活动。在工作实践中优化管理方式，强化职责划分，创新运行方式，统一管理、综合协调、责任到人，做到分工细致、责任明确，确保安全、优质、高效地完成各项工作。同时，夯实团组织建设，优化支部管理，贡献青春力量。完善构架、落实人员，加快建立管理体系。团干队伍是团组织发挥作用的核心力量，支部结合工作实际，将政治坚定、作风正派、学习刻苦、工作勤奋、热爱团青工作、熟悉团的业务的优秀团员青年选拔为团干，团结带领团支部，在医院两个文明建设中发挥战斗堡垒作用，不断增强团组织的鲜活力和生命力。立足实际、夯实基础，不断健全运行机制；提高基层共青团工作的科学化、制度化和规范化水平，对于新时期加强团的基层组织建设具有十分重要的意义。药剂团支部制定了基层团组织工作全程考核制度、团员积分考核制度、共青团联动组工作制度，将团内各项活动标准化。通过一系列完善的制度建设，为共青团在服务病人与服务青年的有机结合中加强团的建设提供一种工作依托，为共青团工作带来勃勃生机，增强了共青团工作的生命力和影响力。全体支部成员，勤于学习、练就过硬本领，敢于担当、争做奋发有为的排头兵，为药剂事业建设添砖加瓦。

（四）投身社会实践，彰显青年担当，在志愿服务中唱响青春之歌

担当有为，锐意进取。志愿服务是现代社会文明进步的重要标志，是加

前往湖南省科技馆进行中医药科普

强精神文明建设、培育和践行社会主义核心价值观的重要内容，对推进精神文明建设、推动社会治理创新、维护社会和谐稳定发挥着重要作用。团支部以青年文明号创建和青年志愿服务为载体，推行团员青年责任目标考核。成功创建院级青年文明号1个。积极投身志愿服务，2020年组织志愿者360余人次参与疫情防控体温监测，测量对象达1 000余人次；增援复工复产，帮助35家企业复工复产，免费发放4万余剂中药；慰问抗疫战士及家属100余人。支部还组织参加主题植树活动；开展中医药科普宣讲活动；持续进行守护湘江母亲河行动；参加爱心图书捐赠活动；参加无偿献血公益活动；开展免费用药咨询、送科普下乡等多项志愿服务活动。实现了业务量增长、青年素质提升、青年形象提高，发挥了共青团的强大的组织优势、品牌效应及示范带动作用。以实际行动让志愿服务扎根基层，广泛分布，以方式灵活的形式倾听百姓诉求，整合利用已有资源，协调社会关系，成为社会群体间的“黏合剂”“连心桥”，成为为群众排解矛盾的“解压阀”“缓冲器”。

（五）发挥榜样引领，铸就信仰之魂，在推优树先中展现青春之风

见贤思齐，踔厉奋发。伟大时代呼唤伟大精神，崇高事业需要榜样引领。

青年团员深刻领悟榜样背后的“精神密码”，精准定位前进坐标，把精神洗礼化作前行动力，将灵魂触动转为实际行动，汲取干事创业强大正能量，把心系人民的感情转化为服务人民的行动。工作中全员始终坚持以病人为中心，涌现出了一大批先进人物及事迹。左亚杰主任荣获农工民主党湖南省委员会“抗疫先进个人”荣誉称号，任卫琼同志为国家中医药管理局首批全国中药特色技术传承人才以及医院首批“青苗计划”人才，陈春茗同志荣获“第四届中国药师职业技能大赛”二等奖以及“中国药学会优秀科技志愿者”，典型的树立，在团员青年中掀起了学典型、赶先进的热潮，广大团员青年能时时严格要求自己，体现了团员青年的良好精神风貌。迎难而上，踔厉奋发，支部团员将以榜样为“明镜”勇挑重担，敢于担当，以永不懈怠的精神状态和一往无前的奋斗姿态扎实工作，在攻坚克难中奋发有为、不辱使命。同时坚持知行统一，重在身体力行，支部团员将以榜样为“标杆”，锤炼无私奉献、艰苦奋斗的优良作风，聚焦百姓关注、病人需求，真抓实干解民忧、暖民心，在本职岗位书写炽热初心，用实干实绩浇灌理想之花。全力以赴把当前各项工作抓实抓细抓落地，砥砺前行，接续奋斗。

初心如磐，使命在肩。身为药剂人，在平凡的岗位上，始终怀揣一颗“为患者服务”的初心，勇毅前行，为医药卫生事业和人民群众生命健康保驾护航。湖南中医药大学第一附属医院药剂团支部是一个积极进取、开拓创新、求真务实、团结一致的集体，凝聚了青年力量，彰显了责任担当。新时代是奋斗者的时代，新征程是充满光荣和梦想的远征，前进道路上，药剂团支部青年必坚定信心、锐意进取，坚定不移做好本职工作，创新开拓服务建设需求，以创建全国活力团支部为载体，发挥青年主力军作用，争做有理想、有本领、有担当的“青年先锋”，服务“健康中国”战略大局，让青春在奋斗与奉献中焕发绚丽光彩，不辜负党和人民的期望和重托，在新时代广阔的赛道上奋力奔跑，交出优异的青春答卷。

杏林有志当追梦　砥砺奋发再出发

——记湖南省优秀共青团干部湖南中医药大学第一附属医院团委书记汤仙

张湘卓

一、人物简介

汤仙，女，1981年3月生，2004年3月加入中国共产党，2004年7月参加工作，医学硕士，高级政工师，现任湖南中医药大学第一附属医院团委书记。医院首届“青苗计划”培养对象，国家二级心理咨询师，社会工作师，

2019年五四表彰会上大学党委书记秦裕辉给汤仙等颁授“五四红旗团委”牌匾

湖南省第十一届、第十二届青联委员，湖南省直属机关青年联合会第四届委员会委员，湖南省医院志愿者与社会工作专业委员会常务委员。在医院党委和上级团组织正确领导下，她十年如一日默默耕耘在为青年服务的工作道路上，以“凝聚青年，服务大局”为目标，团结带领全院广大团员青年扎实开展工作，为医院高质量发展和人民群众卫生健康事业不断贡献青春力量。

二、典型先进事迹

（一）聚焦青年问题，切实关爱服务

汤仙作为医院青年工作负责人，以青年发展为重任，引导青年干部，不断创新，激励青年干部勤奋努力，并结合实际岗位提供相关有用的人事意见，耐心解答青年干部有疑惑的问题。深入贯彻落实习近平总书记关于青年工作的重要思想，立足《中长期青年发展规划（2016—2025年）》实施以来的成效经验，聚焦青年职工“急、难、愁、盼”的问题，通过个别访谈、实地走访、座谈会等多种方式深入了解青年职工的所思、所感、所需，收集解决青年职工重点问题。她多次就青年职工问题，开展调研、提出整改意见并做专题汇报。如促进青年职工婚恋观念转变、搭建青年员工发展平台，极大提升了青年职工成长进步的积极性，增强了青年职工幸福指数和归属感。

她走近青年、了解青年、关心青年，为青年办实事、出实招、求实效，在青年们提出的问题上她竭力处理，在青年们没有提出的问题上她也将心比心，处处关心，不断增强团组织的凝聚力和号召力。充分利用特殊节假日，院团委（医务社工部）联合水滴公益开展爱满中秋关爱活动，对医院内困难患者及其家属进行慰问，给奋战在一线的医务工作者送去温暖关爱和节日祝福。在医院营造了中秋佳节的浓厚节日氛围，让患者和医务工作者感受到了来自医院对他们的关心关爱。在新春佳节即将来临之际，开展“不忘初心践行动 · 公益联盟送温暖”新年送温暖慰问活动，向奋战在一线的医务人员送去温暖关爱和新春祝福。她带领医院青年职工更加积极参与并投入医疗工作，

在实现中华民族伟大复兴的时代洪流中踔厉奋发，勇毅前进。青年职工们纷纷表示，团委的亲切关怀给大家带来了满满的祝福和感动，增强了士气，鼓舞了干劲，有力促进了大家更加努力做好本职工作，并齐心协力，为推动医院高质量发展作出积极贡献。

（二）做优“青”字品牌，引领精神风貌

大力创建“青”字招牌，积极响应党的号召。团委制定出台了《医院青年文明号创建评选管理办法》，并每年开展青年文明号创建工作培训。“青年文明号”活动宗旨在于组织和引导青年立足本职岗位诚实劳动，文明从业，培养适应社会主义市场经济要求的敬业意识、创业精神和质量、安全、效益、竞争、服务等观念，在全社会展示当代青年的精神风貌，塑造行业和企事业单位的良好形象，倡导职业道德和职业文明，为建立社会主义市场经济体制，推进社会主义物质文明和精神文明建设做贡献。经过层层评选竞技，2021年湖南省中医药大学第一附属医院获评“全国青年文明号”（全省仅4个）。医院日前获评5个湖南省青年文明号，3个集体正在创建全国青年文明号，3个集体正在创建湖南省青年文明号，11个集体正在创建院级青年文明号。“青年

2022年5月，汤仙在医院庆祝建团100周年暨五四表彰大会上发言

文明号”已经成为优秀青年集体的崇高荣誉，成为加强医疗职业道德和精神文明建设的重要载体。目前，在湖南中医药大学第一附属医院初步形成了以党政领导审查、团组织牵头、各部门积极配合的组织领导体系，形成了以日常考核与年终评比结合为手段、以定性定量考核相结合的考核评价为保证的运行机制，形成了宣传典型、树立先进的育人激励模式，为青年文明号活动在深度和广度上不断推进，长期、健康、持续发展奠定了坚实的基础。

引领青年精神风貌，青年成绩硕果累累。树立品牌、与时俱进、开拓创新的精神为医院屡创佳绩，2021年医院内2名青年同时荣获第18届“湖南青年五四奖章”，获评1个“湖湘最美丝路青年集体”，1名青年获评“湖南省青年岗位能手”等。2021年团委获评1个“全国高校活力团支部”，获“湖南省直共青团信息工作优秀集体”，获大学“五四红旗团委”，获医院宣传工作“先进集体”等荣誉。

（三）着力志愿服务，释放青春能量

深入开展志愿服务工作，形成品牌工程。2021年新招募志愿者526人，团委组织志愿者开展抗击疫情、慰问服务、导医导诊、义务植树、无偿献血

2022年2月汤仙率团支部组织开展无偿献血志愿者活动

等一系列志愿服务，支援疫情众志成城、不畏风雨；慰问下乡关切体贴、切实服务；导医导诊尽心尽力、一丝不苟；社会服务工作以身作则。医院志愿者4 000余人次参与，志愿服务时长达5万余小时，志愿服务工作常态化、制度化、品牌化，引领全院青年立足岗位、文明从医、担当奉献，得到了院领导、患者及家属的肯定。

提升服务质量，打造优秀竞赛。近年来，团委志愿服务工作获湖南省青年志愿服务项目大赛金奖1项、银奖1项，获湖南省医院优秀志愿服务项目奖，湖南省2020年“雷锋杯”青年志愿服务“百强项目”2项等。

（四）开展外联交流，展示青年风采

她组织指导完成“共青团湖南省第十五次代表大会”医疗保障任务，大会近700名代表参会，青年医疗组工作人员坚守4天3晚，24小时轮流值班，其间接诊代表患者共计132人次。医疗组在代表们入住的宾馆和会场外搭起了临时简易医务室，正确处理、护送、全程陪同3位急诊代表入院治疗。其中，一位孕28周羊膜早破代表、一位急性重症阑尾炎代表、一位妊娠早期腹痛代表，及时救治1名低血糖休克工作人员。医疗组工作人员认真负责、尽忠职守，出色地完成会议期间医疗保障任务，得到省领导的亲切慰问和高度评价。

中医特色便利万家。每年“三伏”期间，她组织医务人员为部门职工进行穴位敷贴，为广大群众提供疼痛诊疗及自我保健指导，同时开展免费为群众把脉问诊、辨证体质、答疑解惑，详细讲解三伏贴的适应证、禁忌证、贴敷后注意事项等。根据群众的实际情况免费提供相应穴位贴敷治疗，让“中医药飞入寻常百姓家”，感受到了三伏贴养生防病保健的好处。中医药特色疗法受到百姓高度肯定与一致好评，为医院树立了良好的社会形象。

分享交流传播青春正能量。在中国医院协会社会工作和志愿者委员会年会上，她多次受邀进行了医院志愿者工作的分享交流，积极主动地向政府主管部门汇报有关医务社会工作和志愿服务管理现状与建议，反映行业诉求，维护医务社会工作者和志愿者的合法权益；宣传并严格遵守国家法律、法规，贯彻执行卫生工作方针和医务社会工作和志愿服务政策，组织学习、宣传有

关医务社会工作和志愿服务管理方面的规章制度；开展调查研究，总结、推广、创新医务社会工作和志愿服务管理的先进经验和模式。同时积极参与有关医务社会工作和志愿服务管理的学术活动与经验交流分享会，组织评价学术成果。她身体力行生动讲述着湖南中医药大学第一附属医院的青春工作，传播了湖湘中医药青年声音，分享了湖湘中医药青年故事，传递了湖湘中医药青春正能量。

（五）开拓创新模式，探索工作新法

在医院党委的正确领导和大力支持下，她积极引进医务社工，完善青年志愿服务体系，探索构建“团干部+医务社工+青年志愿者”三联工作模式。通过团干部指引工作方向，医务社工献计献策，青年志愿者参与，三方联动开展工作，搭建工作平台，拓展社会实践渠道，探索新时期医院志愿者工作、共青团工作新模式、新方法。三联工作模式实践探索初显成效，发表了研究论文2篇，申报获批立项研究生教改课题1项，2022年申报了团中央“青少年发展研究”课题。

除此，汤仙积极学习领会党的二十大精神，她在团学交流中多次领学感悟习近平总书记经典语录。她曾写道：“青年强则国家强，当代中国青年生逢其时，施展才干的舞台无比广阔，实现梦想的前景无比光明，全党要把青年工作作为战略性工作来抓。作为医院青年工作的负责人，深感责任重大。要把学习报告精神与做好青年工作结合起来，切实履行好凝聚青年、当好桥梁、服务大局的职责，把学习成效转化为做好青年工作的内在动力。”

杏林有志当追梦，砥砺奋发再出发。她将不忘初心，在为团员青年服务的工作道路上接续前行，凝聚引领青年，团结医院广大团员青年听党话、跟党走，传承精华，守正创新，精进业务，脚踏实地，勤奋工作，让青春在党和人民卫生健康事业的火热实践中绽放绚丽之花。

躬行实践且为真　且歌且奏奋进曲

——记“三下乡”全国优秀品牌湖南中医药大学杏林烛光支教队

张湘卓

一、团队简介

湖南中医药大学杏林烛光支教队于2012年成立，团队由校级及各二级学院师生志愿者服务团队组成，覆盖范围广，规模庞大，具有极高的组织性、专业性、独特性，是湖南中医药大学志愿服务的一张亮丽名片。每年暑期杏林烛光支教队创新采取线上+线下形式，奔赴多地开展支教、调研工作，模式新颖、活动内容丰富，吸引了广大学子的参与。项目实施期间，300 余名志愿者分赴湘黔两地7所学校开展健康教育，发放宣传资料2万余册，募集公益资金和物资近250万元，服务时长超过7万小时，受益对象超过 2 000人次，且依托中医药特点，打造了“中医药继承者”关爱留守儿童成长优秀品牌项目。

师生志愿者们积极投身志愿服务活动，肯吃苦、敢人先，勇创新、有担当，将活动所见所闻所感转化为了一项项实践成果，并获得湖南省第一届志愿者服务大赛金奖、第四届中国志愿者服务大赛金奖，中国青年志愿者优秀项目奖等多项荣誉。在行动中，中医药人彰显了不凡的品格和蓬勃的面貌，以实际

团队合照

行动诠释青春誓言，用汗水践行初心使命，踔厉奋发，勇毅前行，将青春之朝气挥洒于祖国大地上，让青春在党和人民最需要的地方绽放绚丽之花。

二、典型先进事迹

（一）送医送药，医者仁心有大爱

师生同心显大爱，中医福泽助健康。师生志愿者团队依托自身专业优势，将“三下乡”活动和中医药深度融合，免费义诊，送医送药，打造出了具有中医药特色的社会实践活动。杏林烛光支教队联系石公桥镇卫生院，为当地居民搭建了义诊平台，并在支教小学请相关专业医生进行诊断，对症用药，为当地人民免费测量血压、血糖。团队成员来自湖南中医药大学药学院的苏好同学积极参与湖南省醴陵市白兔潭镇白市居委会的眼科义诊，协助居民填表，帮助医生与患者沟通，耐心解答患者的疑问，把爱和关怀融进了居民的心里。师生志愿者们不畏条件艰苦，打地铺、顶高温，免费义诊，无私为当地居民答疑解惑、开方治病，挨家走访贫困户，为他们带去所需物资和药品，力求形成全社会信中医、爱中医、用中医的浓厚氛围和共同发展中医药的良好格局。

杏林烛光支教队积极拓展外联商家，捐赠的药品按照医嘱发放到居民手中，队员们向老百姓科普中药知识、防疫知识，帮助贫困地区群众及特殊关照对象解决实际问题。“大发恻隐之心，普救含灵之苦”，团队生动诠释医者大爱，在黄土地上大力弘扬中医药文化，切实向广大民众普及中医药基本理念和保健知识，加深大众对中医药的理解、认知和认同。志愿者们以实际行动践行中医药人誓言和初心，实实在在将中医药的福泽惠及了贫困地方的百姓，增强了贫困地区的居民中医药渠道的可获得性，为民众的生命健康保驾护航，助力健康中国。

（二）兴学明志，播撒中医药之种

团队一直坚持以“弘扬中医文化，服务大众健康”为宗旨，积极探索关爱留守儿童志愿服务的新方向——健康教育志愿活动，将爱心支教和中医药文化教育相结合，将爱心助学与健康扶贫相融合，努力创建“大医精诚，青春志愿行”中医药志愿服务品牌项目。志愿者皆参与医药基本技能培训和课程授课技巧训练，通过集体备课，试讲、磨课，递进式提高综合素质，实现

志愿者进行中医药标本制作的手工课

志愿者服务的专业化。学生自主编写的中医药健康教育绘本包含中医文化、养生保健、预防通识、中医药小妙方等内容。并且出版发行了中医药知识启蒙系列绘本《我不要生病》，共出版10册，总发行量43 000余册。活动包含21天健康养成计划，设置了体质辨识、课堂授课、实践体验、反馈互动四个学习环节，采用了“课堂、体验、互动”三位一体的教学模式。

支教队员们在常规课堂教学的基础上，开设了中医药标本制作的手工课，野外中草药辨识的实践课，传统功法学习的体育课，还有艾灸、拔罐、推拿等操作课，让孩子们在动手、观察、思考、探索中感受中医药传统文化魅力。利用暑期支教举行“信中医、爱中医、用中医”中医药游园会，学娱结合，让孩子们在趣味中走进中药，学习中药；举办中药标本制作大赛，通过制作中药蜡叶标本让学生认识、了解中药，包括其性味、功效等方面，直观感受中药的色、味、形状，增加对中医的兴趣，培养学生的美感；开展“传承创新中医药、共促人类健康”为主题的中药小故事讲解大赛，通过中药小故事讲解大赛活动，增加同学们对中药知识的了解，激发同学们对中医药文化的热爱并锻炼同学们的表达能力，让孩子们在动手、观察、思考、探索中学习中医药传统保健，感受中医药传统文化魅力，在孩子们的心中播下“信中医、用中医、爱中医”的种子。

（三）溯本求源，赓续红色精神

革命先辈沐血雨，红色基因代代传。志愿者服务团队自觉学党史、说党史，将爱国主义教育与“三下乡”活动相融合，成为红色基因的传播者，感悟先辈伟大精神。2021年7月杏林烛光支教队举行“扬少年志，树爱国情”升旗仪式暨国旗下的讲话活动，旨在加强学生的思想道德教育，激励广大学生的爱国主义热忱，弘扬其爱国主义精神，培养广大青年的历史责任感。使命感和高尚的爱国情操，并增强学生责任意识。在支教期间，支教队在各年级各班专设爱国主义教育课程，诉说中华民族一路的腥风血雨、惊涛骇浪，以及在历史长河中涌现的一批铁肩担道义的民族英雄和中华民族在困苦中取得的不易成就，让孩子们在生动的课堂中了解中华民族的历史，溯本求源，于无声中播下爱国主义的种子，传承中华民族的优良美德及伟大品格。志愿者们在当地有关部门或机构开展学习实践科学理论、宣传宣讲党的政策、烈士事迹、名人事迹等志愿者活动。团队成员徐紫桃在海南省儋州市东坡书院进行东坡文化知识宣讲，帮助当地群众进一步加深对苏东坡的了解，积极宣传习近平新时代中国特色社会主义文化；杨姗同学在长沙新东方泡泡少儿部给小朋友们讲述党的故事、革命英雄，展现中国共产党发展的百年征程。志愿者们在志愿服务中学党史、强信念、跟党走，凝心聚力、协同配合、身体力行，积极将“思政小课堂”同“社会大课堂”衔接起来，在专业教育与社会实践的紧密结合中、在中医药事业传承与创新的生动实践中，立鸿鹄志、做奋斗者，践履“请党放心、强国有我”的青春誓言。

（四）服务基层，贡献青春力量

责任催人奋进，民族呼唤担当。党和国家对于当代青年提出了新的要求、新的期许，作为建设新征程主力军的我辈青年无法忽视，也不能回避。聚焦主业、找准定位，去到祖国最需要的地方，志愿者们主动跟随党的指挥棒，积极投身志愿服务活动，在实践中提升自我价值。队员们以先进个人、先进团体为榜样追求，以时代精神、中国信仰为精神引领，开展返家乡社会实践专项，以企业实践、公益实践、社区报到、兼职锻炼等为主要方式，了解国

对贫困小学捐赠物资

情民情，服务当地经济社会发展。团队成员冯哲轩、王子宁利用假期实地调查家乡的经济社会发展情况和生态环境现状，为家乡各项建设事业出谋划策，努力改善家乡贫穷落后的面貌，回报父老乡亲的养育之恩。杏林烛光支教队响应免费午餐计划的号召，关注农村地区的学生营养问题，解决家庭偏远地区学生的午餐问题，缓解贫困生家庭经济压力，开展爱心午餐活动，积极为乡村小学生提供暑期免费午餐。午餐食材由队员精心挑选，以保证新鲜、干净、卫生，学生每天中午可以直接领取午餐。同时，在支教授课班级安置电风扇，提高孩子们的学习环境；建立图书角，帮助孩子们养成良好的阅读习惯。

为体现党和政府对家庭经济困难学生的关怀，帮助他们顺利完成学业，激励他们勤奋学习、努力进取，促进学生德、智、体、美、劳全面发展。结合支教小学实际情况，从2015年开始设立奖学金帮助家庭困难的孩子，助力其完成学业。志愿者们将我之小我汇入民族之大我，冲锋在奋斗前行的基层第一线，用蓬勃的朝气和昂扬的姿态给予时代深情的回应。大学生志愿者自觉地把社会实践作为了解社会、接触社会、投身改革、锻炼才干的重要途径，并培养了吃苦耐劳、勤俭节约的优良作风。社会实践活动提高了青年学生的社会活动能力、实际操作能力和社会实践能力，大学生思想觉悟的进步和提高是做好社会实践工作的根本前提。通过深入农村，使不少同学真正认识到我国广大农村的落后状况和改革开放给农村带来的巨大变化。同学们在向社会提供服务的同时，使自己所学的中医药理论知识得以运用于实际，提高了自身的操作技能，也进一步宣传、普及了中医药。多历练，勤思考，肯吃苦，长才干，为中国卫生医疗事业添砖加瓦，为在实践之中助力社会主义现代化强国作出属于中医药人的贡献。

（五）成绩斐然，“三全育人”有回响

立德树人是教育的根本任务，而实现立德树人根本任务又在于“三全育人”。湖南中医药大学始终坚持贯彻“三全育人”的教育理念，注重培养学生理论与实践的结合。同学们积极参加各类社会实践活动，在实践之中受教育、长才干、作贡献，在实干中传承好、发展好、利用好中医药，服务老百姓的

身心健康。湖南中医药大学杏林烛光支教队300 余名志愿者分赴湘黔两地7所学校开展健康教育，发放宣传资料2万余册，募集公益资金和物资近250万元，服务时长超过7万小时，受益人数超过 2 000人次。活动受到当地乡镇政府的大力支持和好评，获得当地居民的高度赞扬，产生了广泛且深远的影响。

“中医药继承者”关爱留守儿童成长品牌项目先后被中国青年网、中国教育在线、新湖南、红网、《三湘都市报》等中央、省、市媒体报道20余次。2022年，学习强国以《杏林烛光：10年爱心接力，把温暖带给大山的孩子》为题报道；《湖南日报・新湖南》以《杏林烛光：爱心摆渡，让支教更温暖》为题报道；红网时刻以《湖南中医药大学学子“三下乡”把中医药健康知识融入支教》为题报道。项目组积极参加“镜头下的三下乡”等线上活动，其中《爱心午餐，一餐一饭，传递温情》《医教同行，快乐成长》《快乐运动，活力童年》3篇推文被活动录用。团队2017年荣获湖南省第一届志愿者服务大赛金奖、2018年荣获第四届中国志愿者服务大赛金奖，2019年被团中央评为中国青年志愿者优秀项目奖，2021年被团省委评为湖南省暑期“三下乡”社会实践活动优秀项目奖，2022年入选湖南省第一届“芙蓉学子乡村振兴”公益计划资助项目。2019—2020年，团中央青年志愿者行动指导中心组织开展“关爱行动”青年志愿服务优秀案例集的编写，“中医药继承者”关爱留守儿童成长项目成功入选。项目主导的中医药健康教育志愿活动纳入湖南中医药大学与长沙市政府的战略合作协议，活动模式在湖南省30 所幼儿园、10所小学推广。

志愿者们长才干、有作为，在矢志奋斗中谱写新时代的青春之歌，先后获得“全国大学生自强之星”提名奖、湖南省优秀团员、湖南省“寻找湖湘最美丝路青年”优秀志愿者、湖南省暑期“三下乡”社会实践活动优秀个人等省级及以上荣誉20余人次，获得“优秀团干部”“优秀志愿者”“优秀共产党员”等校级荣誉200余人次；30人获得国家奖学金和国家励志奖学金，育人效果明显。

公益志愿凝聚磅礴力量 杏林青年共谱青春华章

——记共青团湖南中医药大学委员会社会实践团队

张湘卓

一、团队简介

共青团湖南中医药大学委员会社会实践团队现有 20 余支重点分团队，志愿者人数达 1 000 余人。团队秉承“文明求实，继承创新”的校训，结合中医药高校青年大学生的特点开展志愿服务活动，自成立起一直致力于提高我校学生综合素质、传播优秀校园文化与中医药文化、服务地方经济社会发展与卫生健康事业发展。团队成员勠力同心，用心、用情、用力为基层群众办实事解难题。迄今为止，共获得共青团中央、教育部等国家部委颁发的国家级奖项 20 余项、省厅级与校院级奖项 60 余项。

二、典型先进事迹

（一）校院共建，团结力量共奋斗

力量生于团结，幸福源自奋斗，团结才能胜利，奋斗才能成功。共青团

暖水镇文明实践活动现场

湖南中医药大学委员会社会实践团队充分发挥共青团的组织优势，紧密团结大学各二级学院分团委，共同探讨研究暑期“三下乡”社会实践活动的新形式、新思路，着力打造既有中医药特色又符合新时代主题的志愿服务模式。自团队成立以来，各级领导高度重视，社会各界大力支持，校团委总揽一盘棋，统筹规划活动主体，各学院独立管理、院院联合组队，全面构建以党委领导，团委牵头，学校各部门、各学院、各学生团体共同参与的社会实践活动组织层级，进一步夯实了社会实践活动的基础，目的在于进行有效的资源共享，同时也进一步做到资源互补，极大地增强了团队的服务作战能力，使得广大师生和社会各界参与社会实践的积极性、主动性得到充分调动。活动涵盖医疗服务、教育关爱服务、“习近平新时代中国特色社会主义思想”宣讲等特色主题，广大青年学生志愿者结合当地实际和自身特点，运用所学知识与技能切实服务当地人民群众生产生活和经济社会发展事业，取得良好成效。同学们也在火热的社会实践活动中受到了教育，增长了才干，增强了社会使命感和责任感。团队师生统一思想、统一意志、统一行动，始终坚持大团结大联合，最大限度凝聚起共同奋斗的力量。

迄今为止，共青团湖南中医药大学委员会社会实践团队的足迹已遍布湖南怀化、永顺、邵阳、永州、衡阳、长沙县、浏阳、宁乡、常德、凤凰、常宁、郴州汝城等30余个县市区的农村地区，共计免费发放药品、图书、教学设备等物资500余万元，发放健康宣传手册5万余份，举办健康知识讲座100余场。此外，团队还邀请大学及附属医院专家教授义诊，免费接诊群众多达15 000 人次，受到了学习强国、中新网、红网、中青在线、中国大学生在线、《湖南日报》、新湖南、湖南教育电视台及地州市电视台等多家媒体的报道，反响热烈。团队多次获得暑期“三下乡”社会实践活动全国优秀团队奖、“千校千项”网络展示活动“基层新画卷”奖等国家级重点奖项；在湖南省大中专学生志愿者暑期文化科技卫生“三下乡”社会实践活动总结评选中，团队连续五年被评为省级优秀单位，累计超10支队伍被评为省级优秀团队，30余名教师被评为优秀指导者，40 余名学生被评为省级优秀个人，共 5支队伍入选省级优秀品牌项目名单。

（二）中医特色，义诊科普护健康

义诊科普惠民生，服务百姓零距离。共青团湖南中医药大学委员会社会实践团队依托湖南中医药大学办学的特色优势，在社会实践活动中积极贡献中医药力量。湖南中医药大学共有19个学院、2所直属附属医院、13所非直属附属医院；现有专任教师1 505人，其中具有副高以上职称教师 667人，博士生导师153人、硕士生导师892人，享受国务院政府特殊津贴、省政府特殊津贴专家74人。强大的中医药师资力量为团队社会实践活动提供了有力保障。

在活动前期，校团委就积极统筹联络各附属医院及校友爱心企业，为活动提供医药物资，直属附属医院捐赠自制特效药剂共计价值80余万元，校友爱心企业捐赠物资共计价值50余万元，团队为各队伍配备有中医药特色药箱，包含中医特色的艾灸条、火罐、藿香正气水、夏桑菊颗粒以及日常使用较为平常的碘酒、风油精、棉签、纱布、创可贴等，根据当地百姓具体情况还配备有例如二甲双胍、硝苯地平、阿托伐他汀、小儿感冒灵、小柴胡颗粒等各类常见疾病的治疗药物。此外，各学院各队伍积极联系本专业的专家教授与青年学生志愿者一同前往山区乡村，至今已有超过 130 余名全国名中医、湖南省名中医、医学专业教授和硕博导师跟随团队脚步抵达基层开展中医药义诊活动、冬病夏治三伏贴活动、针灸推拿活动，累计免费接诊群众多达15 000人次，解决疑难杂症 500 余例；结合基层群众医疗卫生意识薄弱的实际问题，团队依托大学湖南省中医药科普教育宣传基地优势，开展中医药健康知识科普教育宣传讲座 50 余场，重点为基层群众讲解高血压、糖尿病、冠心病等慢病防治知识及开展“夏季养生”专题讲座、开展“青少年心理健康”专题讲座等。

（三）紧跟时代，脱贫振兴长才干

紧扣时代主题，是社会实践活动持续发展、引领时代主旋律的政治保障。团队紧紧围绕我国两大政治任务：脱贫攻坚与乡村振兴，结合团队各队伍特点为基层发展作出贡献，因地制宜、持续发力，围绕农民群众实际需要，大力开展文化宣传、教育帮扶、医疗卫生服务等实践服务。

2015 年脱贫攻坚战在中华大地全面铺开，共青团湖南中医药大学委员会社会实践团队就把暑期“三下乡”服务地点重点放在了贫困村、特困村，以

开展健康知识科普

“一对一帮扶”定点扶贫模式助力乡村脱贫摘帽。2021年起，乡村振兴全面推进，团队又将服务重点放在了振兴的重点村、示范村，着重提高人民群众医疗卫生防治意识以促进社会主义新农村建设。以大学对口扶贫的湖南省怀化市麻阳县张公坡村及对口乡村振兴的湖南省郴州市汝城县洪流村为试点村，探索建设健康小屋、护眼教室等惠民项目，中医体质识别仪、血压计等仪器随取随用，针灸、刮痧等理疗服务一应俱全，以诊疗为主，兼具体检、养生、档案存储等功能，一头直接服务群众，一头对接乡镇卫生院、县级医院。

乡村振兴，教育先行，站在脱贫攻坚与乡村振兴的交汇点上，共青团湖南中医药大学委员会社会实践团队把握好脱贫攻坚“接力棒”，迈出乡村振兴“新步伐”，紧扣“教育帮扶、党建引领、自身建设、志愿帮扶、矩阵宣传”五个方面，先后派出 8 支支教团前往贫困山区学校支教，结合农村实际情况编写了涵盖中医药文化、美术、音乐、英语、数学、文学等题材的数十本教材，增加了支教活动当中的游戏和趣味性课程，进一步将关爱留守儿童工作落到实处，为巩固拓展脱贫攻坚成果同乡村振兴有效衔接奠定了坚实基础。

（四）红色旅途，不忘初心焕理想

社会实践重走红色之路，百年征程波澜壮阔，百年初心历久弥坚。共青团湖南中医药大学委员会社会实践团队号召各学院各分团队在志愿服务之余走进红色基地，追忆先辈风雨路，体会革命精神，传承红色基因，开展党史学习教育专题社会实践活动，以求牢记初心使命，坚定理想信念。

团队先后在湘潭韶山毛泽东同志故居、浏阳夏明翰故居、汨罗任弼时故居、怀化芷江受降纪念坊、浏阳秋收起义会师旧址纪念馆、永顺湘鄂川黔革命根据地旧址、邵阳衡宝战役烈士纪念碑等地开展瞻仰革命先烈、重温入党誓词活动，团队师生共同学党史、强信念、跟党走，积极将“思政小课堂”同“社会大课堂”结合起来，助力青年学子立鸿鹄志、做奋斗者。

党的二十大报告指出：“广大青年要坚定不移听党话、跟党走，怀抱梦想又脚踏实地，敢想敢为又善作善成，立志做有理想、有担当、能吃苦、肯奋斗的新时代好青年，让青春在全面建设社会主义现代化国家的火热实践中绽

2022 年暑期“三下乡”社会实践活动现场

放绚丽之花。”共青团湖南中医药大学委员会社会实践团队不仅是全国“三下乡”优秀团队，更是一支朝气蓬勃的青年队伍，团队的师生志愿者们在实践中受教育、长才干、作贡献，得到了社会各界的充分肯定。全省各地留下了志愿者们的足迹，同时也留下了他们的反思与感悟，志愿者们精诚合作，不怕苦、不怕累，磨炼意志，砥砺品格，以最大的热情在祖国大地贡献了青春力量。共青团湖南中医药大学委员会社会实践团队的青年们定将以咬定青山不放松的执着，奋力实现既定目标；以行百里者半九十的清醒，不懈推进中华民族的伟大复兴。

护眼医路瞳行　奋斗追梦复兴

——记湖南中医药大学“瞳光青年志愿者”眼科博士团

张湘卓

一、团队简介

湖南中医药大学“瞳光青年志愿者”眼科博士团于2018年筹备成立，是一个致力于儿童青少年近视防控的大学生公益服务团队，团队积极响应“健康中国”战略政策，现有本硕博志愿者150名，含中医眼科学专业博士后、博士研究生、硕士研究生等。团队以基层（社区、乡镇）为单位，以学龄前儿童、中小学生及其家长、老师为服务对象，定期开展科普讲座、视力健康筛查、专家义诊等志愿服务。同时定期在微信公众号、小程序等新媒体平台开展富有中医药特色的近视防控主题志愿服务科普教育，旨在解决基层近视防控工作科普难、筛查难的问题，受益对象达80万人，社会反响良好。

未来属于青年，未来寄予青年。团队积极投身乡村振兴，助力健康中国，扎实推进乡村振兴志愿服务工作，根据共青团湖南省委科技文化卫生“三下乡”的安排部署，瞳光青年志愿者团连续两年前往湖南省湘西土家族苗族自治州龙山县茨岩塘镇、湖南省长沙市宁乡市等地进行送医送药、科普宣讲、健康筛查等中医药特色志愿服务活动。除此，团队与多家教育集团、学校等达成长期战略合作，联手打造基层儿童青少年健康管理新模式，建立了“湖南省首批中西医结合近视防控示范点”。在42所幼儿园及中小学开展近视防控志愿服务、健康科普宣教活动，累计年均志愿服务8场、视力筛查16场、科普讲座24次，共服务76 000多幼儿及家庭、教职工2 000多人。荣获国家级“三下乡”优秀团队1项、湖南省“挑战杯”创新创业计划竞赛公益创业组三等奖1项、长沙市教育局近视防控优秀案例比赛一等奖2项。

二、典型先进事迹

（一）坚持履行“三级预防”，全面普及健康护眼

为帮助孩子们激发护眼兴趣，意识到眼睛的重要性，瞳光青年志愿者团队制定了专属不同年龄段儿童青少年的标准化护眼健康教育讲座。教案由医学专业背景和教育学背景志愿者一同起草，预防医学、眼科专业老师进行指导和审核。所有宣讲内容统一规范讲稿，团队具有医学背景成员经过统一专业培训、试讲考核后进行现场宣讲教育。针对学龄前儿童，秉承“寓教于乐、

瞳光眼科博士团成员孙嘉桧在咨询点为中老年村民科普并进行调研

循序善诱”的原则，将近视防控及眼健康保护的基础知识以生动有趣的方式传授给孩子们；针对小学生，则主要以“动静结合”的模式进行眼健康教育宣讲，向孩子们传授基本的护眼知识及近视预防措施；针对中学生，则以“教学相长”为原则，开展近视防控讲座，宣讲近视的防控原则及治疗方式；针对学校和家长，联合进行定期义诊筛查及集中近视防控科普，使其全面了解科学用眼护眼知识，并进行个人眼健康档案及集中近视防控科普讲座。同时，督促家长对孩子的眼健康问题引起重视并以身作则，使近视防控实现真正的“早发现、早干预”。

为更好传播眼健康知识，提供更优质的护眼服务，团队创建“瞳光青年志愿者”微信公众号、抖音短视频账号、官方微博和微信小程序等线上科普平台，为用户提供营养百科、护眼百科、护眼工具、专家帮忙四个板块的多功能、全方位服务。团队开发“小瞳光”微信小程序平台，从检查记录、营养建议、习惯纠正和就医指导等方面提供全方位服务。通过小程序一对一建立眼健康档案，可完整保存信息并安排定期筛查，将回访记录数据进行统计学分析，及时掌握眼健康状况及视力发展情况。结合数据库、学生成长阶段和特点，团队创作眼健康系列科普绘本和读本，主要从眼科解剖结构、眼健康安全知识和儿童青少年常见眼健康问题的预防和中医药传统防护等方面内容进行设计，有利于进一步深入推进眼健康知识科普，促进近视防控工作重点调整，制订相关有效防控方案，真正做到早发现、早预警、早治疗，为青少年健康护眼保驾护航。

（二）关爱农村留守儿童，助力乡村教育振兴

团队积极筹建顶尖眼科专业设备，如全智能儿童青少年近视干预软件、智能筛查专业设备和近视防控设备等，创造全国首个通过智能设备和软件对乡村儿童青少年的视力数据接口实现互联，将国内首台便携式儿童青少年红光治疗仪带入乡村。根据国家卫健委疾控局2021年发布的《儿童青少年学习用品近视防控卫生要求》，教育部“建设绿色校园”项目中照明系统的标准参数及设计配比，博士团致力于打造一间“光明示范教室”和“眼健康小屋”，

湖南中医药大学瞳光眼科博士团与龙山县委领导合影

为乡村小学“量身”建立全新教室护眼照明系统，通过改善光生物安全照明，合理划分教室照明来保护孩子们的眼健康。健康小屋内设置有视力检测区、视力训练区、视疲劳调节区、中医按摩导引区和护眼中医药科普区等，充分发挥中医药特色优势，累计服务对象5 000余名，帮扶多名“弱视”留守儿童恢复视力，以实际行动将中医药助力乡村振兴落到实处，真正惠及百姓，改善民生。

（三）投身志愿服务工作，探索高校合作新模式

团队坚持走进社区、深入基层，携手公益助学服务中心，定期开展爱眼护眼知识宣讲及义诊志愿服务活动，累计惠及长沙市400余青少年及家庭，家长和孩子们视力认知度整体大幅提高，用眼行为得到明显改善。

习近平总书记指出：“要坚持党管人才，坚持面向世界科技前沿、面向经济主战场、面向国家重大需求、面向人民生命健康，深入实施新时代人才强国战略，全方位培养、引进、用好人才，加快建设世界重要人才中心和创新高地。”中医药是中华医学的文化与瑰宝，孙思邈将中医传统美德概括为“大医精诚”，意为集医之大成、济世救人，博极医源、精勤不倦。而中医药要

永葆自身魅力必须适应时代的需求进行发展与创新，这离不开中医药创新型人才的培养。校企联合培养模式是一种以培养学生的全面素质、综合能力与就业竞争能力为重点，利用学校与企业两种不同的教育环境和教育资源，采取课堂教学与实践教学有机结合的方式，培养复合型人才的新模式。基于校企以市场需求为导向、实践创业为目标的人才培养模式，团队博士服务团充分利用高校人才优势、技术优势、资源优势，结合基层地区缺人才、缺技术、缺资源的现状，探索高校+附属医院+基层医院合作新模式，致力于打造一支人文底蕴深厚、专业知识扎实、创新意识先进、国际视野宽广的中医药领域精英团队。

奋研学之路 梦砥砺前行

——记中国大学生自强之星2017级临床医学专业学生周宵

杨 莹

一、人物简介

周宵，女，汉族，中共党员，2017级临床医学专业学生。周宵担任SCI收录的期刊*World Journal of Surgical Oncology*审稿人、大学生科学技术协会远志传媒部长，自主组建了学生科研团队并担任队长。

周宵同学怀揣着梦想，迈入医学之门，深谙“医以济世，术贵乎精”之理。曾获第四届全国大学生生命科学竞赛一等奖、全国中医药高等院校“远志杯”二等奖、第五届全国大学生生命科学创新创业大赛三等奖和湖南省生理科学会优秀壁报奖。连续2年荣获国家励志奖学金和三好学生，多次荣获优秀学生干部、优秀共青团干部等荣誉称号。累计荣获国家级竞赛奖3项、省级竞赛奖1项、发表科研论文3篇、主持校级科研项目1项、自行研发出一款新型96孔板并成功申请到了实用新型专利。

二、典型先进事迹

（一）探索科研之路

周宵热爱医学，坚持对医学科研创新的探索，在困境中不断挑战自我。在为期1年的医院临床实践学习中，她勇于创新，追求卓越，将专业基础理论与临床实践融会贯通、灵活运用，练就了扎实的技能操作本领。在唐老师的指导下，组建学生科研团队，在此期间她体验了实验中的辛酸与意外，感受着发表论文过程中的欣喜与失落、竞赛过程中的激动与紧张，正是这一路的披荆斩棘、坚持不懈以及团队的默契合作浇灌着周宵的梦想，她用勤奋的身影诠释着青春的含义。

2018年以来，周宵自主组建学生科研团队，并参与了一系列的竞赛科研活动，其科研成果喜人。2019年底，第四届全国大学生生命科学竞赛进入白热化阶段，也是全国新冠疫情最为紧张的时候，原本以为该项目就此停滞不前。在进退两难的境地，她作为“黄芪甲苷抑制PTP1B改善高浓度胰岛素诱导的HepG2细胞胰岛素抵抗和油酸诱导HepG2细胞脂质代谢”的项目负责

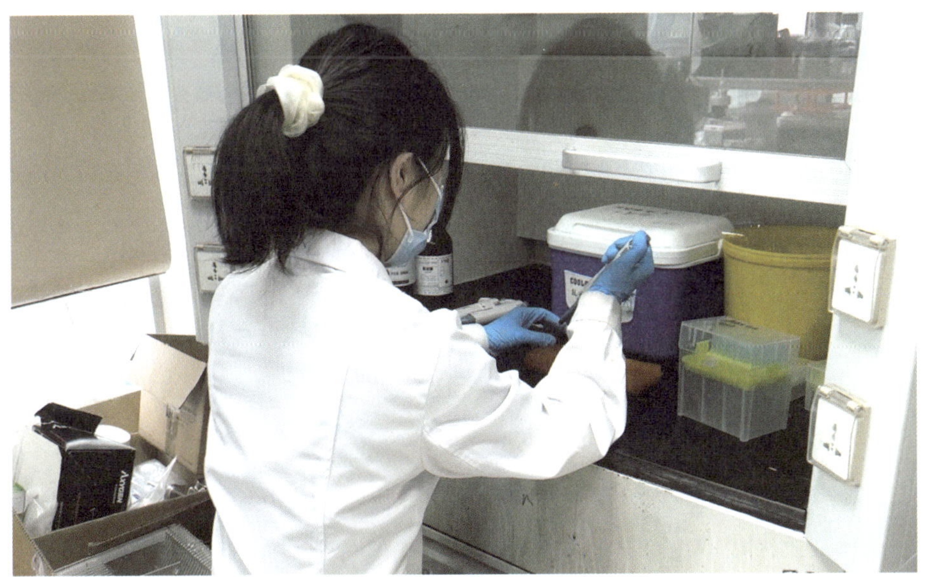

科研实验

参加学术讲座

人，扛住重压，决定改变“作战”策略，从线下转为线上，每周按时按点、按质按量进行文献分享，定期与指导老师开展专题讨论，实时跟进相关领域的最新研究动态，进一步完善实验内容与设计。疫情期间，周宵与团队共同完成了10万余字的综述、实验设计以及详尽的实验记录，这笔笔画画记录着周宵科研路上的成长与收获、反思与总结。果然，功夫不负有心人，该项目以湖南参赛高校排名第一的优异成绩荣获全国一等奖。并以共同第一作者在药理学类权威SCI期刊*Journal of Ethnopharmacology*（影响因子4.36）发表题为*Astragaloside IV inhibits protein tyrosine phosphatase 1B and improves insulin resistance in insulin-resistant HepG2 cells and triglyceride accumulation in oleic acid (OA)-treated HepG2 cells*一文。在此项目研究期间，周宵积极思考，不断发现和解决问题，注意到目前实验室所使用的96孔板存在的缺陷，就自行研发出一款新型96孔板，并成功申请到了实用新型专利（第三发明人，专利号：ZL 2020 2 0060154.0）。

周宵同学有了第一次竞赛“作战”的经验后，她带领团队再接再厉，乘风而行，再次斩获2项国家级竞赛奖项与1项省级奖项。结束了竞赛之旅，面对荣誉所带来的光环与掌声，周宵没有就此松懈，而是凭借着对科学研究那一份赤忱的热爱继续前行。她运用现代科学手段研究降脂理肝方治疗非酒精性脂肪肝的作用机制。其研究成果再次以共同第一作者在SCI期刊*Disease Markers*（影响因子3.43）上发表*Jiangzhi Ligan Decoction Alleviated Nonalcoholic Fatty Liver Disease Induced by High-Fat-Diet in Rats via GSDMD-mediated Canonical/Non-canonical Pyroptosis Pathway*一文。同年，她持续发力，突破专业的限制，克服跨专业、跨方向的困难，自主学习计算机算法与编程语言，刻苦钻研生物信息数据分析原理，潜心研究中医体质论，在前辈丰厚的理论沉淀和经验积累的基础上，周宵首次从体质转化角度对已有数据再分析，以独特的创新视角对人体体质进行了一次别样的探索与研究，经过不懈的努力，其研究成果以第一作者在《湖南中医药大学学报》发表了《基于生物信息学从体质转化角度探讨湿症体质的关键的生物学机制》一文。

（二）发扬奉献精神

周宵在保持优异的专业学习成绩和参与丰富的科研比赛的同时，作为中共党员，她积极投身社会公益活动，用一个个微小的行动践行着全心全意为人民服务的宗旨。她曾作为湖南中医药大学红十字会志愿服务队的队员，多次参与无偿献血、迎接新生等志愿服务活动。周宵作为一名未来的医者，她积极参与益阳市中心医院义诊、儿童中医健康等志愿服务活动，累计服务时长30余小时，并获得“优秀志愿者”荣誉称号。

她常常把勤奋学习作为人生进步的重要阶梯，把深入实践作为成长成才的必由之路，把奉献社会作为不懈追求的优良品德。“书山有路勤为径，学海无涯苦作舟”是她常常挂在嘴边的一句话，要想成为一名合格的青年医者，未来依旧任务重大，道阻且长。周宵在青春的赛道上奋力奔跑，在科研领域不断探索创新，将论文写在祖国大地上，把研究成果应用到社会需求当中。新时代新征程，她将以青春之名，担时代之责，用青春的智慧和汗水为祖国建设添砖加瓦。

创新创业　树青春之榜样

——记中国大学生自强之星 2019 级食品科学与工程班丁云龙

杨　莹

一、人物简介

丁云龙，男，汉族，中共预备党员，2019级食品科学与工程班学生。2020年，担任我校药食尚“双创”团队学生负责人。2021年注册成立“长沙药食尚生物科技有限公司”，开始了药食同源文化推广与药食同源资源开发的创新之路。丁云龙同学热衷于药食同源产业创新探索，研发新型药食同源食疗产品上百款，与多家企业保持长期合作，为我校毕业生创造就业岗位。

丁云龙同学成绩优秀、尊敬师长、勤奋好学、艰苦奋斗、刻苦钻研，他是校学生干部的优秀代表，是“创新创业”的榜样力量。曾获第十届“挑战杯”湖南省大学生创业计划竞赛本科组金奖、第三届湖南省医学技能创新创业大赛三等奖、湖南“大健康”中医药创新创业大赛一等奖、“天食杯”第二届食品研究与开发创新创意大赛二等奖、入围第三届全国中医药高等院校大学生创新创业大赛全国总决赛、2021年校级学生工作优秀论文和案例评选二等奖、校级优秀共青团干部、三好学生。在校期间，他主持国家级、省级大学生创新创业训练计划项目各一项，累计参与发表学术论文5篇，其中核心期刊2篇。

二、典型先进事迹

（一）以“双创”为主线，校内自主创业

在药食同源文化推广上，他秉承“传承与创新”的理念，将“专思创”相结合，带领团队通过多渠道融合创新，以“食”为载体开辟出更符合大众认知的文化推广模式，推进药食同源文化的创造性转化与创新性发展。

2021年，丁云龙同学创办长沙药食尚生物科技有限公司，入驻湖南中医药大学创新创业孵化基地进行创业实践，带领团队研发新型药膳食品100余种。在药食同源资源开发方面，为推进公司合作以及湖南省宁远县金丝皇菊产业发展，他曾多次前往宁远县金丝皇菊产业基地对当地产业状况进行实地考察，总结出当地金丝皇菊产业存在原料利用率低、产品附加值低等问题。夜以继日的刻苦钻研，丁云龙研发出金丝皇菊深加工产品10余种，其中“皇菊红梅盏”产品单篇浏览量超过10万人次。与湖南中医药大学国际教育学院联合开展“异域文化风情展”等国际文化交流活动，获10余家省级以上媒体的长期关注，累计发表团队相关新闻报道30余篇，浏览量超百万。与湖南中

创新创业获奖

医药大学校党委宣传统战部合作开展以“二十四节气”为主题的养生药膳视频推文制作，其中“山银相思酥”产品获得湖南新闻联播的报道，该视频的浏览量近7万；该产品也获“一带一路”国际食品科技教育联盟国际大学生创意大赛三等奖。通过自创“药食尚”公众号，推出以“食”为载体助推中医药文化推广的原创视频和推文40余篇，累计浏览量达60万，获得社会一致好评。

（二）以“双创”项目为基点，创新服务社会

丁云龙以项目为基点，与湖南省康德佳林业科技有限责任公司等多家企业签订了长期知识产权共享合作协议，搭建政、企、校三方合作平台，为社会提供就业岗位，人均劳务收入提升2.4万元，帮扶建档立卡贫困户连续五年实现保底分红。

2021年，丁云龙响应国务院食品安全办等26个部门关于开展全国食品安全宣传周活动的号召，带领团队参加大学生“食品安全与营养中国行”志愿者活动，深入幼儿基层教育机构，以交互式体验的方法向广大儿童、家长及老师群体传播正确的食品营养安全知识，增强儿童饮食安全的自我保护意识。

丁云龙积极响应“一带一路”倡议，依托湖南中医药大学中医药民族医药国际联合实验室，为“湖湘生物医药中医药国际会议”等4场国际会议提供中医药民族医药特色的“茶歇”产品，参与巴基斯坦卡拉奇大学“Atta-ur-Rahman院士一带一路传统医药工作站”等5个国际合作平台建设，丁云龙的事迹在《巴基斯坦日报》以及《湖南工人日报》争相报道。

丁云龙勤于学习、善于思考、勇于实践、敢于创新。他常说：“学生党员应在创新创业上争做先锋大学生，为社会发展持续注入青春动能。”作为新时代中医药大学的学生，要继承好、发展好、利用好中医药伟大宝库，力所能及地推广中医药文化，积极搭建政、企、校合作平台，做一些对他人、对社会有用的事情，不负青春、不负韶华。在丁云龙及其团队营造出来的创业氛围的带动下出现了一批又一批、前赴后继的创业热衷群体，彰显着他作为一名新时代中国青年的榜样力量。

知行以学　青春无悔

——记中国大学生自强之星中医学院2019级中医学专业张曾宇

杨　莹

一、人物简介

张曾宇，男，苗族，中医学院2019级中医学专业本科生。CRSA中国跳绳国家级裁判、国家高级跳绳教练员。曾担任湖南中医药大学“忍冬花开”社会实践团团长。长期力行于志愿公益实践服务活动，近3年公益志愿服务遍及两省六市数十个地区。

张曾宇同学在校期间工作认真，学习刻苦，积极参与校内外各项活动，是新时代高校青年志愿者的优秀代表。曾获两届“我心中的思政课”高校大学生微电影展示活动全国优秀奖。2020年获“以奋斗青春，担时代重任”作品征集活动全国二等奖、湖南省第六届大学生艺术展演活动省一等奖、忍冬花开社会实践团获评湖南省“三下乡”优秀品牌项目；2021年获共青团中央举办的第三届“志愿文学”征文活动全国三等奖、国务院新闻办举办的第一届“讲好中国故事”创意传播大赛中医药主题赛全国三等奖；2022年获第五届世界中医药翻译大赛团体二等奖、马栏山青年大学生视频文创节百佳作品。累计荣获共青团中央、国务院新闻办等国家级奖项6项，省级奖项6项，校级奖项10余项，参与省级科研课题2项，发表科研论文4篇。

二、典型先进事迹

（一）以行践知，助力乡村振兴战略

张曾宇以行动助乡村、以热心为人民、以生活善自身。他用心打磨自己，奋斗无悔青春，在学习中孜孜不倦，在实践中积累经验，在历练中树立正确的理想信念、责任意识，用实际行动诠释了时代好青年的热血和担当。他常说：“一个人的时间是有限的，所以要用来做有意义的事情。”张曾宇深入基层，从身边的小事做起，在我校志愿服务队伍中贡献着自己的青春力量，弘扬青年志愿服务精神。

张曾宇带领团队成员多次前往乡村田野开展实践调研活动，为当地中药材产业的良好快速发展把脉问诊。2020年暑假，他带队前往隆回县虎形山瑶族乡，通过座谈会、访谈等形式与当地政府、多家企业以及个体农户开展长达50

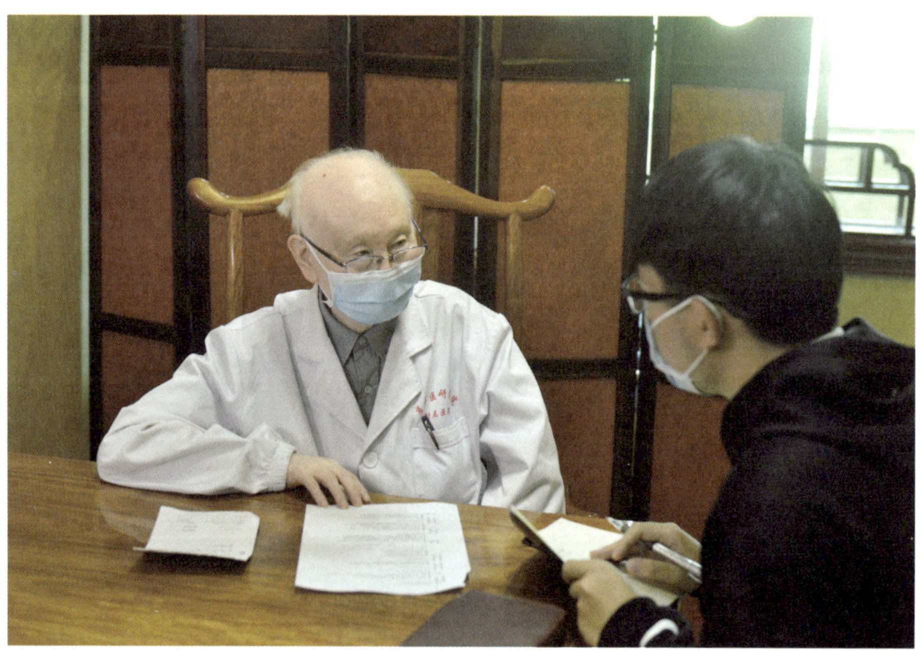

“三下乡”调研

余天的金银花产业发展调研活动，在中青校园等平台发表《隆回县金银花产业发展调研报告》等相关调研报告。2021年暑假，带队前往邵阳市邵东县、郴州市桂阳县，对当地玉竹产业展开调研，并形成《乡村振兴视野下红色革命老区玉竹产业发展的调研报告》等数篇调研报告，被当地政府参考借鉴，有力推动了乡村振兴。

（二）热心公益，弘扬志愿服务精神

张曾宇作为“大山里的微电影”公益项目的负责人，为解决传统支教体系教育不全面、缺乏长期效果的问题，带领团队创造性提出了“先调查研究，再设计内容，继实施拍摄，后宣传推广”的“四位一体”新型公益服务模式以及“互联网+微电影+思政”的新型“三下乡”研学帮扶模式。项目团队共前往全国各地12处调研实践20余次，与10余所中小学进行研学合作，对30余名乡村教师进行集中课程培训，累计帮助农村留守儿童300余人。

张曾宇立志于用微电影广泛宣传志愿服务精神，在抗击新冠疫情过程中，积极投身抗疫活动，同时就如何防控新冠疫情的问题采访了国医大师刘祖贻，并制作微电影加以宣传。根据自身抗疫事例改编的剧本《忍冬花开》微电影荣获湖南省教育厅举办的湖南省第六届大学生艺术展演活动一等奖。他带领团队制作的公益微电影《向着光亮的地方》得到中国政协网等多个平台的宣传推广。乡村振兴主题的微电影《妈妈是我的偶像》、大学生村干部主题的微电影《大山里的玉竹路》、思政教育主题微电影《最勇敢的瞬间》等先后在教育部“我心中的思政课”全国高校大学生微电影展示活动、“以奋斗青春、担时代重任”作品展示活动中获奖，累计点击量破2.6万。

张曾宇甘于奉献，乐于奉献，把奉献作为人生的目标，在奉献中实现自己的人生价值，把“小我”融入“大我”，勇于承担起“强国一代”的历史使命。他始终秉承着湖中大“文明、求实、继承、创新”的校训，用真诚的态度、积极的行动奉献社会、服务社会，为建设美丽中国贡献青春力量。在他身上真正体现了新一代中国青年有理想、敢担当、能吃苦、肯奋斗的优良品质。

实践寻真知　青年新期望

——记中国大学生自强之星2018级中医学5+3二班张斯皓

杨　莹

一、人物简介

张斯皓，男，苗族，中共党员，2018级中医学5+3二班学生。曾任湖南中医药大学中医学院学生会执行主席、中医学院师生志愿者服务团团长。2020年积极开展下乡走访调研、志愿服务及纪实拍摄等活动助力脱贫攻坚。2021年带队开办“三下乡”社会实践活动。

入校以来，张斯皓始终把为中国人民谋幸福、为中华民族谋复兴作为自己的初心使命，一直坚持投身志愿公益实践服务活动，他既是学生干部的优秀代表，也是当代“雷锋精神”的生动体现。曾获“趁年轻 去基层”全国大学生“千校千项”网络展示活动“基层新画卷”奖、湖南中医药大学“最美军训照片”评选活动一等奖等荣誉奖项，以及第五届湖南省青年文化艺术节优秀志愿者、第六届湖南省青年文化艺术节优秀志愿者、十四届“挑战杯”湖南省大学生课外学术科技作品竞赛优秀志愿者、湖南中医药大学优秀共青团干部等荣誉称号。累计荣获共青团中央国家级奖项1项、省级优秀志愿者奖项3项、校级优秀个人1项，其原创作品2次在共青团中央主办的中国青年网上发布。

二、典型先进事迹

（一）行程500公里，记录脱贫攻坚收官时刻

张斯皓走乡串户，足迹踏遍桃源县的每一个角落，只为更好地记录脱贫攻坚故事。“青春心向党追梦，艰苦奋斗做有为青年”，他常常用这句话来勉励自己。他希望用镜头下的事迹去影响更多青年，用行动感染他人，用生命影响生命。

2020年正值脱贫攻坚战的收官之年，张斯皓为了更好地了解脱贫攻坚的各项成果，在湖南省桃源县热市镇岩桥坪村开展走访调研、志愿服务及纪实拍摄。历时20天，走过了热市镇、漆河镇、黄石镇等多个乡镇以及贫困村，行程达500公里，收集了各类脱贫攻坚成果视频素材上千条，记录了桃源县热市镇岩桥坪村及其周边乡村的脱贫新风貌、基层新画卷，讲述了“稻花香里说丰年，听取蛙声一片”的丰收故事、“促进节能减排，保护生态环境”的绿色故事、“产业扶贫，全村摘帽”的脱贫攻坚故事。

由张斯皓同学负责拍摄的、与桃源县政府联合出品的《青春献给祖国——湖南省桃源县热市镇岩桥坪村脱贫攻坚成果记录视频》原创视频，在共青团中央主办的中国青年网上得到单独介绍。由张斯皓实地拍摄的堡面前乡大羊村、新发村等特色乡村地区风貌为素材，与湖南中医药大学与邵东市共青团、卫生健康局、教育局联合出品的原创作品《青山留下一首歌——湖南省邵东市堡面前乡乡村振兴记录视频》，视频发布3天内有超1.6万点击量。

（二）展望乡村振兴，助力健康工程

2021年恰逢中国共产党成立100周年之际，张斯皓带队分赴浏阳市、衡阳县、邵东市等地开展为期近一个月的暑期公益服务“三下乡”社会实践活动。他负责联系专家教授、本硕博学生，讲解三伏贴、亚健康调理、中医体质辨识等中医特色技术并对肩颈腰腿痛、类风湿性关节炎、高血压、冠心病等疾病进行诊治。在湖南省邵东市堡面前乡免费接诊群众。在距衡阳县城70公里外的溪

图为张斯皓和团队成员在湖南省桃源县热市镇岩桥坪村学习蜜蜂养殖

江乡友谊村，他带着志愿者走访年老体弱、行动不便的留守老人，并给村民进行免费体检、诊疗，还将家庭常备药箱和食用油等送到村民手中。

张斯皓带领“萤火虫”支教队与“青囊”义诊队开展了“我为群众办实事、解难题”社会实践活动及义诊科普进社区活动，为群众重点讲解高血压、糖尿病等慢性疾病的防治知识，为群众服务，并且邀请省中医药教授专家为群众解决疑难问题。其志愿活动被红网、新湖南等各级网络媒体纷纷报道，反响热烈。

作为新时代青年大学生党员，张斯皓在自己的人生道路上，始终用党章要求自己，充分发挥学生党员的责任与担当，时刻准备发挥自身的社会价值，积极服务人民和社会。他希望通过自己的努力，让更多的人得到温暖。他用青春与汗水，诠释着新时代中国大学生的责任与担当。

奋斗湖湘路 启航新征程

——记湖湘丝路青年湖南省中医药民族医药国际联合实验室

杨 莹

一、团队简介

2012年，湖南省中医药民族医药国际联合实验室（简称“实验室”）在湖南中医药大学组建成立，2017年成为科技厅立项的省级国际实验室。实验室目前共有成员20人，其中博士13人，高级职称8人，海外访学留学经历9人，平均年龄36岁，年轻、高学历是他们最醒目的“标签”。该实验室全体成员在政治上、思想上及行动上同党中央保持高度一致，增强“四个意识”，坚定“四个自信”，切实做到“两个维护”，在党史学习中专注认真，领悟精髓，并将所感所得落实于工作中。

实验室依托湖南中医药大学王炜教授“长江学者”团队，在他的带领下，实验室深入研究了30多种湖南民族药物，发现了200多个具备相应活性及功能的新化合物，并积极推动品质优越的中成药走出国门、走向世界。2021年，该实验室获得“湖南省工人先锋号”称号。实验室围绕中药民族医药关键技术创新研究立项国家级、省部级等各类课题30余项，发表中英文论文200余篇。

二、典型先进事迹

（一）服务“一带一路”，让湖南中医药走出国门

1.搭建传统医药国际合作平台。

作为国际联合实验室的成员，他们积极主动承担起对外宣传中医药文化、提升中医药民族医药研究国际声誉和实力的各项工作。他们以博大精深的中医药文化为依托，依靠丰富的中医药传统医药研究经验，以及扎实、高强的国际合作交流能力，在传统医药国际合作平台建设、国际化高端人才培养、输出优秀中医药产品等多个方面取得了丰硕的成果。

2013年，该实验室立项“中—巴传统医药研究中心”之后，建设了国家中医药管理局“中巴中医药民族医药研究国际合作基地”。2015年，实验室创办了“湖湘生物医药中医药国际会议”，至今已连续召开了5届。2017年，与巴基斯坦卡拉奇大学合作建立中巴中医药民族医药研究中心，并在2019年共建中巴中医药临床研究中心。2019年以来，实验室与巴基斯坦卡拉奇大学共建了“Atta-ur-Rahman（阿塔拉曼）院士一带一路传统医药工作站”等

银黄清肺胶囊走进巴基斯坦成果发布会

5个国际合作平台。双方合作完成了中成药“银黄清肺胶囊”在巴基斯坦的临床试验研究，开启了优秀中成药输出“一带一路”国家的大门。2020年，科技部委托该基地进行“中国—巴基斯坦传统药物创新合作平台”建设任务。2021年，与巴基斯坦卡拉奇大学共建的“中巴中医药民族医药研究中心”，双方创办并合办永久性国际会议：湖湘生物医药中医药创新国际会议。近三年来，基地与巴基斯坦多个大学积极开展合作研究，联合发表SCI论文34篇。

实验室积极响应“一带一路”倡议，该实验室负责人王炜创办了*Current Traditional Medicine* 国际期刊，并担任执行主编；同时王炜还被聘为*Current Chinese Science–Natural Products Section* 的主编。

该实验室搭建多个传统医药国际合作平台，优化面向市场的传统医药智慧医疗服务体系，深化中医药的区域国际合作，增强中医药的国际影响力，讲好中医药故事，讲好湖南中医药大学的中医药故事。

2.培养国际化人才。

实验室有来自巴基斯坦、哈萨克斯坦的博士、博士后，每周开展一次的组会，是实验室成员们互相学习交流的好机会。组会上有传统文化、学术科研的交流等，在交流中可以加深彼此间的友谊，博采他国文化之长，引进国外优秀文化成果。实验室成员黄费炳表示：丝路精神是和平合作、开放包容、互学互鉴、互利共赢，作为实验室的一分子，见证了实验室开展“一带一路”工作的历程以及取得的成果，深刻感受到在此背景下我们中医药工作者所面临的机遇，切实践行丝路精神，加强中医药文化传播、加强国际合作交流是我们将中医药文化传承和发展的重要途径之一。

作为实验室负责人，王炜很信任团队成员，不管是有经验的博士生导师，还是刚刚毕业的博士生，总是放手让他们去做：“科学研究是一个探索的过程，即使做错了也没关系。”他希望通过自身的努力为中医药发展贡献自己的力量。学院的行政和教学工作占用了王炜大部分工作时间，他只能利用晚上的时间处理实验室工作，经常要忙到凌晨。正是由于他的辛勤付出，实验室成功培养了一带一路国家的“国际杰青（科技部）”，培养本土优秀国际化硕

湖南省中医药民族医药国际联合实验室

士、博士共40人，与巴基斯坦联合培养双方博士（后）10人，在华培养巴基斯坦籍博士1人，与巴基斯坦卡拉奇大学联合培养博士3名，与哈萨克斯坦联合培养博士1名。

新形势下科学技术发展迅速，中国医药事业在朝向国际化和现代化方向发展的道路上面临着前所未有的机遇和困境，该实验室培养了一批综合素质高、医学能力强的国际化人才，推动了我校中医药事业的未来发展进程。

3.凝心聚力，沉迷民族医药研究。

民族医药是中医药不可或缺的重要组成部分，蕴藏在庞大化合物中的活性成分是药物产生作用的重要基础，实验室成员要做的就是在化合物的“海洋”中发现它们，并加以利用，使其服务人类健康。

实验室自成立以来就瞄准了民族医药，集中力量凝心聚力进行民族医药的研究。化合物的分离与活性研究需要时间和耐心，虽然这个过程有时候是枯燥的，但是也有令人兴奋的时候。“活性成分分离就是从民族医药中分离出化合物，再通过药效实验分析其疗效和安全性。”在实验室从事活性成分分离工作的余黄合表示，毒性实验存在对实验者造成毒害的风险，而动物实验，也有被咬伤的可能。有一次，余黄合在动物房做实验时，曾被一只大白鼠咬伤了手指。同时，实验室还存在易燃易爆风险。因此，负责人王炜一直强调安全管理，要求团队成员经常做安全检查工作，排查安全隐患。

团队成员攻克一道道难关，攀登了一座座高峰，只为把成果写在祖国的大地上。去年，在王炜的指导下，余黄合在国际权威期刊*ACS Nano*上发表论文，影响因子为15.881。“这是该领域的Top期刊，黄合是4年‘磨一剑’”，实验室副主任彭彩云笑着说。

该实验室团队成员积极投身科技创新主战场，在各自的技术领域上深耕不息，长期从事科学研究、科学普及、科技创新、科技推广、科技扶贫等科技事业，心系中医药民族医药的现代化和国际化发展，厚植家国情怀于教学与科学研究，把论文写在祖国的田间地头，践行爱国主义精神，将中华民族传统医药发扬光大，以“走出去”方式，积极推动中医药走向世界。

4.推进优秀中医药产品输出“一带一路”沿线国家。

“一带一路”倡议背景下，中医药作为健康医疗资源与人文文化资源，是中国与“一带一路”沿线国家合作交流的有效载体。向沿线国家传播与交流中医药文化，是中医药院校积极参与“一带一路”建设的一大举措。通过SWOT分析，我校开展文化传播交流不仅有政策、技术环境方面的支持，也有学科前沿、人才储备方面的优势，但同时面临文化背景差异，对中医药的接纳程度不同的威胁因素，以及文化工作核心竞争力不强等问题。据此，该实验室提出要聚焦教育与健康市场，创建社群认同与互动；打造院校品牌；从输出文化产品出发，打造文化品牌；加强人才培养，完善人才体系；中医药民族医药国际联合实验室利用传媒规律，扩大中医药院校间的文化交流。

2018年，实验室与巴基斯坦共同推动银黄清肺胶囊临床试验，并在2019年组织完成此试验。2020年在湖南省中医药管理局印发的《湖南省新型冠状病毒感染的肺炎中医药诊疗方案（试行第三版）》中，银黄清肺胶囊列入推荐使用的中成药。银黄清肺胶囊在2020年COVID–19 疫情中援助了巴基斯塔、阿富汗、意大利等10余个国家。目前实验室正带动并组织新汇制药、千金制药与巴基斯坦共同开展湖南名优中成药猴头健胃灵和妇科千金片的临床试验研究。其实验证明两种药都具有很好的疗效，在中国“一带一路”政策背景下，若加以推广生产将会造福于各国人民。

5.提高中医药大学的国际地位。

本实验室的发展和“一带一路”实践成果受到社会和国家政府部门的高度重视，国家中医药管理局、省卫健委、科技厅、国际合作处、教育厅、中国驻卡拉奇领事馆、湖南省中医药管理局、巴基斯坦科技等部门先后参观考察实验室。可见如今整个世界和国家对中医药发展的重视，对劳动成果的保护，足以激励更多中医药实验室的成功，极大程度上对中医药发展起推动作用。

2016年以来，巴基斯坦《黎明报》《巴基斯坦日报》《湖南日报》、中医药网站、红网、中国驻巴基斯坦总领事馆网站、《中国中医药报》、外交部政府网站、新华社、湖南卫视、湖南教育电视台、学习强国等媒体均报道过实验室先进事迹。我校中医药民族医药国际联合实验室作为国际联合实验室，结合国家“一带一路”政策，走国际化路线，将湖南中医药企业的优秀产品推广到国际。“作为中医学校，要把湖南民族药资源利用好，在国际上分享研究成果”。该实验室负责人王炜表示，要为湖南中医药走出去，架起一座“桥”，为湖南中医药企业的发展贡献自己的力量。

（二）精准扶贫，将科研成果转化为推动经济发展的动力

麻阳县的张公坡村，是湖南中医药大学的对口扶贫村。实验室成员去村里考察时，发现当地村民在甜橙长大前，都会进行疏果，梳下来幼果就变成了废物。“能不能变废为宝，将废果加工成中药材？”经过研究，实验室负责人王炜发现：废果加工后成为中药枳实，完全可以再利用。这一发现对提高当地果农收入有很大的推动作用。实验室积极参与精准扶贫工作，帮扶湖南省洪江市、宁远县1 192户贫困家庭，共计4 155人。

实验室在精准扶贫带动产业发展的同时创新中医药使其更加国际化，“做中医药研究是王老师高瞻远瞩的举措”。实验室成员邱伊星博士说，王炜为了将中医药现代化、标准化、国际化，总是鼓励他们做各种尝试。实验室还为

一些中医药企业结合国际交流经验进行指导，永州市宁远县康德佳公司的负责人欧阳瑶力，主动找到实验室，为企业做长期发展规划。实验室经过考察，建议企业种植金丝黄菊。经过校企努力，该公司拿到了全国创新创业大赛金奖，成了当地的龙头企业。

实验室成员以教育报国、教育强国激情投入工作，心系中医药民族医药发展，厚植家国情怀于教学与科学研究，将中华民族医药发扬光大。

（三）实验室发展道路的经验与总结

中国医药学是具有中国特色的生命科学，具有丰厚的文化底蕴，是中国古代哲学思想指导下的医学，人文哲学渗透其中，形成中医学独特的理论体系和临床思维模式。技术进步，时代发展，医学朝向维护与促进健康发展，发挥智能潜能，提高生存质量，已成为医学发展的重要任务。中医学从实践中产生，是中华民族长期同疾病斗争过程中成功经验的积淀和升华。一千多年来，中医基础理论、临床医学、中药学等学科都在进步发展，逐渐成为一个集预防、医疗、保健、康复于一体的完整医学体系。中医药要在激烈竞争

“寻找湖湘最美丝路青年”故事分享会

的环境中求发展，就必须不断充实完善自己，开拓创新，适应时代要求，跟上历史步伐。只有与时俱进，不断提高中医药现代化发展水平，中国医药学才能够发扬光大。

中医中药是中华民族的绚丽瑰宝，但中医药在实验设计及论证方法手段方面尚需借助外来力量验证其发挥作用的药理学机制。因此，建立国际联合实验室是推动中医药走向世界的重要途径，我校中医药民族医药国际联合实验室不断走向世界，充分发挥自身优势，为我国中医药发展做出了重大贡献。目前，他们正引入先进的学术思想与科研技术，促进国际科技信息的流动，拓宽实验室学术领域，全面提升学生能力。

精准医疗　凝聚青春新力量

——记挑战杯全国获奖中西医结合学院“冰片当归多糖脂质体”团队

汪娅丽

一、团队简介

湖南中医药大学“冰片当归多糖脂质体”团队由中西医结合学院的5名本科生组成，横跨3个年级，分别是2017级中西医临床医学王科、2017级中西医临床医学贺琳钦、2016级中西医临床医学杨小钰、2016级中西医临床医学黄海红以及2019级中西医临床医学杜泽萱。在校期间，各团队成员专业成绩名列前茅，专业素养出众，具有扎实的科研能力，多次参与省级大学生创新创业课题，科研成果颇丰。2019年，该团队参与湖南中医药大学中西医结合学院张伟教授“冰片当归多糖纳米脂质体的制备与抗脑缺血再灌注炎症反应的

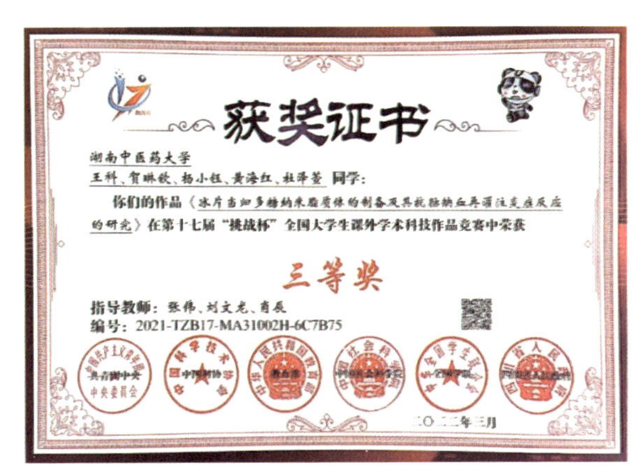
获奖证书

湖南中医药大学

王科、贺琳钦、杨小钰、黄海红、杜泽萱 同学：

你们的作品《冰片当归多糖纳米脂质体的制备及其抗脑缺血再灌注炎症反应的研究》在第十七届“挑战杯”全国大学生课外学术科技作品竞赛中荣获

三等奖

指导教师：张伟、刘文龙、肖辰

编号：2021-TZB17-MA31002H-6C7B75

“冰片当归多糖脂质体”团队获奖证书

研究”项目，王科同学担任科研团队组长，并于2022年8月5日 就“一种抗脑缺血炎症反应的冰片当归多糖脂质体及制备方法”获得一项国家发明专利。在湖南中医药大学第二届学生学术论文大赛中凭借论文《冰片当归多糖脂质体的制备及其抗脑缺血再灌注炎症反应的研究》获得集体项目一等奖，在第十七届“挑战杯”全国大学生课外学术科技作品竞赛中，凭借作品《冰片当归多糖纳米脂质体的制备及其抗脑缺血再灌注炎症反应的研究》获得国家级三等奖。

二、典型先进事迹

（一）担责于身，初心如磐践使命

一个好的创新创业项目需要一个好的选题项目的支撑，一定要是有“需要”才有“需求”，有“意义”才有“研究价值”。谈及“冰片当归多糖脂质体”的选题缘由，团队负责人王科说：“脑缺血性疾病是由多种原因引起的脑部供

“冰片当归多糖脂质体”团队

血不足，进而引起相应神经系统症状的疾病，而冰片当归多糖脂质体作为一种新型纳米材料，会为中西医结合治疗脑缺血疾病提供新思路、为纳米医学的研究和中医药的现代运用提供新方法。”因此，他们着眼于精准医疗，以缺血性脑血管病的治疗手段为起点，为满足脑卒中不断增加的社会需求，克服临床上对缺血性脑血管病的治疗方法上的缺陷，把选题锁定中药当归多糖和冰片，又结合纳米医学研究，运用所学中医药相关知识，将中药当归提取物当归多糖制成脂质体剂型，又加入具有引药上行和开窍醒神功效的冰片，克服了当归多糖不易透过血脑屏障的难题，实现了中医中药与现代技术的结合，也实现了他们作为医学生的责任和担当。人人健康，人人幸福，是时代的呼唤，也是百姓的期盼，这更突显医学生的使命与担当，正是因为他们怀揣着对生命的尊重，对责任的担当，“冰片当归多糖脂质体”团队才会得到评委的青睐，得到社会的认可。身为医学生，他们坚定“健康所系，性命相托”的学医初心，他们将使命牢记在心、责任扛在肩上，他们维护中医的圣洁和荣誉，他们将为祖国医药卫生事业的发展和人类身心健康奋斗终身。

（二）精益求精，跃马扬鞭共渡河

多方法、多机制、多药物联合运用治疗脑缺血疾病是一种治疗趋势，亦是未来的研究方向。该团队的研究是在中医药理论指导下结合纳米技术制备了一种冰片当归多糖脂质体，旨在提高当归多糖对脑缺血再灌注炎症反应的治疗效果。自2019年开始，该团队加入湖南中医药大学中西医结合学院张伟教授（湖南中医药大学中西医结合学院副院长副书记）“冰片当归多糖纳米脂质体的制备与抗脑缺血再灌注炎症反应的研究”项目课题组，成立湖南中医药大学“冰片当归多糖脂质体”团队，项目指导老师张伟教授多年从事于中西医结合防治心脑血管疾病的医、教、研事业，他指出：“精益求精，才能不断突围。”在他的严格要求和指导下，团队成员通力合作、分工明确，力求做到精益求精，不错过对任何一个细节的把控。从展开动物实验到药物分离提取，再到纳米脂质体制备，以及文字数据编排整理等，每一个阶段的成就都是他们携手共进、攻克难关的见证。除此之外，团队还经常参加各类科研学习活动以积极学习科学知识和科学方法，以便在研究中更好地拓宽思路。终于，他们在此次创新盛宴中大展身手，不负众望，凭借《冰片当归多糖纳米脂质体的制备及其抗脑缺血再灌注炎症反应的研究》，从校级竞赛到省级比赛再到国赛，一路乘风破浪、披荆斩棘，终于成功拿下“挑战杯”国赛的三等奖，也为“一种抗脑缺血炎症反应的冰片当归多糖脂质体及制备方法”证明了身份，得到了一张宝贵的专利证书。

科技养生 澎湃青春新动能

——记挑战杯全国获奖运动康复学教研室管理研发“长灸灸安”团队

汪娅丽

一、团队简介

湖南中医药大学“长灸灸安”团队立足于中医药以及亚健康领域，以湖南中医药大学运动康复学教研室一流的管理研发团队为依托，具备扎实的理论基础与丰富临床实践经验。项目团队由来自针灸推拿学、运动康复等专业的学生组成，包括2019级针灸推拿学3班张斯琦、2019级康复治疗学1班瞿启睿、2018级康复治疗学1班蒋心如等。团队各成员不仅具有优异的学习成绩，而且多次参与国家级课题、省级课题，并在校、省、国家级竞赛中取得了骄人的成绩。其研发成员一直以来由专门从事多年技术开发的老师进行指导，

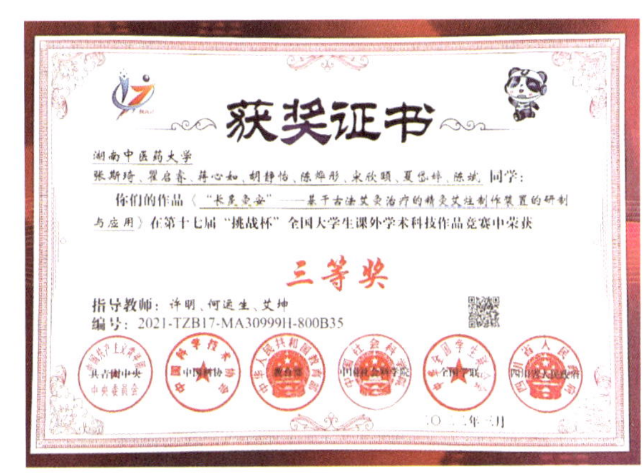

获奖证书

湖南中医药大学

张斯琦、瞿启睿、蒋心如、胡静怡、陈烨彤、宋欣颐、夏悦婷、陈斌 同学：

你们的作品《“长灸灸安”——基于古法艾灸治疗的精灸艾炷制作装置的研制与应用》在第十七届“挑战杯”全国大学生课外学术科技作品竞赛中荣获

三等奖

指导教师：许明、何运生、艾坤

编号：2021-TZB17-MA30999H-800B35

共青团中央 中国科协 教育部 中国社会科学院 全国学联 四川省人民政府

“长灸灸安”团队获奖证书

团队的技术顾问许明老师多年从事中医康复学科的教学与研究，为首届全国中医药高等院校大学生创新创业大赛决赛创意组“金奖”指导老师。2021年，在许明、何运生、艾坤三位老师的指导下，该团队凭借作品《“长炙灸安”——基于古法艾灸治疗的精灸艾炷制作装置》获第十四届“挑战杯”湖南省“特等奖”，并在第十七届“挑战杯”全国大学生课外学术科技作品竞赛中，凭借该作品获得国家级三等奖，本项目目前已申请2项国家专利，包括正在审查的国家发明专利一项以及国家实用新型专利一项。

二、典型先进事迹

（一）传承古法，继承创新

“凡药之不及，针之不到，必须灸之。”近几年由于中医养生文化重新兴起，人们又重视起具有神奇疗效的艾灸疗法。尤其是现代艾灸疗法的出现，从根本上解决了传统的艾灸疗法的燃烧及污染环境，操作不便，易灼伤患者、影响临床疗效和治疗效率与病人感受等难题，使中国博大精深的艾灸疗法的普及成为可能。基于此，“长炙灸安”团队通过多学科交叉、碰撞和融合获得创意灵感，他们从一个简单的创意开始，结合扎实的中医理论知识与丰富的针灸临床实践以及学校各大附属医院提供的丰富的实践机会以及全面的临床例证，将古法传承与现代科技融合，一点点地把创意变为现实。没有文化传承就没有源头活水，没有创新就不能与时俱进，一路走来，他们大胆创新，锐意进取。对于进军“挑战杯”这样的竞赛，团队负责人张斯琦强调：“没有创新，就没有竞争力。”针对目前临床上艾炷制作和使用仍存在许多问题，团队经过长期的讨论研究设计出了“‘长炙灸安’——基于古法艾灸治疗的精灸艾炷制作装置”。该装置立足于传统中医药理论技术，依托湖南中医药大学针灸推拿优势学科与中医古法制艾流程，将其与数字化技术结合研发出的一种新型便携式精灸艾柱制作装置。该仪器在保证其疗效以及简化操作方面进行多处设计，巧妙创新，这既符合倡导自我健康管理的“大健康产业发展理念”，又保证了艾灸疗效，解决了临床进行艾灸治疗面临的难题。

（二）团队协作，攻坚克难

项目的成功不是一蹴而就的，团队协作才是通往项目成功的必由之路，它凝聚着团队的灵魂。在一切工作开始之前，团队负责人张斯琦就强调：“为了进行奋斗，我们必须把我们的一切气力拧成一股绳，并使这些力量集中在同一个攻击点上。”山顶风光无限，山路崎岖遥远。在创作初期，为了了解临床艾灸疗法的现状，一方面他们去许多医院和养生馆进行调研，通过多种渠道获取相关信息；另一方面，通过古籍资料的检索与查找，为项目提供可靠的理论基础。在设计和研发的过程中，从对项目的科学性和装置标准进行控制到市场调研和对接，制订项目的中长期计划及统管产品的研发和创新，再到对装置中成形模具部分的研制以及项目进行可行性的分析，产品机身部分的研制和自动化的实现以及控制面板中程序的设计，团队成员团结协作，争分夺秒，挖掘大量可用资料，总结提炼核心观点，没日没夜地实验操作，他们凭借着专业的素养、过硬的本领打磨出了一份精品成果。一个人的努力是

“长炙灸安”团队

加法，一个团队的努力是乘法。团队的每一项努力都是为了使产品能紧贴临床需求，服务于临床、中医保健行业以及灸法教学与科学研究。他们始终坚毅、满怀热情，他们的成功来自一点一滴的努力和心血，是每一个熬过的夜，是一次又一次修改的材料，是失败后再一次的尝试。从设计模型到产品制作，再到应用于临床中，他们的目标是实现科研成果转化，争取早日应用于临床，造福病患，拯救万千家庭，为中国医学事业的发展贡献自己的力量。经过一年的不断探索、实验与创新，经过激烈的竞争角逐，团队成员们在这场科技盛会中由最初的陌生到最后的携手奋进，在患难与共中收获了难忘的情谊。经过达1年之久的赛程、几万字的材料、上百次的实验、无数的泪水与汗水，团队终于看到了胜利的果实。在这之中，他们从“初生牛犊”到站在国赛的舞台上，每一步都是那么的来之不易。在“挑战杯”这个科技盛会，他们脱颖而出，实现了自己的梦想。“长炙灸安”不是一个冷冰冰的竞赛产品，在它身上体现更多的是浓情暖意和美好回忆，它最终不负众望。

健康生活 释放青春新活力

——记挑战杯全国获奖“如厕危机”团队

汪娅丽

一、团队简介

湖南中医药大学“如厕危机”团队由针灸推拿学、中药学、护理学和中西医临床医学专业的8名本科生组成，他们横跨三个年级、四个专业，分别是2017级针灸推拿学周雯洁、2017级针灸推拿学曹诗颖、2018级中药学宋晓轩等。在校期间，该团队成员具有深厚的学术功底并积极投身于创新赛事以及社会实践及学生工作，多次参与省级大学生创新创业项目、“挑战杯”与“互联网+”等赛事活动，荣获国家级竞赛奖、省级竞赛奖多项，并申报两项新型专利。2020年加入黄河教授课题组，成立“如厕危机”团队，并在黄河、贺荔枝、熊思成三名指导老师的带领下，多学科交叉地开展“如厕危机”——

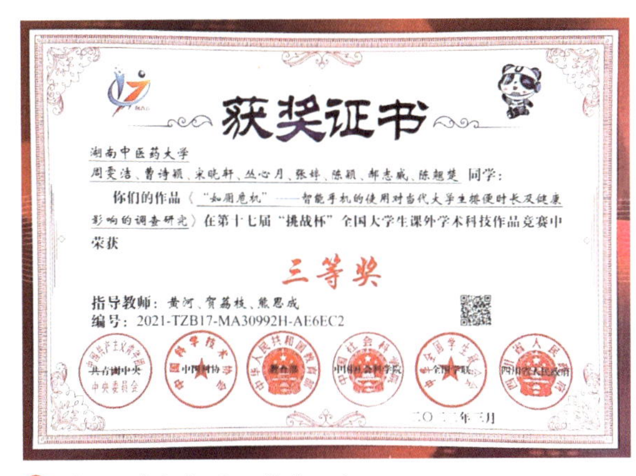

获奖证书

湖南中医药大学
周雯洁、曹诗颖、宋晓轩、丛心月、张炜、陈颖、郝志威、陈翘楚 同学：

你们的作品〈“如厕危机”——智能手机的使用对当代大学生排便时长及健康影响的调查研究〉在第十七届“挑战杯”全国大学生课外学术科技作品竞赛中荣获

三等奖

指导教师：黄河、贺荔枝、熊思成
编号：2021-TZB17-MA30992H-AE6EC2

共青团中央 中国科协 教育部 中国社会科学院 全国学联 四川省人民政府

“如厕危机”团队获奖证书

智能手机的使用对当代大学生排便时长及健康影响的调查研究项目，2021年，在第十四届挑战杯湖南省大学生科技作品竞赛凭借该作品荣获团体一等奖，并在2022年的第十七届“挑战杯”全国大学生课外学术科技作品竞赛中，凭借作品《“如厕危机”——智能手机的使用对当代大学生排便时长及健康影响的调查研究》获得国家级三等奖。

二、典型先进事迹

（一）聚焦热点，扬帆启航

近年来，随着智能手机在我国的广泛普及和其应用功能的快速发展，当代大学生对智能手机的依赖度逐年递增，一些不良的手机使用习惯已开始影响到大学生的排便时长与健康。因此，选题初期团队负责人周雯洁想到可以以社会热点——“智能手机的使用”作为研究切入点，捕捉当代大学生的现实生活，并针对大学生这一特殊群体展开调查，理论结合实际地从多方面探讨大学生排便时使用智能手机的原因和影响。从独特新颖的选题角度，切合实际地去挖掘当代大学生低头族以及碎片化时间的利用问题。在确定了比赛作品方向后，来自不同专业的团队成员多方面、多角度思考整体框架与初步思路，强烈的思想碰撞和头脑风暴让他们在思想中达成了共识；紧接着团队中的每一个人都投入到紧张的准备之中，八个怀揣梦想的青年学子为实现自我挑战、自我追求、自我升华而相聚在一起，积极主动投入研究，通力合作去赶赴当代大学生科技创新的“奥林匹克”盛会。

（二）征途漫漫，唯有坚持

常言说，刀在石上磨，人在难中练。在长达一年多的准备时间里，为了深入了解大学生在排便时使用智能手机对排便时长及健康的影响，探讨正确引导大学生使用智能手机的路径，“如厕危机”团队开始了艰难的研究之旅。团队各成员来自不同的专业，分工明确，配合默契。准备前期，他们几乎泡在了图书馆，在社会学老师的指导下阅读并借鉴了众多文献，对关于大学生

"如厕危机"团队

排便时使用智能手机的中外文献进行梳理和提炼，进行理论探索，形成自编问卷，为调研做好大量的准备工作。紧接着，他们以湖南省大学生为代表，通过走访、现场采访、个别交谈等方式初步搜集一些调研对象的基本信息，并筛选符合条件的受访者，再通过收集采集的数据进行分析，以探讨分析智能手机的使用对大学生排便时长与健康的影响，整个过程耗时长、工作量大，在调查访问的过程中，一共选取了296 名受访者，填写自编问卷后，共回收了 286 份有效问卷，涉及调查单位10个，人次达296人次。虽然过程艰辛，但是他们从没有想过放弃，因为坚守、拼搏和执着，困难总是一次次迎刃而解。在漫漫征途中，他们永远迎着光的方向，努力奔跑。正像周雯洁所说："没有坚持，哪来成功的希望？"坚持不懈，方得始终。最后，他们结合个人、家庭、社会等多个层面，对调研结论进行干预路径研究，为学校和政府制定相关政策提供理论参考和依据，也对提高当代大学生健康如厕意识起到了积极的作用。他们凭借着坚持不懈、不畏失败的那股韧劲和自信，从校赛脱颖而出，一步一步到省赛，意气风发地征战挑战杯国赛，并在答辩的舞台上大放异彩。在这场智慧的比拼、知识的盛宴中，纵然遭遇过荆棘坎坷，却也收获不少鲜花掌声，各个成员在此过程中充分展现自己，尽情发掘自己的潜力，让创新意识与思想摩擦出炽热的火花，为这次挑战交出了满意的答卷，无数个怀揣着梦想的日与夜终于得愿所偿。

附：团员青年学习启示

在首届“湖湘·杏林青年马克思主义者培养工程”培训班培训的学习过程中，我深刻领悟到了“青春”与“奉献”的重要关系。在听讲理论培训授课、深入韶山学习红色革命历史、接受红色精神洗礼的过程中，我对“奉献”一词深有体会，它既是一种责任，也是一种担当。从驻村帮扶工作分享会中，我领悟到：我国人口基数大，脱贫工作虽然困难，但“山再高，往上攀，总能登顶；路再长，走下去，定能到达”。在青年奋斗主题学习会中，我学习到：要做一名有志气、有骨气、有底气的优秀青年，树立远大理想、善于学习、勇于实践，如杨善洲说的那般，“只要生命不结束，服务人民不停止”，努力提升自我，奉献自己。

细数我的学生干部生涯，已有15年之久，无论是组委、学委、副班，甚至是学生会部门的干事、部长、团委副书记……虽然在无数个冗长的工作任务中抱怨过，不甘过，但好在最终都坚持了下来，在自己的力所能及力量下尽力尽职尽责完成了工作。最不可否定的是，这些工作锻炼了我的处事协调能力，促使我不断加强工作能力，收获了周围同学的赞扬，得到了老师的肯定。

作为一名新时代的新青年，要以小我筑大我，愿做白马驶入芦花。不管是献一次血，做一次志愿者，还是作为教育者、科研者、医疗者，新时代的青年都要力所能及地奉献自我，向着前人先辈学习，追寻光、成为光、发散光。

——“湖湘·杏林青年马克思主义者培养工程”首期先锋班学员　林奕然

共者，同也；青年者，人生之春，人生之华也；共青者，先进是也。身为芸芸众生中的一名普通医学生，当作临床，解苍生之病痛；当上实验，寻济世之良药；当听讲座，看师口授三才，遂联想到要将自身融入中华民族的伟大复兴、中医文化的伟大复兴，为新时代中医研究注入新的活力。余为湖南中医药大学中医系学子，幼时即随祖父坐诊，耳濡目染，始得诸药。今新冠肆虐之时，见党员冲锋在前，一心向之，后与众白衣同袍共抗新冠，得“疫情防控优秀志愿者”之名，立志修习中医，深研经典，内行厚实纯朴，温良恭俭，外行顶天立地，立凌霄之志，愿毕吾生以探岐黄之幽微。《文赋》曰：“石韫玉而山晖，水怀珠而川媚。”今荆湘之经济繁荣，文风昌盛，我们经历虽不尽相同，但我们都有一个共同的中医梦，湖中大共青团员应共扬医道之正气，以新时代、新青年之身份，担起时代赋予的责任，奉献共青团百年火红青春；承过往岐黄之道，开今世朗朗乾坤，希冀湖中大医学崛兴，名医迭起，湖南有此，则光照华夏。

——中医学院2019级中医1班　张曾宇

奋斗是青春最亮丽的底色，行动是青年最有效的磨砺。有责任有担当，青春才会闪光，只有当青春同党和人民的事业高度契合时，青春的光谱才会更广阔，青春的能量才能充分迸发。作为新时代下的中医学子，我深以为，人生数十载岁月斑驳，唯有心中那一泓清泉不能没有月辉。而我辈后继者，不唯有超世之医才，却必有全心全意、只为救治病患的满心赤诚；必有揆情度理，知晓生命诚可贵的谦和良善；必有淡泊名利，不困囿于世功的豁达坦然；必有笃行不怠，不驰于空想，敢于在实践中接受考验的担当作为。作为一名共青团员，我们当以理想为帆，迎长风万里，增强对党的信念感，对国家的使命感，对人民的责任感，立就鸿鹄志、锤炼真本领。以奋斗为桨，逐梦前行，将行动凌驾于空话之上，在实践中接受考验，甘于奉献，勇当先锋。坚定理想信念，加强自身学习，发现光，追逐光，成为光，方能行稳致远，扬起新时代的航帆！蚍蜉虽微，仍愿挑战；苍穹虽高，亦可超越。而今我辈业医者，唯有秉守初心不忘来时路，担当使命逐梦新征程，才能接过前辈的接力棒，在新时代迈进的征途中行稳致远，以中医之名为百姓健康保驾护航。

——中医学院2020级中医学拔尖人才班　黄心雨

白日不到处，青春恰自来。作为广大医学生中的一员，更应明白身上担负的新时代责任与义务，疫情当前更要秉持“仁心持衡，方立本心”。扎实学习专业知识、锤炼自身本领的同时要有克服困难、勇于探索的创新精神，继往开来中华传统优秀文化更是作为中医学子不能忘记的使命，在学习之余也要用自身本领回馈社会、服务人民。小到深入社区与居民对接服务，大到参与疫区的志愿服务，不断地提供各种力所能及的服务支持。早日成为医学队伍中的一员，投入社会建设中。不忘初心、敢于担当、勇于逆行，在为人民服务中茁壮成长，在艰苦奋斗中砥砺意志品质，在实践中增长工作本领。

新一代的青年人，我们虽然不必亲身经历战争的残酷，但仍然要牢记我们的使命，践行、担当不仅需要勇气和胆识，更需要本领和能力。用新的知识和理念去指导实践，陈寅恪先生曾将“独立之精神，自由之思想”作为大学追求的学术精神与价值取向，这也应是当代的我们所应该追求的。要敢于坚持真理，恪守底线，不唯上、不唯书、不唯权威；要敢于坚守本心，独立判断，不人云亦云，不随波逐流，不媚俗，不从众。要逐步学会独立思考、大胆质疑，建立批判性思维，形成自己独立的人格，只有具备了独立的人格与思想，才能始终葆有心中赤子情怀，坚持心中的理想追求。

——中医学院2019级中医5班　宫智静美

躬行万般知为基，铿锵步伐勇实践。每逢社会实践类活动的开展，我都会踊跃报名参与——因为使命，因为值得。这是“一人一医情相系，一方一药悟中医”的橘井飘香，是“古来圣贤苦觅知音，今有回首相望皆志同”的美好相遇；是“眼见世人多磨难，誓愿普救含灵苦”的大爱之心，是“踔厉奋发图奋发，勇毅前行勤砥砺”的青年力量。寻根源、随先辈，我们深悟红色精神，立鸿鹄志，做奋斗者；创模式、中医+，在传播中医的行动中我们不断寻求新方式、新融合；送药品、义诊行，一位又一位中医药师生将最诚挚的关心带到偏远山区，让中医飞入寻常百姓家；传中医、助贫困，将中医的种子以课堂的形式播撒在小朋友们的心灵中，兴学以明志。在一天一地间领略中医的学术魅力和人文情怀，用志愿服务彰显青年蓬勃面貌，我定会继续与诸位一起承接中医药人不凡的品格与风骨、使命与担当，在祖国大地上深情抒写属于中医药人的时代情书。壮志接续当吾辈，且歌且奏奋进曲。躬行实践且为真，昂首阔步正青春！

——中医学院2020中医学8班　何金蔚

志愿服务是增长本领才干、涵养初心情怀的大舞台，广大团员青年应抓住宝贵机会，在志愿服务的舞台上绽放青春，用青春之我创造青春之中国、青春之民族。作为湖南中医药大学的青年大学生团员，我们一是应扎根学术临床，这样才能更好为人民群众减轻病痛，应带着感情、带着热情、带着激情，勤奋学习、踏实干事、做好表率，做理想信念的坚守者、崇德向善的践行者、追梦圆梦的奋斗者；二是要牢记初心使命，找准目标和定位，敢于实践，勇于担当，要怀着“功成不必在我”的境界与“功成必定有我”的担当，把自己有限的青春融入祖国的大好河山中去，让自己的小我融入人民的大我，努力为国家的发展贡献中医药的力量。

——中医学院2018级中医学八年制二班　张斯皓

作为新时代中医药大学的学生，我们躬逢中医盛世，这是属于我们的时与势；中医文化传播万里路遥，这是赋予我们的担与责。榜样离我们很近，模范就在我们身边。周宵为梦为马、砥砺前行，以上下求索的积极态度，心怀赤忱学习医药文化，带领团队斩获无数奖项；丁云龙巧借创新活水，结合新时代特色为优秀传统中医药文化赋能；张曾宇、张斯皓自强自立，践行新时代中医药人的担当。身为后来人，我们是站在巨人肩膀上向前望去；身为传承者，我们要有自己的矢志不渝、自强不息。我们应当崇尚模范、学习模范、争当模范，用奋斗擦亮青春传承底色，以实干担当时代创新重任，在实现中医文化复兴的赛道上奋勇争先。

——人文与管理学院2022市场营销1班　胡虹慧

在深入了解了中医药民族医药国际联合实验室的榜样故事后，我感触颇多。中医药是中国千年以来医家医药经验的累积，是中华优秀传统文化中的绚丽瑰宝。于个人而言，作为新时代中医药大学的学生，我们需秉承前辈们不屈不挠的精神，继承创新，提高自身素质，在“一带一路”的倡议指导下为中医药事业的传承和发展贡献一份力量。于中医医药学领域而言，在各大行业都在飞速更迭变换的今天，中医医药学的发展也是日新月异，我们要以上进求知的精神去不断学习、不断交流、不断探索，孜孜以求，才能跟上时代的步伐，乘上时代的浪潮。作为青年中医药学子，我们要不断锤炼技能，提高自身文化素养。

与新时代切合，与国际接轨，也是一个重要的发展方向。让我国传统医药文化走出国门，与其他医药文化交流发展，实现传统医学的标准化发展，从而焕发新的光彩。

——护理学院2020护理学3班　蔡学海

创新点燃梦想的火焰，挑战铸就辉煌的未来。在第十七届“挑战杯”全国大学生课外学术科技作品竞赛中，“冰片当归多糖脂质体”团队、“长炙灸安”团队以及“如厕危机”团队取得的佳绩和成就令我感慨，他们每个人身上都凝聚着担当追赶、拼搏争先的精神，有着苦干实干、攻坚克难的韧劲，他们身上永远洋溢着催人奋进的热血和开拓进取、拼争抢创的冲劲。从“长炙灸安”团队的先进事迹中，我了解到一个优秀团队的成功不仅仅是依靠个人的力量，更是看团体的合作；“冰片当归多糖脂质体”团队把责任与担当铭刻在心，时时勿忘，久久践行；“如厕危机”团队则让我看到每一份坚持都是成功的积累。在科研的道路上，他们大胆探索，精益求精，用汗水浇灌创新之梦；他们身体力行，永不言弃，用无悔奏响青春之歌；他们用自己的一点一滴书写青春的答卷，用热血和汗水奋力奔跑在新时代的征程之上。

榜样的力量催人奋进，模范的事例可学可做。作为新时代的团员青年，我立志做到崇尚模范、学习模范、争当模范，同时我坚信成功不是一蹴而就的，而是需要把每一件事做细做好，把重复的事情做专做精，在守正创新中追求卓越，在精雕细琢中实现跨越，久久为功才能行稳致远！在今后的生活和学习中，我一定不断汲取榜样力量，砥砺奋进前行，让青春创享无限可能。

——人文与管理学院 2021 应用心理 1 班　付丹丹